Arquitetura e urbanismo no Vale do Paraíba

PERCIVAL TIRAPELI

ARQUITETURA E URBANISMO NO VALE DO PARAÍBA

DO COLONIAL AO ECLÉTICO

editora unesp

edições sesc

Direitos de publicação reservados à:
Fundação Editora da UNESP (FEU)
Praça da Sé, 108
01001-900 – São Paulo – SP – Brasil
Tel.: 55 11 3242-7171
Fax: 55 11 3242-7172
feu@editora.unesp.br
www.editoraunesp.com.br
www.livrariaunesp.com.br

Edições Sesc São Paulo
Rua Cantagalo, 74 - 13°/14° andar
03319-000 – São Paulo – SP – Brasil
Tel. 55 11 2227-6500
edicoes@edicoes.sescsp.org.br
sescsp.org.br

Editora afiliada:

Asociación de Editoriales Universitarias de América Latina y el Caribe

Associação Brasileira de Editoras Universitárias

CIP-Brasil. Catalogação na publicação
Sindicato Nacional dos Editores de Livros, RJ

T512a

Tirapeli, Percival

Arquitetura e urbanismo no Vale do Paraíba: do colonial ao eclético / Percival Tirapeli. – 1. ed. – São Paulo : Editora Unesp / Edições Sesc São Paulo, 2014.

ISBN 978-85-393-0546-9 (Editora Unesp)
ISBN 978-85-7995-118-3 (Edições Sesc São Paulo)

1. Arte colonial – São Paulo (SP) – História. 2. Arquitetura - São Paulo (SP). 3. Urbanização – São Paulo (SP). I. Título.

14-14025

CDD: 711.40981161
CDU: 711.4(815.6)

Sumário

Notas do autor

Esta obra é, em parte, o conteúdo de minha dissertação de mestrado, *A construção religiosa no contexto urbano do Vale do Paraíba, estado de São Paulo*, defendida na Escola de Comunicações e Artes da Universidade de São Paulo (ECA-USP) em 1984, incluindo os desenhos a bico de pena que fiz na época. Ao decidir editá-la, com o apoio de José Castilho Marques Neto e Jézio Hernani Bomfim Gutierre, da Editora Unesp, Sérgio José Battistelli e Isabel M. M. Alexandre, das Edições Sesc, e estimulado por amigos do Vale do Paraíba, como padre Victor Hugo Lapenta e José Luiz de Souza, ampliei os estudos e as análises de igrejas do período republicano até 1950, realizei novos desenhos e produzi novas fotografias durante as inúmeras viagens feitas ao revisitar o tema, durante os anos de 2010 a 2014.

A dissertação foi um trabalho antecedido de anos de vivência com a arte do Vale, desde a adolescência, no Seminário de Santo Afonso, em Aparecida. Após o mestrado, seguiram-se os estudos e as publicações de *As mais belas igrejas do Brasil* (1999), com meu orientador Wolfgang Pfeiffer, e de *Arte sacra colonial: Barroco memória viva* (2001) e *Igrejas paulistas: Barroco e Rococó* (2003), em que participei como autor e organizador, ambas lançadas pela Editora Unesp/Imprensa Oficial. Atuei ainda como consultor do Conselho de Defesa do Patrimônio Histórico, Arqueológico, Artístico e Turístico (Condephaat) nos relatos sobre a arquitetura sacra do Vale do Paraíba (2010).

Pesquisar e escrever esta obra proporcionou-me a alegria de rever e reestudar essa belíssima e importante região brasileira que tanto me marcou como pesquisador e artista.

Vista para a Serra da Mantiqueira, Monteiro Lobato.

Apresentação

Arquitetura e urbanismo no Vale do Paraíba: do colonial ao eclético apresenta as construções religiosas e sua importância no urbanismo nas vilas e cidades no período colonial e no imperial e suas transformações até a primeira metade do século XX. A arquitetura civil e oficial aqui é estudada como um referencial na evolução do urbanismo.

A bibliografia sobre o Vale do Paraíba paulista é tão extensa que já mereceu um guia especial, no qual se evidencia a importância da região como estudo de caso nos mais variados aspectos.[1] No próprio Vale, as cidades possuem seus historiadores, pesquisadores e organizadores de instituições, que atuam na área fazendo o levantamento de materiais da arquitetura, localizações, técnicas construtivas, histórico e origem dos monumentos. O Conselho de Defesa do Patrimônio Histórico, Arqueológico, Artístico e Turístico (Condephaat) possui um arquivo da região, no qual constam levantamentos sistemáticos de zonas e assuntos específicos: fazendas, capelas, igrejas, conjuntos urbanísticos e construção civil. O Instituto do Patrimônio Histórico e Artístico Nacional (Iphan), além de completa fototeca, possui uma preciosa correspondência de Luís Saia ao dr. Rodrigo M. F. de Andrade, criador do Iphan em 1937 e seu diretor até 1967, que traz detalhes sobre os monumentos tombados pelo órgão na região. Acredito que a arquitetura do Vale tenha seus melhores valores da porta para fora, que haja um desequilíbrio entre as belezas do interior e as do exterior das igrejas.

Apresento adiante, de maneira didática, o conteúdo de cada capítulo. Como expressou o mestre Lourival Gomes Machado:[2]

> *Não se trata de alcançar a erudição pela acumulação de citações e pelo confronto dos textos, nem ditar sentença final [...] nem seguro demais para não se tornar inseguro, porém, algo limitado e talvez elementar, porém, menos inseguro e mais maleável.*

As principais informações deste livro constam dos documentos de fundação das povoações e cidades em geral. Apoiei-me também nos livros das fundações das antigas capelas e no Arquivo da Cúria Metropolitana de São Paulo. Para mostrar as primeiras vilas e o início do urbanismo, são reproduzidos nesta obra esquemas elaborados a partir dos croquis do arquiteto Julien Pallière. Para a análise comparativa das reformas urbanísticas e das igrejas, tomei por base os desenhos de Thomas Ender, que se encontram na Kunst Academie de Viena, Áustria; a iconografia do século XIX,[3] como aquela produzida por Jean-Baptiste Debret; e os relatos de cientistas viajantes, como Augusto Emílio Zaluar,[4] Auguste de Saint-Hilaire,[5] e de pesquisadores do século XX, como Luís Saia,[6] por serem específicos da região e conterem informações sobre a arquitetura religiosa, civil e urbanística.

Aplico as palavras do crítico italiano Bruno Zevi[7] a respeito das leituras da arquitetura, o qual propôs "[...] reler o antigo com olhos modernos, traçando, assim, a história moderna da arquitetura antiga". Ele faz ainda a seguinte observação:

> *Com o método de aplicar à arquitetura os critérios da crítica pictórica não haverá progresso da crítica à arquitetura, pois o engenheiro escreve sobre as técnicas de construção, os arqueólogos filosofam e o crítico a coloca com o reflexo da arte pictórica.*

Bruno Zevi crê que, analisando a arquitetura a partir de plantas e cortes, não se sente o espaço por onde se vai circular e, desta maneira, tecem-se elogios a esse espaço que é mais abstratamente imaginado do que vivido. Por isso, ele acredita que a arquitetura tem seu valor no espaço urbanístico e que um juízo crítico deste é suficiente para julgar uma obra arquitetônica. Sendo essa obra um edifício, ela pode caracterizar-se por uma pluralidade de valores: econômicos, sociais, técnicos, funcionais, decorativos, artísticos e espaciais. É uma concepção espacial do local onde se desenrolam nossas vidas.

A arquitetura sacra do Vale, porém, carece de um estudo sistematizado, pois o que existe encontra-se disperso em artigos, folhetos e revistas e não se reveste de representatividade, como ocorre com a arquitetura civil das fazendas do ciclo do café. Desta maneira, encorajei-me a alargar o período de meu estudo em praticamente um século, o que enriqueceu tanto as análises como o número de edifícios estudados e o urbanismo. O século XIX necessita de mais estudos sobre sua arquitetura eclética, por vezes inexistentes ou relegados a segundo plano. As igrejas ecléticas incluem-se nesse vácuo, visto que o interesse, até os anos 1990, voltou-se para aquelas do período colonial, nos estilos Barroco e Rococó.

A primeira parte desta obra é composta por quatro capítulos. No Capítulo I é apresentado um histórico dos ciclos econômicos, desde a economia de subsistência, passando pelo momento preparatório para o ciclo da mineração até chegar à cafeicultura. Este último ciclo prolonga-se por todo o século XIX e alcança seu apogeu na primeira metade desse século, quando passa a conviver com a atividade pecuária voltada à produção leiteira. O café chega até o século XX, quando a parte plana do Vale começa a ser cultivada, ocorrendo o incremento da agricultura, em especial com o plantio de arroz. Depois dos anos 1950, ele é tomada pela industrialização. Aos ciclos econômicos seguem-se os três períodos de povoamento de São Paulo e os caminhos do Vale, aqueles que faziam a ligação com o litoral e as Minas Gerais.

No Capítulo II é feita uma análise do patrimônio religioso como um modo de povoamento e da importância da instalação do templo nas vilas nascentes. A partir de esquemas dos desenhos de Julien Pallière e Thomas Ender e de relatos de Emílio Zaluar, é feita a comparação de seis cidades da região.

No Capítulo III é abordada a construção religiosa como expressão da sociedade em transformação. São feitas análises formais dos edifícios, iniciando com as capelas e sua remodelação, sua transformação em matrizes, que ganharam volumetria e embelezamento com reformas e ampliações. As igrejas são analisadas pelas tipologias de uma ou três naves, pela técnica construtiva da taipa de pilão, além de sua classificação segundo as fachadas e as reformas que as transformaram em nova expressão dos ideais da Igreja na virada do século XIX para o XX.

O Capítulo IV abrange três tópicos. O primeiro é um estudo da tipologia dos retábulos à maneira das classificações luso-brasileiras sobre o assunto, abarcando os ecléticos; o segundo é a imaginária que adentrou o século XIX, com características populares; e, por último, a pintura, de menor representatividade. Estes dois últimos itens não constituem os assuntos principais deste livro, por isso nele são apresentadas apenas diretrizes para quem queira aprofundar-se em seu estudo.

Na Parte 2 é feita a intersecção dos assuntos anteriores, urbanismo e arquitetura, aplicada a nove cidades. Para isso, são utilizados os métodos de análise de José Teixeira Coelho Neto, em *A construção do sentido da arquitetura* (1980), e de Evaldo Coutinho, em *O espaço da arquitetura* (1977). A primeira análise é sobre os espaços religiosos – jesuítico, franciscano e carmelita; a segunda é sobre a influência dos barões do café e as construções civis e oficiais em algumas cidades; e a terceira é sobre o conflito do espaço religioso no urbanismo de Aparecida. Por fim, são aplicadas as teorias sobre arquitetura e urbanismo em exemplos que se complementam. O primeiro são os espaços religiosos, comuns em todo o Brasil e que devem ser compreendidos como o início do urbanismo desde os primeiros tempos do povoamento. Embora a capela representasse a estabilidade da nova povoação, zona de preparação da exploração e passagem do ouro, os religiosos foram proibidos na entrada do Vale. Mogi das Cruzes foi o limite para os jesuítas, que por pouco tempo adentraram até a atual São José dos Campos, mas foram os franciscanos os escolhidos para atuar em Taubaté. O Convento de Santa Clara, de Taubaté, é um exemplo, analisado neste livro, da escolha proposital dos franciscanos, do isolamento da cidade e da estética que se transforma ao sabor dos conflitos e mudanças de programação do edifício religioso.

Ainda nessa segunda parte, o espaço urbanístico e o desenvolvimento econômico das famílias de fazendeiros são analisados, tomando-se como exemplo a cidade de Bananal. Aspectos urbanos delimitam a cidade em dois períodos: colonial e imperial. O primeiro foi dominado pela construção religiosa e o segundo culminou com a construção da estação da estrada de ferro. Seguem outros exemplos do binômio rural-urbano, com as construções de solares nas cidades de Pindamonhangaba, Jacareí, Lorena e São Luiz do Paraitinga e das estações das estradas de ferro em Bananal e Guaratinguetá.

A última análise é o conflito entre o patrimônio religioso de Aparecida, desde a acertada localização da antiga capela até a organização das proporções do terreno, e as trocas de interesses espirituais e materiais que levaram à destruição visual da colina sagrada.

A Parte 3 é composta por Considerações finais e complementada por Anexos e Glossário.

1 Nestor Goulart Reis Filho é o coordenador de *Bibliografia preliminar do Vale do Paraíba*, que contém os seguintes itens: documentos, iconografia, mapas e plantas, fotografias, livros e periódicos.

2 Machado, *Barroco mineiro*, 1978, p.33.

3 Vide Anexo n.2, *Viajantes e iconografia do século XIX*.

4 Zaluar, *Peregrinação pela província de São Paulo (1860-1861)*.

5 Saint-Hilaire, *Segunda viagem a São Paulo e quadro histórico da província de São Paulo*.

6 Saia, *Morada paulista*.

7 Zevi, *Saber ver a arquitetura*.

Introdução

Os primeiros núcleos, no período colonial, foram fundados ao longo dos caminhos que prepararam a descoberta do ouro pelos bandeirantes, e se desenvolveram ao redor de pequenas capelas. Ampliadas no período imperial, as capelas transformaram-se em igrejas e continuaram a ser erguidas com o uso da técnica de taipa de pilão. No ciclo do café, no século XIX, a sociedade, enriquecida, ampliou e reformou as igrejas, e os núcleos urbanos passaram de pacatas vilas a cidades com solares e movimentação comercial, convivendo com o ecletismo trazido com as técnicas construtivas das estradas de ferro. No início do período republicano, os templos foram modificados, ou foram construídos novos, dentro de um espírito historicista – Neogótico, Neorromânico –, o que coincidiu com a libertação da Igreja do poder do Estado, a qual passou a seguir normas do papa a partir de Roma. A esse período histórico da Igreja denomina-se romanização ou movimento transmontano, pelo qual ela foi orientada por um novo clero formado por padres imigrantes que modificaram as antigas igrejas coloniais e construíram novas, recorrendo ao historicismo da arte cristã.

A arquitetura sacra do Vale, portanto, deve ser observada como fruto de um tempo de conflitos ocorridos na política – de regime colonial para imperial e republicano; na economia – da economia de subsistência, da mineração e do café para a industrialização; na arquitetura e nas técnicas construtivas – do sistema rural das sedes de fazendas (taipas) para os solares no urbanismo (tijolos). Destaquem-se ainda as mudanças de estilos – do Barroco e Rococó, passando pelo Neoclássico, ao Ecletismo – e da Igreja – antes submissa ao Estado, tendo como chefe o imperador, para as novas regras eclesiásticas, ditadas pelo papa romano.

Estilisticamente, a arquitetura das igrejas apresenta-se mesclada, pois elas foram se firmando lentamente. As primitivas capelas e igrejas coloniais foram construídas em taipa de pilão e suas ornamentações não atingiram o fausto dos estilos do Barroco (1600-1750) e Rococó (1750-1808), nem mesmo do Neoclassicismo (1808-50), período do apogeu do ciclo do café. Neste livro, é feita a análise dessa arquitetura contaminada por tendências estilísticas e renovações de princípios de difusão da fé pela Igreja com o Ecletismo (1850-1920).

O estilo artístico ligado ao Concílio de Trento produziu, durante dois séculos, nosso acervo barroco. O direcionamento único da Igreja, unida ao Estado, resultou naquele patrimônio coincidente com os ciclos econômicos da cana-de-açúcar no Nordeste e da mineração em Minas Gerais e no Rio de Janeiro. Os estilos Barroco e Rococó tangenciaram as igrejas do Vale a partir de paradigmas já filtrados no litoral por intermédio de artífices que atuaram em Paraty e influenciaram as igrejas de Cunha, Guaratinguetá e Taubaté. As técnicas arquitetônicas, anteriormente ligadas apenas ao Planalto do Piratininga, passaram a se comunicar com aquelas de Minas Gerais e de cidades fluminenses. É nessa perspectiva que se deve olhar essa "arquitetura sem arquitetos", que passa por mais uma influência, o binômio rural-urbano, resultante do fato de os senhores das fazendas de café procurarem imitar aspectos superficiais dos modelos neoclássicos da corte. As maiores renovações aconteceram no final do século XIX, embrionárias desde quando ele se iniciou, com tendências estilísticas neoclássicas e ecléticas semelhantes àquelas do Rio de Janeiro.

Na zona rural, desde o século XVII até o XIX, a técnica da taipa de pilão dos bandeirantes foi acrescida à dos mineiros – a "arquitetura de torna-viagem" – da economia do café. Incrementando as obras rurais e urbanas, o Ecletismo, via estrada de ferro, chega tanto da capital do Império como de São Paulo, prenunciando a industrialização. Daí as possibilidades de leituras do urbanismo e do embelezamento das igrejas, resultantes de transformações políticas, econômicas, sociais, religiosas e estilísticas. O urbanismo das pequenas vilas foi incrementado pelas estradas de ferro, que cortaram posteriormente as cidades, dividindo-as, e que no século XX foram contidas pelo traçado da Rodovia Presidente Dutra.

No século modernista, toda essa região, privilegiada pela localização entre as serras do Mar e da Mantiqueira, pôde assistir ao incremento da economia brasileira até a era industrial. Mas sua posição de corredor e passagem de riquezas e cultura tornou-a vulnerável aos modismos, devido à intensa receptividade de influências. Essas transformações impossibilitaram ao Vale, já globalizado graças aos intensos intercâmbios comerciais e técnicos, criar uma arquitetura própria. Cidades como São

José dos Campos deixaram, no século XXI, seus antigos centros, agora históricos, e se ampliaram em outras direções, surgindo novos centros empresariais e comerciais.

O Vale é um campo experimental das transformações econômicas – períodos do ouro, do café, da pecuária e da indústria – e sociais, com os regimes de trabalho escravo do negro africano, e livre dos imigrantes, e a passagem das técnicas construtivas artesanais para a mão de obra especializada de construtores, mestres e arquitetos.

O poder temporal, na figura do imperador, continuava a dirigir a Igreja, sob as prerrogativas da Lei do Padroado, datada ainda dos reis portugueses da época das Descobertas. O Vale passou a ser o cofre aberto para a economia do Império, com o cultivo do café, e novas ideias racionalistas e sociais tomaram conta de uma sociedade que se letrava no século XIX. Assim, o homem se apressou a construir palacetes para receber o novo símbolo do poder temporal – a região era visitada com frequência pela família imperial –, fato que ainda conflitava, porém, com a importância de conservar a religiosidade colonial de um clero pouco culto. Mesmo assim, as construções religiosas mantiveram-se como locais de festas, e a Igreja permaneceu como irradiadora dos pensamentos morais e expressão do prestígio local dos barões do café.

Os desejos de acumular riqueza para si, produzir para o Estado e obter o reconhecimento por meio de títulos imperiais foram diretrizes de pensamento que levaram a sociedade a reformar e avolumar as construções religiosas. Apagar as marcas do tempo colonial resumiu-se praticamente a encobrir fachadas e ocultar telhados. O resultado foi a expressão apressada de novos estilos historicistas abarcados pelo pensamento eclético. O Neoclássico inicialmente foi aplicado às estruturas coloniais, que se transformaram em obras híbridas, e a arquitetura do Vale ganhou o codinome de "arquitetura sem arquiteto", estigma das tendências ecléticas que vão do início do Império até o Estado Novo, já com o estilo Neocolonial (1915-40) desbancado pelo Modernismo.

A determinação do urbanismo, na fase inicial dos vilarejos, dava-se pela primitiva capela ou igreja, mas já na segunda metade do século XIX esse papel coube à estação ferroviária. A estrada de ferro cortou as cidades, criando novas vias, e suas estações trouxeram as soluções arquitetônicas da era industrial de tendências ecléticas. O largo da matriz, antes detentor dos melhores casarões ao redor da igreja, viu-se desprestigiado no novo urbanismo, que se deixou direcionar pela nova dinâmica do comércio e pelas construções de mercados municipais. As cidades continuaram ainda sendo dos senhores das fazendas, os quais, com o sistema de doações dos patrimônios religiosos para a construção da igreja, as dominaram. Com o enriquecimento, construíram nelas seus palacetes, na certeza de receberem aí o próprio poder: o imperador. Essas construções incrementaram as novas técnicas construtivas e inovações possíveis, com a importação de materiais da Inglaterra, da Bélgica ou da França, como mármores, esculturas, estruturas de ferro, colunas, telhas francesas, aplicados sobre construções iniciadas e ampliadas por hábeis artesãos no assentamento de tijolos e argamassa na feitura de frisos. A sociedade enriquecida abraçava com entusiasmo não apenas o modismo, mas a ideia do progresso e a realização de uma nação civilizada, um império inserido no mundo. A classe burguesa que surgia, por sua vez, sentia a presença do imigrante que, quanto mais avançava na técnica construtiva industrial, mais deixava para trás um passado colonial do qual ela ainda não ousara sair.

Romanização da Igreja e o Ecletismo

A análise das reformas, realizada no Capítulo III, aponta que a Igreja ainda continuava submissa ao Estado, fato que perdurou até o começo da República, iniciando não apenas a reforma espiritual, mas também a estilística nos templos. O imperador tinha a prerrogativa de nomear os bispos quando, ainda na segunda metade do século XIX, iniciou-se uma reforma na Igreja na qual o poder do papa e a obediência do clero deveriam seguir as normas de Roma. Essa questão da "romanização da fé" foi seguida de um novo alento para a religião, abalada pelas novas tendências anticlericais ainda do período da Revolução Francesa do final do século iluminista. A prática religiosa popular e das irmandades terceiras, donas de capelas, que pagavam ao clero pouco instruído e sustentado pelo governo para celebrar as missas, começou a ser debatida e substituída. A proibição pelo Estado de formação de novos padres (1855) agravara a situação do chamado baixo clero. A prática de ideais cristãos em defesa da moral e da fé exigia a abertura de novos centros de formação eclesiástica condizentes com as novas diretrizes, inclusive de evangelização para os imigrantes e seus filhos.

No bojo da reforma espiritual estavam aquelas do novo gosto, e assim o interior das igrejas coloniais, com seus altares de madeira, foi o mais afetado: os altares aos poucos foram sendo substituídos por outros de mármore, na tentativa de uma nova sacralização dos espaços dos rituais. Os santos barrocos, ainda encomendados pelas irmandades religiosas, foram em parte trocados por aqueles devocionais de gesso, agora do novo clero. Apagou-se assim tanto a memória do clero secular, submisso por vezes às vontades das irmandades, como a imaginária colonial. Um novo clero ilustrado devolvia a hierarquia da Igreja sobre as ideologias políticas, contra o liberalismo, o racionalismo, o protestantismo e a maçonaria crescentes. O culto em espaços renovados deveria refletir os pensamentos daquele século do ultramontanismo de transformações da Igreja.

A essas renovações de cunho espiritual se acrescentaram aquelas estéticas abordadas no item "Naves romanizadas e interpretações", do Capítulo III, que encontraram eco na prática historicista de reviver estilos arquitetônicos como o Neogótico e o Neorromânico, inclusos na práxis do Ecletismo que adentrou até a metade do século modernista, com o Neocolonial.[1] O novo clero europeu, que demorou a aclimatar-se às culturas do período colonial e do imperial, implantou novo gosto arquitetônico, muitas vezes desfigurando construções do passado.

O Ecletismo deve ser visto como uma tendência conciliatória entre as divergências filosóficas, científicas e as religiosas. Estava acima apenas das artes, como a arquitetura, mas alinhava-se com as ideias políticas daquele período. O Vale ainda era imperialista e as ideias republicanas no Oeste paulista, para onde migrara a cultura do café, já estavam disseminadas lá. A conciliação do Ecletismo estende-se também entre a técnica manual e as inovações tecnológicas e aponta para a aproximação entre camadas sociais antes divididas praticamente entre senhores e escravos, camadas estas que agora passavam a incluir os imigrantes e a burguesia crescente. As novas construções são o espelho dessas transformações sociais. As alterações das tendências arquitetônicas tanto dos solares, que se adaptavam ao conforto e aos modismos burgueses, como dos edifícios sagrados, buscavam uma nova unidade da cristandade. Em grande parte do Ocidente, depois de querelas com a modernização e as ciências positivistas e em especial com a maçonaria – sua prática foi condenada pela Igreja em 1865[2]–, a Igreja buscou novos rumos de evangelização, procurando recuperar a importância que tinha antes da Revolução Francesa (1792).

No Brasil, não deixou de surgir conflito ente o poder do imperador e o dos bispos a partir de 1872, com incidentes no Norte, em especial em Belém do Pará, e, na capital imperial, entre a maçonaria e as irmandades religiosas que abrigavam os maçons. Mesmo diante desses fatos, a Igreja conseguiu manter suas bases institucionais e arranhou a aura do poder imperial como chefe do Estado e da Igreja. À beira dessas querelas, os mais letrados e urbanos ressentiram-se das prisões de bispos. Os populares, incluindo aqueles que misturavam cultos africanos e católicos, viram naqueles atos uma impiedade. Em seguida, o clero, chamado de ultramontano ou reformista, passou a tolerar menos as práticas devocionais populares, que entraram em declínio.

Os exemplos de igrejas ecléticas que avançam no século XX podem ser considerados uma libertação das amarras da Lei do Padroado, pela qual o rei e o imperador eram o chefe da Igreja em Portugal e no Brasil. Com a liberdade da Igreja na República, o historicismo eclético europeu da tradição da obra sacra chegou à cidade de São Paulo com os imigrantes italianos, senhores de técnica arquitetônica desenvolvida e com conhecimento de construções de estilos diversos.

Arquitetonicamente, o projeto do arquiteto Charles Peyroton para a Capela (elevada a basílica) de São Benedito, em Lorena (1854-84), apresenta características neogóticas,[3] a inaugurar projetos completamente livres da tradição colonial. O estilo historicista que rompe no Vale com a tradição é aquele de linhas neogóticas, seguido das neorromânicas, com o teto da nave com cruzaria alta, abside poligonal ou curva e naves laterais rebaixadas, destacadas na volumetria exterior. A Matriz de Lorena (1873), do arquiteto Ramos de Azevedo, é exemplar, ao inaugurar na fachada a torre única no centro do edifício, demarcando o espaço interno da nave principal. Menciono como exemplo aqui essa igreja porque, a partir de sua construção, intensificou-se a prática de agregar uma torre única central às antigas capelas ou igrejas coloniais.

Os novos projetos historicistas vieram ao encontro das necessidades de outros espaços, que também foram adaptados, como as capelas do Santíssimo e do Sagrado Coração de Maria e as aberturas nas laterais da capela-mor. Essa tendência abrange ainda as igrejas neocoloniais, nas quais as linhas da antiga tradição luso-brasileira apresentam-se no exterior; internamente, é marcada por três naves com arcaria e um grande arco abrindo para o altar único da capela-mor. A Matriz de São José dos Campos é exemplo dessa dualidade estilística que faz ressaltar o Ecletismo que busca unir, em meados do século XX, as tradições brasileira colonial e italiana historicista. A tal somatória estilística abriram-se brechas para um modernismo de gosto duvidoso.

O patrimônio a preservar

Pela importância do Vale, retentor de construções que de certa maneira tangenciaram vários ciclos econômicos do Brasil, é restrito o número de monumentos religiosos e civis tombados pelo Iphan e pelo Condephaat. É de conhecimento público que o Iphan priorizou o tombamento dos monumentos considerados de expressão nacional. No estado de São Paulo, essa escolha recaiu sobre as casas bandeiristas setecentistas feitas em taipa. Pouco se preservou das fazendas do período do café, vistas como impuras em sua técnica e sem criatividade em suas formas, enfim, uma "arquitetura sem arquitetos". Isso também ocorreu com as igrejas em taipa acrescidas de inovações técnicas, como o emprego do tijolo e de formas neoclássicas e ecléticas. A tendência historicista está à espera de preservação. Também ela determina uma época de transformações religiosas, sociais e de curso da vida brasileira rumo à modernidade.

O dilema da conservação de relevância nacional e regional por muito tempo foi válido para os monumentos inseridos no período colonial e os estilos Maneirista, Barroco e Rococó. Também os modernos do período republicano foram agraciados, mesmo sem o grau de antiguidade. Esse pensamento é ainda do período republicano, o qual teve que abandonar o Neoclássico do período imperial; por sua vez, o Barroco foi esquecido no século XIX, durante o Império.

A arquitetura do Vale ficou no vazio do olhar menos inteligente, de horizontes curtos, da política e de uma firmação quase intransigente entre obras barrocas e modernistas, porém a tempo de ser revisitada, como ocorreu em 2010 com o conjunto urbanístico de São Luiz do Paraitinga (Iphan), com os edifícios escolares ecléticos, assim como com as igrejas reformadas (Condephaat) e sedes de fazendas anteriormente tombados por ambos orgãos oficiais.

1 Iniciado em 1914 pelo engenheiro Ricardo Severo da Fonseca Costa, sendo em São Paulo a construção da Faculdade de Direito do Largo de São Francisco, seu mais expressivo exemplar na cidade.

2 A primeira encíclica de Leão XIII foi *Inscrutabili Dei Consilio* – Sobre os males da sociedade –, seguida de *Libertas* (1888), as quais nortearam a abertura para uma visão positiva da democracia e da participação política. Foi Pio X, em *E supremi apostolatus* (1903), quem incitou a todos a enfrentar a modernidade e seus males. Zagheni, *A idade contemporânea*, p.51-4.

3 Carlos Lemos, em seu artigo "Ecletismo em São Paulo", explica com didatismo em nove itens as construções ecléticas paulistanas. As igrejas neogóticas estão no grupo sétimo, pertencente ao ecletismo historicista, ou seja, aquelas que seguem modelos antigos, porém alheias ao mundo clássico. (Lemos, Ecletismo em São Paulo. In: Fabris (org.), *Ecletismo na arquitetura brasileira*, p.75.)

Vista do Vale do Paraíba, entre as metrópoles de São Paulo (à esquerda) e Rio de Janeiro (à direita). Serra do Mar e Oceano Atlântico (na base) e Serra da Mantiqueira, divisa com Minas Gerais (ao topo). INPE.

PARTE 1

CAPÍTULO I

ECONOMIA E POVOAMENTO NOS CAMINHOS DO PARAÍBA DO SUL

O Vale do Paraíba é, pois, um filho da Mantiqueira – é a própria Mantiqueira desintegrada e aplastada em lençol lado a lado da corrente líquida que lhe constitui o eixo: o Rio Paraíba. [...] Um diamante só se transforma em brilhante depois de lapidado. O Vale do Paraíba só pede lapidação.

Monteiro Lobato[1]

O Rio Paraíba (para'iwa = rio das águas ruins, em tupi) serpenteia entre a Serra do Mar, separando-a da Serra da Mantiqueira (mãe das águas ou de onde vêm as chuvas). Depois, percorre a divisa com Minas Gerais e deságua na faixa litorânea do estado do Rio de Janeiro.

No Alto Vale do Paraíba correm os rios Paraibuna (rio das águas escuras) e Paraitinga (rio das águas claras), os quais cortam a Serra do Mar e formam o Paraíba do Sul. Este se aproxima do Rio Tietê (rio muito bom) na altura da cidade de Mogi das Cruzes. Dois rios que correm em direções diferentes, ao longo dos quais nasceram as cidades dos ciclos do ouro e do café. No Médio Vale propriamente dito, onde as serras do Mar e da Mantiqueira se abrem e o rio serpenteia na faixa de terra plana, há formações em meia-laranja, suaves, outrora cobertas por florestas tropicais.

No estado do Rio de Janeiro, onde a faixa litorânea é larga, acolhedora e fértil, o Paraíba presenciou o desenvolvimento das culturas da cana-de-açúcar e depois do café. Em Minas Gerais, encontram-se 20.900 km^2, contra 13.500 km^2 em São Paulo e 22.600 km^2 no Rio de Janeiro, num total de 57.000 km^2.

Auguste de Saint-Hilaire (França, 1779-1853) descreveu as matas tropicais como

> *mil ondulações e as plantas pareciam, por assim dizer, formar uma só massa, se os acidentes do terreno não deixassem perceber os troncos das árvores e se as diferenças de altura, cor e folhagem não atraíssem a espantosa variedade de espécies.*[2]

Quando Augusto Emílio Zaluar (Lisboa, 1826 – Rio de Janeiro, 1882), em 1860, deixou de ter a companhia do Rio Paraíba, rumando para o Rio Tietê, sentiu-se triste e saudoso de seu leito tortuoso, fundo e desigual onde, porém, teria visto, durante meses, os centros mais populosos, o viço da cultura humana. Evocou ainda Victor Hugo para dizer que suas maiores fantasias não descreveriam ou se igualariam à realidade de suas esplêndidas maravilhas.[3]

Nascentes do Rio Paraíba do Sul nos municípios de Cunha e Lagoinha.

Os títulos imperiais ficaram no Vale do Paraíba, mas a riqueza do ouro verde escapou sobre os trilhos de ferro. Monteiro Lobato (Taubaté, 1882 – São Paulo, 1948) escreveu:

> *[...] o progresso cigano, quando um dia levantou acampamento dali, rumo Oeste, esqueceu de levar consigo aquele isolador de fios de telégrafos [...] E lá ficará ele, atestando mudamente uma grandeza morta, até que decorram os muitos decênios necessários para que a ruína consuma o rijo poste de "candeia", ao qual o amarraram um dia – no tempo feliz em que Ribeirão Preto era ali [...].*[4]

Outras vezes, a riqueza passou pelos caminhos do Vale. É local de passagem, e o caminho natural é o rio. As trilhas indígenas margeavam riachos e rios. Frei Gaspar da Madre de Deus (Santos, 1715-1800) informara ao governador da capitania a existência de uma estrada datada de 1560. Capistrano de Abreu (1853-1927) cita "fronteiras a Jacareí, há as gargantas do Rio do Peixe [...]. Fronteiras a São José dos Campos, há as gargantas do Rio Buquira".[5] E continua a assinalar os caminhos naturais para o planalto mineiro a partir de Pindamonhangaba, Guaratinguetá, Lorena, Piquete e Cachoeira Paulista.

Se os rios foram os primeiros caminhos naturais que ajudaram os homens, a serra e mais ainda a mata foram as barreiras. Os caminhos para atingir Minas Gerais pelo norte, através da Bahia, eram difíceis e durante dois séculos seguiu-se pelo sul. A garganta do Embaú (Caminho da Piedade), na Mantiqueira, era a fresta na serra que, para ser atingida e se chegar ao Rio das Velhas, partindo de São Paulo, exigia até dois meses de viagem. Partindo do Rio de Janeiro, seguindo por Paraty (rio branco), Taubaté, Pindamonhangaba e Guaratinguetá, até o Rio das Velhas (Caminho Velho), o governador Arthur de Sá, em companhia de André João Antonil (Luca, 1649 - Salvador, 1716), no início do século XVIII, fez uma viagem que se prolongou de 23 de agosto a 23 de novembro.[6]

Outros caminhos foram abertos de Taubaté a Ubatuba, através da "trilha dos tamoios", e, em 1661, Domingos Dias Félix e Jacques Félix pediram, em nome da condessa de Vimieiro, senhora Maria de Sousa Guerra, neta de Martim Afonso de Sousa, uma légua de estrada na paragem e lugar chamado Paraitinga (São Paulo), no Caminho do Mar.[7] Para Sérgio Buarque de Hollanda (São Paulo, 1902-82), como os terrenos em volta de São Paulo já estivessem ocupados, os caminhos serra acima que atingiram o Vale foram uma maneira de incrementar a população da região.

> *Tal impulso recebe esse povoamento que, para fins do século XVII, os de Taubaté, centro principal do sertão do Paraíba, já se podem considerar competidores e, às vezes, inimigos dos de São Paulo, unindo-os apenas a comum aversão ao emboaba. Orientada, em grande parte, na direção do Rio de Janeiro, em virtude da deficiência das comunicações com São Paulo, a princípio difíceis, mais tarde, quase inúteis, devido aos "caminhos do mar", que sucessivamente vão se abrindo, é natural que todo aquele espaço tenda a se constituir numa unidade à parte, com sua filosofia própria, e seus interesses particulares, que não são sempre os do restante das capitanias paulistas.*[8]

Vista do Banhado, São José dos Campos.

Thomas Ender. *Paulista com poncho*, 1817. Lápis, Academia de Artes de Viena, Áustria.

Os bandeirantes que fizeram de Minas, fruto paulista, a grande província, partiram para Goiás. Os que descobriram os veios auríferos em Minas (1695), Mato Grosso (1718) e Goiás (1727) voltaram-se ao Vale do Paraíba "com as mesmas características: ânsia de enriquecimento, iniciativa corajosa e imprevidência".[9]

Repete-se o drama no Vale: as estradas que carregavam riquezas possuíam atalhos que disseminavam a miséria. Com o Caminho Novo, a Estrada Real (1707) para as Minas Gerais, passando por Juiz de Fora, o Vale ainda conservava

> *[...] certa aparência de prosperidade, uma vez que podem transitar animais de carga, ao passo que pela via do Rio de Janeiro os artigos de consumo e o ouro das minas hão de ser conduzidos quase sempre aos ombros dos escravos pretos.*[10]

A Estrada de Ferro São Paulo-Rio de Janeiro veio substituir, em 1877, o transporte de mercadorias. Até então, usavam-se cavalos, liteiras, muares e carruagens. A estrada marcou o fim das companhias de navegação e dos portos não só do Rio Paraíba, como também do litoral: Angra dos Reis, Paraty, Mambucaba, Ubatuba e São Sebastião. Toda a região entrou em decadência, e o benefício chegou ao Vale.

Com o advento do automóvel e a abertura da estrada Rio-São Paulo, em 1928, Bananal, Areias, Silveiras e São José do Barreiro viram-se ligadas às atividades do Vale, reconquistando prestígio. A nova Rodovia Presidente Dutra (1951) foi-lhes, porém, um sonho amargo, pois deixou-as encravadas entre morros onde outrora nasciam rios de prestígio.

Thomas Ender. *O paulista*, 1817. Lápis, Academia de Artes de Viena, Áustria.

Economia

Quis o Destino que esse vale visse nascer em seus extremos duas metrópoles humanas, dois aglomeramentos com indefinidas possibilidades de expansão: Rio e São Paulo, a cidade término e a cidade hinterlândia; a cidade-porto e a cidade-entreposto, núcleo de convergência dum conjunto de zonas produtoras.

Monteiro Lobato [11]

Jean Baptiste-Debret. *Carregadores de café*, 1826. Aquarela, Museus Castro Maya/Ibram/MinC.

Na economia de subsistência (1630-1775), o povo, vivendo isolado em roças, à beira dos caminhos e onde surgiram os primeiros povoados, praticamente não fazia comércio. A mão de obra empregada nas roças era a indígena, a qual influenciava os produtos cultivados: milho, feijão, abóbora, cará, mandioca, inhame. Cultivavam-se ainda arroz, algodão, trigo e cana-de-açúcar. Para a obtenção de açúcar, fubá e outros produtos, usavam-se o monjolo, o moinho, a engenhoca e o tear manual.

As casas eram de taipa e, na parte interna, de taipa de mão; o forro, de esteira ou telha-vã; o chão, de terra batida; a cobertura, de sapé ou telha de canal; o mobiliário era praticamente inexistente. Na alimentação, usavam-se os produtos da terra: pinhão, taioba, urucum, marmelada, broas e biscoitos. Criavam-se alguns animais, como bois, cavalos e porcos.[12]

Na segunda fase, a lavoura canavieira (1775-1820) fez elevar o nível de vida e modificou a estrutura profissional. Em 1799, o Vale contava com 155 engenhos, 113 só no Médio Tiête. Do acúmulo dos capitais que surgiram com os grandes latifúndios criou-se a infraestrutura para gerar o ciclo do café.

Produziram-se melhorias: maior número de profissões desempenhadas por indivíduos livres, mais oportunidades para as classes comerciantes. Com o artesanato doméstico, o trabalho feminino passou a marcar presença, assim como as atividades secundárias de taipeiros, entalhadores ligados à construção, sapateiros, alfaiates, ferradores, latoeiros, além das profissões agrícolas, que assumiram importância.[13]

O movimento de importação e exportação aumentou. Exportavam-se açúcar, aguardente, toucinho, fumo e algodão; importavam-se vinhos, vinagres, meias e fitas de seda, linho e lã. A produção agrícola concentrava-se no açúcar, algodão, milho, feijão, arroz, farinha, tabaco, e produzia-se aguardente de cana e azeite.

Moradores de outras regiões, além de Portugal e São Paulo, migraram para o Vale e lá se fixaram. A população cativa de origem africana era diversificada, reunindo benguelas, angolas, cassangues, rebolos, cabindas e ganguelas.

As residências rurais prevaleciam sobre as da cidade. Os homens mais importantes habitavam fora do perímetro das modestas vilas, às quais acorriam por ocasião de festas. Eles gastavam seu dinheiro na construção da igreja, de pontes e estradas e por conta própria arrumavam as vilas.

O governo do Morgado de Mateus (1765-75), que incrementou a economia da província de São Paulo, na segunda metade do século XVIII, interveio como representante da Coroa nos traçados das vilas de Cunha e São Luiz do Paraitinga.

Os engenhos de cana-de-açúcar eram as principais construções civis. Neles eram empregadas antigas técnicas de construção do planalto paulista. Localizavam-se em terreno em declive, aproveitando as quedas-d'água. Assobradados, a parte de baixo era usada para o serviço e/ou como depósito, e a parte de cima, para o estar. Denominada arquitetura de "torna-viagem", de Minas Gerais para São Paulo gerou residências com um sentimento aburguesado. Na planta, nota-se a aculturação de pessoas que já conheciam cidades de certa concentração.

O ciclo do café (1820-1920) fez mudar a feição do Vale. O café arábico chegara em 1727 à Amazônia. Já percorrera o mundo, da Etiópia à Arábia. Passou para o Novo Mundo através da Holanda e da França, infiltrando-se na região oriental de São Paulo, aproximadamente em 1790.[14] Entrou por Bananal e Areias e transformou as edificações. Modas europeias sobrepuseram-se às técnicas tradicionais. Fazendeiros construíram solares nas cidades, com salas de receber contíguas às de jogar, bailar, jantar ou de música. Móveis e adornos passaram a ser importados. Baixelas

Fazenda Santana, Lagoinha.

de ouro, lustres e candelabros de bronze, com mangas de cristal francês, tapetes, aparadores sustentando espelhos com molduras douradas. Nas paredes, retratos a óleo da própria família. O capitão-mor Antônio Galvão de França, de Guaratinguetá, já tinha em seu escritório, em 1755, "dois retratos de pessoas reais", no valor de 6$400 rs.[15] As fazendas ostentavam pinturas ilusionistas. José Maria Villaronga pintou nas fazendas Rialto e Resgate, em Bananal, dentre outras. O visconde de Palmeira, Antônio Salgado da Silva, de Pindamonhangaba, mandou construir seu palacete decorado com trabalhos em estuque. Nas paredes, cópias de telas de Augusto Petit, Johann Moritz Rugendas, Jean-Baptiste Debret e paisagens do Rio de Janeiro, seguindo o costume das fazendas fluminenses, como a do Paraíso, em Rio das Flores.

A estrada de ferro modificou o urbanismo. Fez o foco de interesses e acontecimentos, antes concentrado apenas na matriz, dividir-se com a estação da estrada de ferro. Com a via férrea, novos materiais, como ferro, mármore, tijolos, e adornos, como chafarizes e estátuas de louça portuguesa, chegaram às cidades, que se embelezaram.

Do ciclo econômico do café, no Vale, ficou a marca da cobiça e outros aspectos ainda obscuros afeitos a interesses políticos. Exigiram-se, dos 2 condes, 7 viscondes e 29 barões que sustentavam o Império, altas cifras monetárias. O paulista não soube frear seus impulsos. O neobandeirante industrial – o paulistano – substituiu as palmeiras imperiais por chaminés.[16]

Faria meus os sentimentos de Rubens do Amaral (São Carlos, 1890 – São Paulo, 1964):

> *Vestiram às pressas o Vale. Cada cidade, uma noiva coberta de flores alvíssimas e grinaldas de ramos de café, substituto do acanto. Para alegria do Império, colibris em bandos e abelhas em enxames se estontearam no perfume. Multiplicaram-se no ouro verde de seus frutos. Hoje, na noite fresca, o luar iluminou a paisagem de fotografia: fazia pensar, cinzenta, fria, morta, nos mundos extintos.*[17]

Fazenda Pau d'Alho. Vista do terreiro a partir da senzala, São José do Barreiro.

Trabalhadores negros e imigrantes na construção da Fábrica Presidente Vargas, Piquete. Memorial da Fábrica de Pólvora sem Fumaça.

Povoamento

O processo de povoamento de São Paulo pode ser dividido em três períodos, até 1816 ou 1834.[18] O primeiro período, que se estende do Descobrimento até 1705, com a fundação de Santo André da Borda do Campo, em 1553, foi marcado pela investida às minas de ouro e pelo preamento dos índios. O avanço serra acima foi incentivado pela crença na existência de caminhos desde o litoral, em São Vicente, a Assunção, no Paraguai.[19]

De 1553 a 1611, preparou-se o descobrimento das minas. A lavoura de cana-de-açúcar não vingou no litoral paulistano. Com a formação de São Paulo e de novos núcleos, onde ter posse dos índios valia mais do que possuir terras, o Vale do Paraíba começou a ser povoado dentro do binômio: povoação do planalto/cidades do litoral que ofereciam porto natural.

Mogi das Cruzes, em 1611, iniciou a ligação com o mar na região do Vale do Paraíba. Outras cidades ao longo do rio marcaram a ocupação das terras sem organização. Até 1705, com a fundação de Pindamonhangaba, as vilas ali fundadas não obedeceram ao traçado urbano e seus sítios foram determinados pela topografia e pelos caminhos. Houve inconsistência nas construções. O que importava era prear índios e comercializá-los, e a produção de víveres voltou-se para a subsistência.

O binômio planalto/litoral fez surgir a povoação de Mogi das Cruzes, ligada a Bertioga; de Taubaté, em comunicação com Ubatuba via São Luiz do Paraitinga; de Guaratinguetá, ligada a Paraty via Cunha; de Paraibuna, ligada a Caraguatatuba.

O centro virtual geológico definiu a implantação de Taubaté. Da navegabilidade surgiu Jacareí, e da travessia para o Embaú incrementou-se Lorena.

O segundo período, de 1705 a 1765, teve início com a descoberta do ouro. Culminou com a extinção da capitania de São Paulo e o início do desenvolvimento da província de São Paulo pelo Morgado de Mateus. A debandada para as minas deixou as vilas à míngua. Porém, a abertura de caminhos por terra facilitou algumas transações comerciais.

O terceiro ciclo foi caracterizado pela cultura de cana-de-açúcar, de 1765 a 1816 ou 1834, como demarca Luís Saia.[20] Bernardo José de Lorena iniciou a cultura da cana-de-açúcar, que não atingiu, contudo, grande desenvolvimento.

No Vale do Paraíba, apesar de certa importância, tal cultura nunca teve o papel que obteve na outra área de "serra acima", ou seja,

Praça da Igreja Matriz em São Luiz do Paraitinga.

Casario de imigrantes italianos. Museu da Imigração Italiana em Quiririm, Taubaté.

Museu da Imigração Italiana em Quiririm, Taubaté.

no quadrilátero formado por Sorocaba, Piracicaba, Mogi-Guaçu e Jundiaí.[21]

A data 1816 foi escolhida por alguns autores porque a fundação de Areias revestiu-se de características comerciais, e 1834 foi o ano do Ato Adicional que organizou o poder civil, em termos nacionais.

O período de 1765 a 1785 recebeu a influência das ideias do Morgado de Mateus.[22] As vilas nasceram resultantes de causas políticas e econômicas. A economia nem sempre pôde sustentar tais vilas, tornaram-se imutáveis e geraram núcleos quase inexistentes, uns de desenvolvimento restrito e outros que mudaram o sítio.

Do primeiro grupo, as vilas quase inexistentes ou que não vingaram, mencione-se Sant'Ana, entre Lorena e Resende. Surgida em 1771, não se desenvolveu como previsto. Atualmente, seu sítio está em parte ocupado pela Represa do Funil.

Caraguatatuba, extinta em 1666, voltou a receber incremento para se comunicar com Paraibuna. O porto de Caraguatatuba não vingou.

O segundo grupo experimentou um desenvolvimento restrito. As vilas desse grupo, de traço urbano organizado, vão se desenvolver apenas no século XIX. Nesse período, São Luiz do Paraitinga,[23] Santo Antônio de Paraibuna e São José dos Campos receberam esse incremento. Esta última teve o traçado determinado pelo ciclo do café e, atualmente, apresenta perfil industrial.[24]

O último grupo caracteriza-se pela mudança do sítio urbano. As vilas deixaram de ser o reflexo da concentração do poder em torno do fazendeiro. O poder econômico e o social determinaram a mudança delas para mais perto da estrada de ferro e, posteriormente, da de rodagem, caminhos que ligam São Paulo ao Rio de Janeiro. Nos início da década de 1970, Redenção da Serra mudou-se a pequena distância, morro acima, por causa das águas da represa da hidrelétrica estatal no Rio Paraitinga.

As ligações por terra foram executadas: a planície do Vale interligou-se com as cidades do Rio de Janeiro e São Paulo e com o estado de Minas Gerais; o mar do Norte (Ubatuba e Caraguatatuba) foi ligado ao mar de morros do Alto Vale; o movimento migratório desde Minas Gerais foi o que mais intensificou a ocupação da região desde os caminhos pela Mantiqueira.[25]

Na metade do século XIX, foram criadas colônias agrícolas no Vale parsa os imigrantes trabalharem. Foram fundadas as colônias de Canas, em Lorena; de Quiririm, em Taubaté; de Boa Vista, em Jacareí; de Piagui, em Guaratinguetá; e outra ainda em São José do Barreiro.[26]A Rodovia Presidente Dutra (1928) consolidou a interligação entre as duas capitais (em 1950, a pista tornou-se dupla); as rodovias Ayrton Senna (1982) e Carvalho Pinto (1994) facilitaram o acesso ao Vale e a áreas metropolitanas.

Antiga Matriz de Redenção da Serra.

1 Monteiro Lobato, *Idéias de Jeca Tatu*, p.218.

2 Saint-Hilaire, *Viagem pelas províncias do Rio de Janeiro e Minas Gerais*, v.I, p.65.

3 Zaluar, *Peregrinação pela província de São Paulo (1860-1861)*, p.117-9.

4 Monteiro Lobato, *Cidades Mortas*, p.6.

5 Abreu, *Caminhos antigos e povoamento do Brasil*, p.80-1.

6 Antonil, *Cultura e opulência do Brasil pelas minas do ouro*, p.46.

7 Pasin, *Algumas notas para a história do Vale do Paraíba: desbravamento e povoamento*, p.33.

8 Hollanda, *Caminhos do sertão*, p.110.

9 Essa filosofia é aprofundada por Paulo Prado no livro *Província & Nação Paulista, retrato do Brasil*, p.134.

10 Hollanda, op.cit., p.110.

11 Monteiro Lobato, op. cit., p.218.

12 Pasin, op. cit., p.111.

13 Herrmann, Evolução da estrutura social de Guaratinguetá num período de trezentos anos, *Revista Administração*, n.5.

14 São as seguintes as datas para a implantação do café na América Latina: Venezuela – 1784; México – 1795; Costa Rica – 1796; El Salvador – 1808; Colômbia – 1810; Nicarágua – 1848; Guatemala – 1860. (Marconi, *Folclore do café*, p.79).

15 Ortmann, *História da antiga Capela da Ordem Terceira da Penitenciária de São Francisco em São Paulo*, p.84.

16 Por intermédio de textos literários, o café e sua história podem ser percebidos em profundidade. Busca-se o homem e não os dados. Em *O café: literatura e história*, de Myriam Ellis, há textos de Monteiro Lobato, Rubens do Amaral, Leão Machado, Cornélio Pena, Menotti del Picchia, Rubem Rocha, entre outros. São oito temas, abordando desde o início da agricultura do café, implicações técnicas e sociais, benefícios e decadência.

17 Reimão, *Velhas fazendas do Vale do Paraíba*, p.56.

18 Saia, *Morada paulista*, p.25-48.

19 Houve também um intercâmbio entre espanhóis e paulistas. O assunto é esclarecido em Amaral, *Da hispanidade em São Paulo*.

20 Esclarecendo as datas: 1553 – Fundação de Santo André da Borda do Campo; 1611 – Fundação de Mogi das Cruzes; 1705 – Descoberta das Minas de Ouro; 1765 – Restauração da Capitania; 1765-1775 – Governo do Morgado de Mateus; 1816 – Fundação de Areias; 1834 – Ato Adicional.

21 Petrone, *A lavoura canavieira em São Paulo*, p.38.

22 As atividades e o governo conflitante do Morgado de Mateus são analisados em Bellotto, *Autoridade e conflito no Brasil Colonial: o governo do Morgado de Mateus em São Paulo (1765-1775)*.

23 Saia, *Levantamento do Condephaat, v.II, São Luiz do Paraitinga*.

24 Para domínio do assunto do fato urbano ligado à industrialização, conferir Müller, *Contribuição do estudo do fato urbano e da organização do espaço no Vale do Paraíba*; outros dados em Cesco, *Caracterização e avaliação dos conhecimentos existentes sobre a região do Vale do Paraíba e diagnósticos resultantes*. Nesta última publicação, há fotos aéreas das cidades, facilitando a visualização do traçado urbano.

25 Moura, Governo do Morgado de Mateus, *Revista do Arquivo Municipal de São Paulo*, p.9-155.

26 Pasin, *O Vale do Paraíba ontem e hoje*, p.46.

Thomas Ender. *Villa de Taubaté vista do átrio do convento franciscano*, 1817. Aquarela, Academia de Artes de Viena, Áustria.

Capítulo II

Construções religiosas e urbanismo

Basílica de São Benedito, início do século XX, Lorena.

Os religiosos instalaram-se na entrada do caminho do Vale, a exemplo dos jesuítas, desde as reduções de São Miguel, Itaquaquecetuba e Freguesia de Nossa Senhora da Escada, em Guararema (local da árvore pau-d'alho). Os carmelitas ficaram na antiga vila de Mogi das Cruzes e os beneditinos, na fazenda Parateí, nos arredores da mesma vila. Cruzando o Rio Paraíba, em Jacareí (rio das pedras ou jacarés), os jesuítas dirigiram-se a São José dos Campos e lá permaneceram por um curto período. O clero secular que atuou nas igrejas do Vale foi o responsável pela fundação de capelas que se tornaram núcleos de povoamento. Os franciscanos, por fazerem voto de pobreza e terem as graças do rei, fundaram, a pedido dos taubateanos, que descobriram as minas auríferas, o Convento de Santa Clara na então vila no centro geográfico do Vale, de onde os bandeirantes partiram em busca do ouro em Minas Gerais.

Pode-se esquematizar o povoamento do Vale em basicamente três ciclos: o primeiro é o ciclo taubateano, em seguida o do ouro e, por último, o do café. No primeiro ciclo, o rio foi o caminho natural a interligar Guaratinguetá (reunião de garças brancas), Cunha e Paraty, no litoral. No ciclo do ouro, a caminho das minas auríferas, foram utilizadas vias de circulação até Minas Gerais por Lorena. E no terceiro ciclo, o do café, seguiu-se desde o Rio de Janeiro por Bananal.

O ciclo taubateano nos legou dois patrimônios religiosos: São Bom Jesus do Tremembé (fonte de água afamada ou margem do rio) e Nossa Senhora do Bom Sucesso (Pindamonhangaba, lugar onde se faz anzol). No ciclo do ouro, quando as vilas foram fundadas em função das vias de circulação, Caçapava, Guaypacaré e Bocaina foram dotadas de patrimônio, incluindo Aparecida, posteriormente. No ciclo do café, a vila de Santa Branca, em 1833, era um patrimônio religioso doado por Domingos de Godoy Brito.

A ligação entre religião e fundação de vilas não se limita aos patrimônios, que são consequência maior do pensamento de homens que envolviam o clero secular em seus negócios.

> *Passada a fase heroica da catequese intensa, esta representada na figura do pároco, o senhor abade tão lusitano, com que se honra a família brasileira nascente, pois um de seus anelos é ter um membro padre, que, de volta do seminário, assume a função vicarial de sua vila. Muitos deles chegaram à liderança política, possuem escravos e deixam até descendência.*[1]

No Vale, não bastou fundar vilas. Desde a fazenda, era o proprietário que orientava a vila situada em suas posses. "A vitória da fazenda orientou definitivamente o Brasil para a dispersão, e o país viu-se privado para todo o sempre do quadro da vila".[2] As cidades-pouso das estradas, ou ainda as paradas obrigatórias para registros, pedágios e fiscalizações, somam-se àquelas que se posicionavam nos desvios ou apenas nas passagens.

Os rios Paraibuna, Paraitinga e Paraíba do Sul influenciaram em dois aspectos a formação dos núcleos: pela navegação e por permitirem a travessia. Tais núcleos, que ficavam nas terras dos fazendeiros, recebiam a estabilização com o erguimento da capela. Esta, por sua vez, também visava a fins econômicos, como o loteamento das terras ao seu redor.

Cada pessoa tinha o seu orago, ou seja, a sua invocação religiosa. O reino de Portugal vivia sob o orago de Nossa Senhora da Conceição; o Morgado de Mateus, sob o de Nossa Senhora do Bom Sucesso, que também foi levado a Ouro Preto.[3] Fazendeiros, padres e o povo em geral tinham seu orago, e aqueles que podiam homenagear o santo de sua invocação faziam-no também colocando o nome dele em suas propriedades, capelas e vilas.

Não bastava ter o orago como devoção. A materialização dessa invocação se fazia nas imagens, que eram transportadas e guardadas em oratórios ou altares portáteis. A imagem de Nossa Senhora Aparecida, encontrada em 1717, é exemplo de como um oratório pode transformar-se em povoação. Anastásio Pedroso construiu o oratório nas terras do capitão Antônio Amaro Lobo de Oliveira, que tinha parentesco com as famílias de Santo Amaro, São Paulo e Santana de Parnaíba. Poder-se-ia cogitar que a imagem foi perdida ou atirada ao rio, quando do transporte do oratório original, pois o barro da sua feitura é comprovadamente paulista, da região de Santana de Parnaíba.

Igreja Matriz de Santa Branca.

A importância do oratório da imagem de Aparecida alia-se ao fato da pesca milagrosa e à passagem do conde de Assumar (dom Pedro Miguel de Almeida Portugal e Vasconcelos, 1688-1756), que, por sua vez, remete ao orago oficial: Nossa Senhora da Conceição d'Aparecida.[4] Outros oragos uniram-se, com homenagens aos poderes políticos e religiosos. É o caso de São Luiz e Santo Antônio do Paraitinga, em homenagem ao Morgado de Mateus, dom Luís Antônio de Souza Botelho Mourão (1722-98). A princípio, isso estava ligado à promessa de erigir uma capela em invocação a Santo Antônio, por ser em 13 de junho o dia de sua invocação. O orago de Santo Antônio também foi alterado para homenagear o orago do governante Morgado de Mateus, que, por sua vez, homenageava Nossa Senhora dos Prazeres.

Pode-se concluir que o orago e o oratório são atos piedosos que podem impor o nome a uma povoação. Estão ligados a outros atos religiosos – como assistir à missa aos domingos e dias santos, ser sepultado dentro da igreja para o repouso da alma – e sociais – doação de terras à igreja, ou seja, constituição do patrimônio religioso.[5]

Para assistir à missa, era necessária a capela, a qual, para ser erigida, devia obedecer a normas impostas pela Igreja, através das *Constituições do Arcebispado da Bahia*. Muitas vezes, ela era construída sem a licença eclesiástica, como é o caso das capelas não curadas. Outras vezes, como no caso de Tremembé, o capitão-mor Manuel da Costa Cabral doou terras à igreja para se fazer a Capela de São Bom Jesus de Tremembé, porque era muito difícil

Mercado municipal (abaixo, à direita), Igreja Matriz (à esquerda) e do Rosário (acima) em São Luiz do Paraitinga.

para ele e sua família deslocar-se para assistir à missa em Taubaté (taba grande). A Igreja tolerava a ausência alternada dos fregueses às missas, porém,

> *[...] se alguns se descuidassem desta obrigação, o Pároco os poderá multar em um vintém por cada falta; e havendo alguns muito descuidados, que se emendem com estas multas, fará deles o rol, e o mandará ao nosso Provisor, ou Visitadores, ou ao Vigário de vara para procederem com admoestações, agravação das penas, e outros meios acomodados para se emendarem.*[6]

Doar terras para uma ermida ou capela muitas vezes afastava do fazendeiro possíveis problemas com a Igreja. Esta, porém, ao receber o pedido de doação, entrava com um processo de insinuação de doação de patrimônio religioso e, no caso de as terras estarem hipotecadas ou o fazendeiro ter falido, a Igreja não aceitava a doação. Junto ao processo, constava uma declaração de fé. Sobre as licenças de edificações, as *Constituições do Arcebispado da Bahia* esclareciam o tipo de construção:

> *[...] assinando-lhe um dote competente ao menos de seis mil-réis cada ano para sua fabricação, reparação e ornamentos, lhe concederemos licença, fazendo-se de tudo autos e escrituras, que se guardarão no Cartório de nossa Câmara. E sempre nas licenças, que concederemos, se ressalvará o direito das Igrejas Paroquiais, às quais em uma cousa se prejudicará pela ereção, e fundação de quaisquer Capelas e Ermidas, que de novo se fizerem; e se terá particular advertência, que não se fundem em lugares ermos e despovoados.*[7]

Aceita a doação do patrimônio religioso, a escritura podia ser feita em nome do próprio santo, como é o caso de Campos de Cunha, onde, até então, o dono das terras era o santo. Outra forma de doação era aquela que permitia à Igreja e ao pároco ou cura usufruir dos lucros da terra e de suas novidades. Como não podiam ser fundadas em lugares ermos e despovoados, as capelas, além do sentido de posse da terra, tinham também a função de estabilização de povoação formada perto das fazendas.

Essas fundações de cidades, atos piedosos, atos sociais, tornavam-se, muitas vezes, atos lucrativos. Quando o patrimônio se desenvolvia, adquiria uma função comercial, além de seu papel de parada. Em volta dos palacetes dos fazendeiros, os lotes eram comprados por pequenos negociantes que abriam armazéns e vendas; operários se fixavam igualmente, assegurados por uma clientela pelo menos nos dias de festa.[8]

A valorização das terras era imediata. Não há melhor exemplo no Vale para ilustrar essa luta entre terras de patrimônio, capela, política e interesses políticos do que a colina sagrada de Aparecida. A colina era admirada pelos viajantes estrangeiros, que preferiam retratá-la ou escrever sobre a natureza ao seu redor. Quando a capela cresceu, os políticos de Guaratinguetá temeram seu desmembramento. Para construir a Basílica Nova, os comerciantes negaram o terreno atrás da Basílica Velha, que era do patrimônio. Decidiu-se construir uma dantesca basílica fechada entre os muros, passando praticamente a existir duas cidades, uma hoteleira e outra para o romeiro turista.[9]

Matriz e casario em São José do Barreiro. Prefeitura de São José do Barreiro.

Estação de Cachoeira Paulista, inaugurada em 1875.

As normas em *Constituições do Arcebispado da Bahia* são claras ao estabelecer que não fossem edificados igreja, capela ou mosteiro sem a licença eclesiástica. A partir do início do século XVII, as licenças passaram a ser expedidas do Rio de Janeiro e, a partir de 1745, da Diocese de São Paulo. No livro quatro, o Título XVI esclarece sobre as edificações:

> *Conforme o Direito Canônico e Sagrado Concílio Tridentino, não se pode edificar de novo, nem reedificar depois de caída e arruinada alguma Igreja, Capela, Ermida, Colégio, ou Mosteiro, sem que o primeiro proceda autoridade, e licença do Ordinário. [...]*
> *E depois de feita, e acabada a Igreja, Capela, ou Convento, para se poder dizer Missa na Igreja, e Altares, haverá nova licença nossa, a qual lhe não concederemos, sem que primeiro as mandemos visitar, para sabermos se estão acabadas, e os Altares em forma conveniente, e se tem o necessário para se poder dizer Missa neles.*
> *E toda a pessoa Eclesiástica, ou secular, por cuja ordem se disser missa na tal Igreja antes da dita licença, ou induzir alguém que a diga, pagará vinte cruzeiros de pena, e incorrerá em excomunhão maior ipso facto; e o Sacerdote secular, que nela disser Missa, será suspenso de suas Ordens, preso, e castigado com as mais penas que a culpa merecer.*[10]

No Vale, as construções das ordens religiosas, no periodo colonial, restringiram-se a esparsos exemplos de reduções com capelas, residências e conventos. As do clero secular multiplicaram-se em capelas, matrizes, basílicas e catedrais.

Vista parcial da construção do Santuário Santa Teresinha, Taubaté.

O sítio urbano era em geral resolvido sobre colina ou patamares; em vales ou na planície, quando norteados, pelo porto fluvial. Como posse, no centro virtual da bacia hidrográfica (Taubaté), desenvolveu-se mais no sentido da ocupação do que da organização. O traçado era determinado pela topografia, e a construção da capela ou igreja seguia-se imediatamente após o erguimento de um cruzeiro. Se concluída ou não, pouco importava, pois o símbolo da posse era obrigatório. A inconsistência foi uma característica das construções (palhoças). Elas não tinham o significado local de permanência. A capela, porém, era o lugar onde se cumpriam as atividades obrigatórias da religião, sob pena de multa.

O poder civil suplantava o religioso no sentido da influência do poder individual que comandava, estabelecendo a ordem na cidade. As casas do senhor de engenho ou do baronato do café não ofereciam concorrência com a igreja matriz. O mesmo senhor comandava as duas "povoações": o complexo arquitetônico da fazenda e o da vila. Era dele que a igreja recebia os maiores donativos. Seus escravos faziam as maiores construções e reparos.[11] A comunidade que ali vivia comercializava através dele. Ou, ainda, ele é que escolhia o capelão e determinava seu ordenado, por intermédio dos juízes municipais das vilas. O juiz Bernardo P. de Vasconcellos, em carta de janeiro de 1822 dirigida ao governo provisório de São Paulo, declarava: "Os provimentos das capelas no Reino do Brasil são de jurisdição secular".[12]

A posição simbólica do edifício era precedida pela escolha do nome do local que, na

Casario disperso em Piquete.

Desenvolvimento da sede de fazenda, Piquete.

maioria das vezes, era o nome de um santo. Sob esta invocação, ou temor, ou, ainda, dever de ocupar a terra e zelar pela alma, surgiu a dicotomia entre a materialização do poder temporal e os poderes espirituais.

A necessidade da presença da construção religiosa será estudada no Capítulo V. Construção que deve conferir organização e consistência: é projeto de prestígio por abrigar uma ordem religiosa, constituir projeto religioso e ao mesmo tempo arquitetônico e por sua construção estável em cantaria. A dependência da construção da igreja e a confirmação de que é um símbolo estão evidentes nesta carta dos oficiais da Câmara de Taubaté, do ano de 1763:

> *Esta é a vila, Senhor, d'onde os paulistas em corpo de união tomaram as armas para penetrar o inculto sertão chamado de Cataguazes, conquistando os bárbaros índios desta nação que o habitavam, para descobrirem as minas de ouro que S. M. recomendava. [...] Foi tal a nossa aventura que Carlos Pedroso da Silveira (cabo principal da tropa) conseguiu descobrir as férteis minas [...]; agora, porém, estes mesmos descendentes com os moradores della pedimos a V. M. que em memória dos passados serviços se digne a real clemência de V. M. mandar pela provedoria da fazenda real dar uma esmola para se tornar a capella mor da nova igreja que estão levantando à custa da mesma fraqueza destes moradores. [...] Esta graça costuma praticar a real grandeza de V. M. com muitos templos desta América. [...] Villa de Taubaté em Câmara aos 3 de Novembro de 1763.*[13]

Nessa petição, fica claro que a construção da igreja (símbolo de posse da terra) passava a ser o reflexo do desejo de compensação pelo serviço prestado à Coroa, daí a destruição da antiga igreja e a construção da nova. Segundo: o poder individual ou familiar era substituído pelo órgão da Câmara; a igreja passava, assim, a ser o símbolo de uma comunidade que queria materializar suas realizações. Terceiro: dependência da Igreja com relação ao Estado ou submissão do poder espiritual e auxílio do Estado para aparentar boas relações com o poder papal. E, por fim, a confirmação das afirmações do Morgado de Mateus sobre a miséria no Vale.

Os conflitos dessas programações religiosas submissas ao Estado eram os mesmos que determinavam a escolha do sítio urbano, a navegação, os caminhos e, posteriormente, as condições do traçado urbano. Assim, primeiro erguia-se a igreja e depois os edifícios públicos. No Vale, dispersou-se o conjunto de edifícios que refletiriam a imagem do poder: a fazenda (autossuficiente), a matriz (dependente), a câmara e a cadeia (deficitário).

A dispersão dos edifícios dos poderes favorecia a posição da igreja no traçado urbano. Melhor ainda, era desta construção que se irradiava o traçado da cidade. A topografia determinava o traçado das ruas, e a igreja, a importância delas. Portanto, a igreja ocupava duas posições na trama urbana: a primeira, física, de fácil solução – a colina, uma elevação do terreno, pontos de cruzamento ou bifurcações de ruas; a segunda, visual, como reflexo do esforço da comunidade e do programa da arquitetura religiosa para difundir a fé.

A posição física do templo determinava, no seu exterior, a praça, o largo ou terreiro. Dependendo das curvas de nível do terreno, poderia ser determinado um quadrado, retângulo ou trapézio. Ali eram desenvolvidas atividades comerciais, sociais e, principalmente, aquelas que davam continuidade aos atos religiosos. A posição física externa era, no entanto, abalizada e murada pelo casario, que a tornava um espaço externo interiorizado entre paredes sem teto.

Devido aos três ciclos diferentes da fundação das vilas – taubateano, da mineração e do café –, no Vale, como em geral em todo o Brasil, há cidades que cresceram ao longo dos rios, dos caminhos das minas auríferas e das tropas, como o povoado do Facão (1695), atual Cunha (1730). Apenas em uma rua se posicionaram perpendicularmente tanto a Matriz de Nossa Senhora da Conceição (1731) como a Igreja do Rosário (1793). Os largos se posicionaram ao lado dos templos. O comprimento da igreja barrava as duas ruas no topo do morro e impunha o traçado de outra que ia dar ao cemitério. Os caminhos levavam ao porto de Paraty e, no lado oposto, a Guaratinguetá, formando o Caminho Velho da Estrada Real. O mercado foi construído na rua dos fundos da igreja de Cunha.

Em Jambeiro (nome de uma árvore frutífera), surgiu um traçado similar, mas que permitia uma praça maior em frente ao templo, do qual a parte posterior encontrava-se na borda do morro. A vila nasceu de um pouso de tropeiros, debaixo de um grande jambeiro, e a igreja foi erigida em louvor a Nossa Senhora das Dores do Capivari, em 1871. A implantação do templo determinou a planta da cidade; surgiu uma rua entre a montanha e a descida; atravessando um riacho, há um pequeno largo com o mercado municipal e, em sua lateral, há o caminho para Caçapava.

Em Paraibuna, o rio homônimo determinou um dos lados da cidade. Nesta, a igreja forma o urbanismo em Y. Na parte posterior do templo há o caminho para Caraguatatuba. Na parte oposta do rio, um grande largo forma a praça onde se situa o mercado e há a saída para Taubaté.

Praça Nossa Senhora Aparecida, Ladeira Monte Carmelo e Rio Paraíba na várzea. Aparecida, 1902. Coleção Família Freitas.

Catedral de São Francisco das Chagas, Museu de Arte Sacra de Taubaté, nos anos 1930.

Artistas – Pallière, Ender, Debret e cientista viajante: Zaluar, no século XIX

No Vale Médio, que compreende a várzea, a iconografia surpreende. Ao constituir passagem entre Rio de Janeiro e São Paulo, foi o caminho natural dos cientistas, artistas e arquitetos. O arquiteto e pintor francês Arnaud Julien Pallière (1784-1862) fez desenhos (1821) mostrando a formação das vilas de Taubaté, Lorena, São José dos Campos, Guaratinguetá e Jacareí, além de um desenho da Capela de Aparecida. Anos antes, o austríaco Thomas Ender (1793-1875) desenhara as mesmas localidades (1817), além de outras, as quais se pode comparar até com aquelas de Jean-Baptiste Debret (1768-1848), nos anos de 1827, que fez aquarelas representando Bananal, Pindamonhangaba, Aparecida, Guaratinguetá, Taubaté e Jacareí.[14] O cientista viajante Augusto Emílio Zaluar (Lisboa, 1825 – Rio de Janeiro, 1882)[15] relatou suas impressões de grande maioria das vilas do Vale Médio.

Jean-Baptiste Debret. *Guaratinguetá.* 1827. Aquarela, Museus Castro Maya/Ibram/MinC.

Jean-Baptiste Debret. *Vila de Jacareí*, 1827. Aquarela, Museus Castro Maya/Ibram/MinC.

São José dos Campos

São José dos Campos, antiga Vila de São José, no desenho de Pallière, tem o traçado do programa jesuítico: uma grande praça retangular diante da capela para funções catequéticas; nos fundos, o pomar aparece protegido por muros.[16] A capela, posta no alto do patamar, volta-se ao caminho para Taubaté. Na lateral da direita está o caminho para Jacareí. Atualmente, a igreja neocolonial está voltada para a praça fronteiriça que se liga ao mercado. Nos fundos dela encontra-se um profundo vale, cenário admirável, ainda não tocado pelo novo centro urbano. Linhas tracejadas indicam uma dúzia de casas, a matriz ao centro e a cadeia na saída para Jacareí. Os desenhos de Ender confirmam o posicionamento das casas e muros. A Casa da Cadeia só se destaca se demarcada. Zaluar assim descreveu o povoado:

> *A vila, apesar de achar-se edificada sobre uma belíssima eminência, não sobressai muito nem mostra grande desenvolvimento, pois as casas são quase todas baixas, as ruas desiguais e mal alinhadas, e os dois largos que nela se encontram não têm as necessárias saídas, e falta-lhes o adôrno de alguns edifícios que atualmente se acham em construção, como a cadeia, casa da câmara e igreja matriz.*[17]

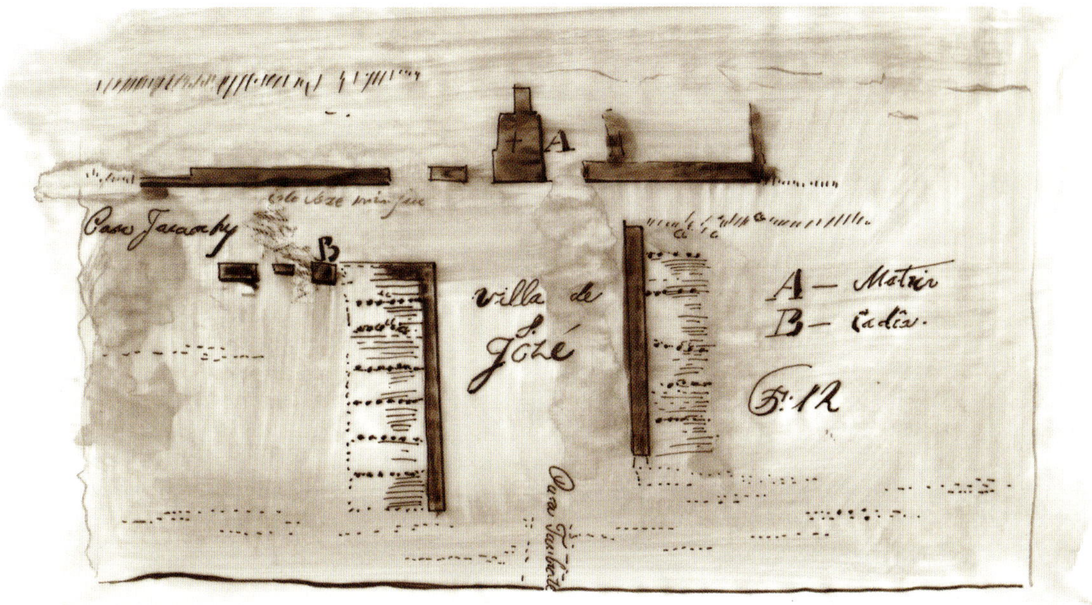

Elaborado a partir da obra de **Arnaud Julien Pallière**. *Villa de S. Jozé*, 1821.

Thomas Ender. *Igreja de São José a 19 milhas de São Paulo*, 1817. Aquarela, Academia de Artes de Viena, Áustria.

Jacareí

Jacareí é importante pelo porto no Rio Paraíba do Sul e por constituir passagem para o Vale do Tietê, como revelam os desenhos de Thomas Ender. A mudança do rumo do Rio Paraíba determinou a escolha da vila e do porto. Esse rio é utilitário, e não paisagístico. A igreja e a praça posicionam-se dando fundos para ele. O traçado esforça-se para mostrar-se regular, porém mais serve para os caminhos que levam a Mogi das Cruzes a partir da Igreja do Rosário, que se interliga com a cidade de São Sebastião, no litoral, e as ruas da Cadeia e Direita, a caminho de São José dos Campos. O templo determina apenas a praça onde a Casa da Câmara, posicionada lateralmente, não compete visualmente com a igreja. Zaluar surpreendeu-se ao entrar naquela vila.

> *O que mais notável salta à vista a quem, passando algumas poucas ruas, entra no largo principal, é a magnífica matriz, acabada de reparar e aumentada de novo, e que em grandeza e gosto arquitetônico tem, depois da de Pindamonhangaba, o primeiro lugar entre as do norte da província, bem como o magnífico palacete do sr. Barão de Santa Branca, que ocupa uma das faces inteiras desta não pequena e bem edificada praça.*[18]

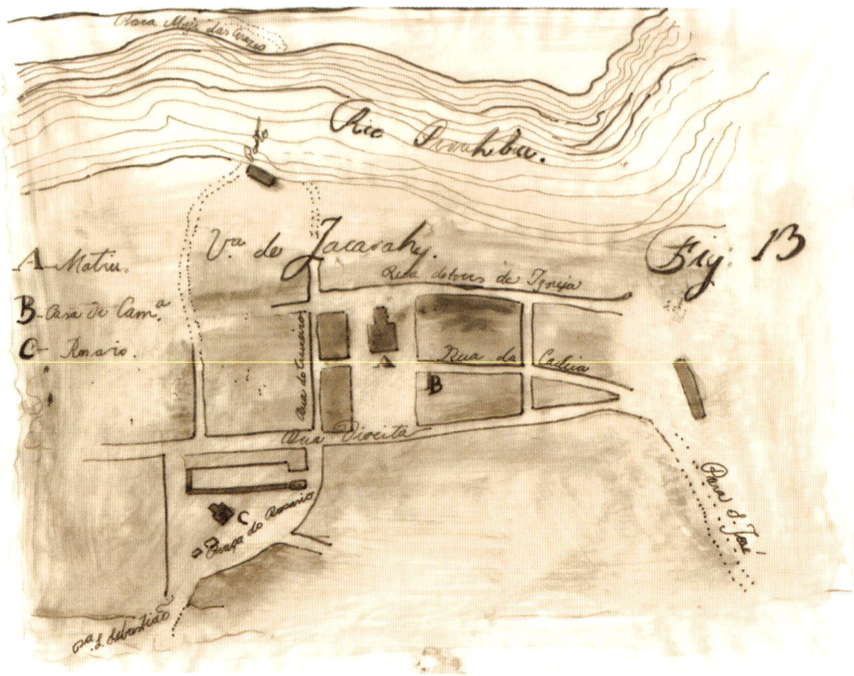

Elaborado a partir da obra de **Arnaud Julien Pallière.** *Villa de Jacarehy*, 1821.

Thomas Ender. *Jacareí e Paraíba*, 1817. Aquarela, Academia de Artes de Viena, Áustria.

Lorena

Em Lorena, o traçado é irregular, mas o artista corrigiu o desenho e, nele, o traçado mostra-se regular, com a matriz voltada para o rio. Uma das ruas perpendiculares segue até a Casa da Câmara, defronte à Capela do Rosário. O sítio plano e as ruas retas favorecem a circulação ao redor da igreja, livre no seu entorno. Essas terras planas, que tanto favoreciam o traçado regular quanto o tamanho das quadras, são tratadas de maneira mais livre, sequer fugindo das áreas inundáveis. No Largo do Rosário, os poderes espiritual e temporal defrontavam-se, pois nele reuniam-se a capela, o pelourinho, a Casa da Câmara e Cadeia. Ao observar a cidade, Zaluar notou que os edifícios públicos não condiziam com os particulares:

> *Há em Lorena três grandes praças: a matriz, a do Rosário, onde existe uma igreja com esta invocação, e finalmente a praça Imperial, que é muito grande, bem quadrada e plana. Um elegante teatrinho, mandado construir à custa do sr. capitão José Vicente de Azevedo, cavalheiro distinto pela sua ilustração e amor às artes, completa o quadro dos edifícios que têm um caráter de utilidade coletiva.*[19]

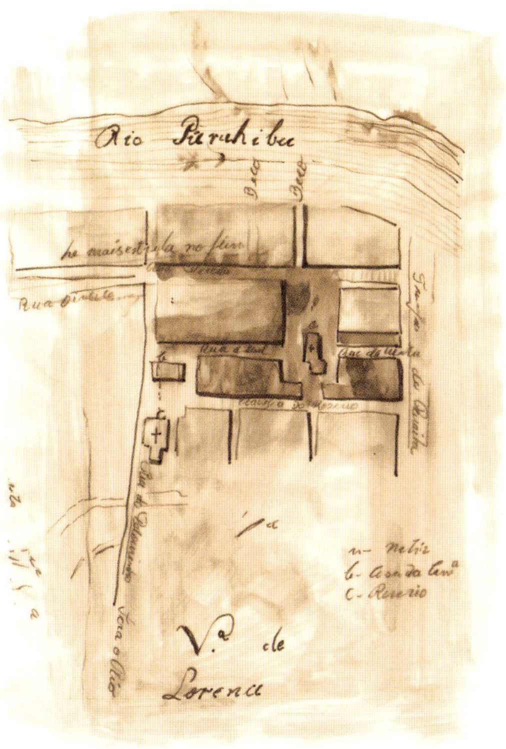

Elaborado a partir da obra de **Arnaud Julien Pallière.** *Villa de Lorena*, 1821.

Thomas Ender. *Em Lorena*, 1817. Aquarela, Academia de Artes de Viena, Áustria.

Guaratinguetá

A planta de Guaratinguetá revela uma dupla preocupação: posicionar a vila sobre a colina e assegurar um local para o porto. Nesse caso, a igreja é o centro visual irradiador das ruas. Por não estar bem posicionada, dificultou a construção da praça, que precisou se dividir em duas porções: na frente, de forma irregular, fazendo que parte da igreja se projetasse livremente para o espaço; na lateral, o terreno em declive liga-se a uma ladeira na lateral até outra praça abaixo, maior. Igreja do Rosário, diante da qual se formava uma praça. O declive do terreno na lateral confere à matriz um belo perfil das torres.

A Igreja do Rosário foi demolida na década de 1930, e a praça, atualmente chamada Conselheiro Rodrigues Alves, absorveu em parte a importância da praça da matriz. Guaratinguetá poderia ser dividida em duas partes: a antiga, do lado de cá do rio, e a nova, do lado de lá. Mesmo tendo transposto o rio, a parte antiga da cidade verticaliza-se, imposição da Rodovia Presidente Dutra, destruindo em parte os morros que Thomas Ender desenhou.[20]

Debret, em 1827, deixou de Guaratinguetá a impressão de ser a vila uma paragem de tropeiros.[21] Ender captou o conjunto, o posicionamento da matriz e o espaço sobre a colina, onde também se construiria a Casa da Câmara. Zaluar também olhou para as igrejas.

> *A matriz, templo de vastas proporções, está edificada em um alto, no meio de outras propriedades, sem ter uma praça onde sobressaia a sombria, mas severa arquitetura de sua fachada. [...] Além da matriz, existem na cidade as igrejas do Rosário, de São Gonçalo, Santa Rita e São Miguel.*[22]

No início do século XX, a estação da estrada de ferro foi posicionada em terras planas. Abriu-se uma praça defronte a ela, de tal maneira que dialoga com a bela fachada da catedral, por meio de uma rua reta e de suave aclive. A meio caminho desta rua encontra-se o mercado municipal.

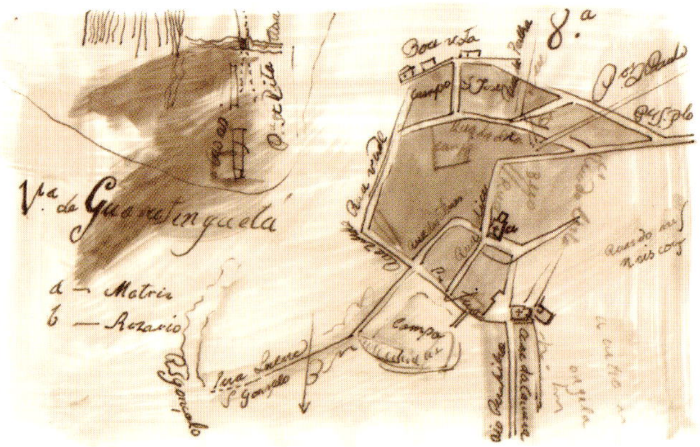

Elaborado a partir da obra de **Arnaud Julien Pallière.** *Villa de Guaratinguetá*, 1821.

Thomas Ender. *Igreja de Guaratinguetá*, 1817. Aquarela, Academia de Artes de Viena, Áustria.

Aparecida

Da Capela de Aparecida Pallière não restou nenhum mapa cartográfico, pois o urbanismo ali limitava-se praticamente a uma única rua na subida da colina. Ender desenhou o foco visual: a capela com duas torres. Tal registro é precioso e raro para a arquitetura colonial paulista. Ender e todos os outros cientistas viajantes se encantaram com a paisagem natural tão bem aproveitada. Debret observou a parte humana e espiritual ao redor da igreja, retratando dois homens que têm seus animais seguros por um escravo, um deles rezando de joelhos, enquanto o outro deposita uma esmola. Um doente chega em uma rede, precedido de uma mulher que carrega velas. Outros surgem entre os pequenos pousos, saídos da imensidão da paisagem. Uma casa de pau a pique fecha a composição à direita.[23]

Thomas Ender. *Vista da Igreja e Capela de Nossa Senhora Aparecida*, 1817. Aquarela, Academia de Artes de Viena, Áustria.

Jean-Baptiste Debret. *Aparecida*, 1827. Aquarela, Museus Castro Maya/Ibram/MinC.

Taubaté

Taubaté tem o traçado mais regular de todas as vilas. A cidade, posicionada no centro geográfico do Vale, foi a primeira a surgir (em 1639) e, talvez, seja a mais planejada delas. Atualmente, é recortada pela Rodovia Presidente Dutra e pelos trilhos da antiga Central do Brasil, e luta por sua unidade urbanística. Apenas para destacar dois aspectos da planta de Pallière: o isolamento do Convento de Santa Clara e do Largo do Rosário. A grande praça da matriz contrasta com o terreno mínimo ocupado pela Capela do Pilar. Zaluar detalha a grandiosidade do Convento de Santa Clara, transcreve o histórico da fundação da cidade e considera-a triste, à maneira das cidades nascidas sob a sombra dos monastérios, apesar de populosa, chegando a ser, para ele, uma das maiores da província.[24]

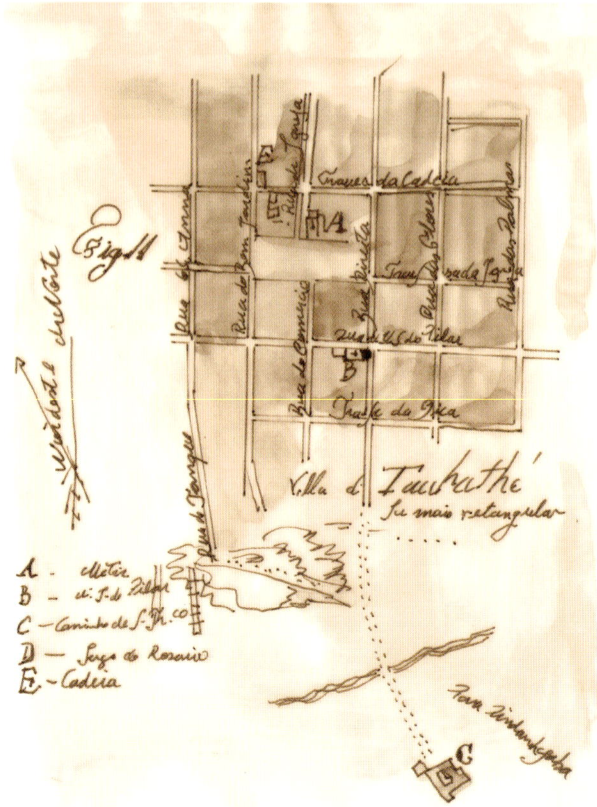

Elaborado a partir da obra de **Arnaud Julien Pallière.** *Villa de Taubathé*, 1821.

Jean-Baptiste Debret. *Taubaté*, 1827. Aquarela, Museu Castro Maya/Ibram/MinC.

Pindamonhangaba

Por fim, os preciosos desenhos de Pallière mostram Pindamonhangaba com sua igreja, que não está voltada para o rio. O traçado das ruas segue paralelamente ao curso do rio. A igreja, sem praça (posteriormente, alargada a rua, passou a comprimir-se em um adro pequeno, cortado pela passagem da via), não ocupa posição de destaque, prejudicada que foi pela aproximação excessiva das construções civis. O templo não exerceu influência no traçado urbano, tampouco foi polo visual na época. Nos desenhos de números 298 e 299 de Ender, vê-se claramente um grande sobrado ameaçando o volume da igreja.[25]

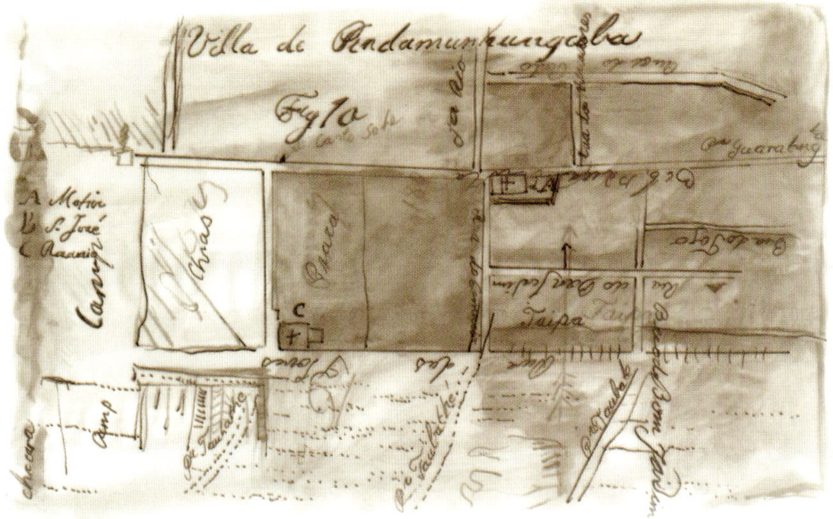

Elaborado a partir da obra de **Arnaud Julien Pallière.** *Villa de Pindamonhangaba*, 1821.

Thomas Ender. *Vista de Pindamonhangaba*, 1817. Aquarela, Academia de Artes de Viena, Áustria.

De modo resumido, pode-se dizer que as ordens religiosas praticamente não influenciaram o urbanismo na região; a matriz teve importância na determinação do traçado urbano em quase todas as cidades. A matriz mais bem localizada (em termos de sítio físico) transformou-se em foco visual (reflexo da comunidade e da religião), se bem que subordinada ao Estado. As praças tiveram seus tamanhos estabelecidos pela topografia e o posicionamento do templo determinou a importância das ruas. Há outros exemplos, a partir dos desenhos de Ender, como *Bananal* (Parte 2) e *Areias* (técnica da taipa), que serão estudados adiante, assim como *São Luiz do Paraitinga*.[26]

Os desenhos legados por Pallière documentaram as vilas em desenvolvimento. Na primeira etapa, já passada, as capelas rurais vingaram em povoados, ou permaneceram à beira das estradas, ou, ainda, mantiveram-se ligadas à atividade específica de comemorações.

Desses primeiros núcleos, alguns estagnaram, vindo a ser chamados de "cidades mortas" (Bananal, São José do Barreiro, Areias e Silveiras) por Monteiro Lobato, um século depois de Ender. Outros núcleos desenvolveram-se e ganharam uma rede de edifícios e locais ligados à religião e à religiosidade, como Aparecida. Construções que, muitas vezes, eram barreiras para o crescimento da cidade, por se posicionarem nas saídas ou entradas, eram os educandários, os conventos de grandes proporções e, por fim, os cemitérios.

Até que os centros urbanos se organizassem mesmo com o "campo santo", mais de três séculos se passaram. De início, os edifícios religiosos limitavam-se à igreja ou capela. Os jesuítas tinham seu programa fundamentado na organização urbana: o edifício em si; a parte externa da frente reservada para a catequese, para apresentações de autos de fé; a parte externa dos fundos reservada ao pomar e à horta.[27] Na Freguesia da Escada, evidencia-se o posicionamento no terreno: na parte da frente, voltada para o rio, o grande patamar para as festividades; do lado direito de quem olha para o conjunto da capela e para a residência dos padres, os acidentes naturais: declives delimitam o terreno até o rio, sem que se tenha de construir muros para os limites dos fundos. As casas enquadram a praça com um cruzeiro.

Foi mencionado que esse tipo de aldeamento está mais ligado à Vila de São José e à Freguesia de Nossa Senhora da Escada. A cidade de Queluz também surgiu de um aldeamento indígena dos puris, em 1800.[28] Outras cidades nasceram do rocio ou dos ranchos dos tropeiros. A trama urbana foi, contudo, absorvendo muitos edifícios ligados à religião. A igreja principal era a matriz. Chamavam-se capelas aquelas pertencentes às irmandades religiosas ou as de devoção de santos específicos. Edifícios ligados à formação dos religiosos ou leigos formaram um segundo grupo que, no Vale, teve influência apenas no século XX. São construções de grandes proporções: conventos, seminários, colégios, educandários, conventos ou recolhimentos de mulheres, das quais Aparecida é o mais significativo exemplo. Quase todas apresentam limites bem demarcados, como muros, ou são separadas por um acidente natural, ou, ainda, estão sobre morros.

Outros aspectos se apresentam, interligando, porém, os edifícios religiosos com a trama urbana. São adros, terreiros, largos e circuitos de procissões. Nesses espaços abertos, comuns, há uma mistura sociocultural que se expressa nas danças religiosas (diante do cruzeiro do adro), nos terreiros (as congadas, os reisados e as cavalhadas), na representação de autos, nas encenações bíblicas e nas romarias que tomam as ruas.

No Vale, as primeiras Santas Casas foram construídas em Bananal, em 1851, e em Pindamonhangaba, em 1863. De tradição lusitana, remontam à Idade Média. Afastadas do centro, podiam, às vezes, ter um cemitério com uma capela. Ocupavam terrenos vastíssimos e possuíam fontes próprias.[29] As Santas Casas eram objeto de curiosidade e louvação para os estrangeiros que por ali passavam. As descrições são detalhadas. Esses cientistas, que certamente temiam enfermidades nestes fins de mundo, viam estupefatos os atrasos da medicina nesta terra onde Daniel Pedro Müller, em 1836, encontrou dois cirurgiões em Taubaté e um em Jacareí.

Outras manifestações que poderiam ser aqui incluídas, por não serem construções, mas devido ao envolvimento emocional, e nas quais se misturam religião e festas profanas, são as instituições musicais, corais que atuam como bandas nos coretos e procissões, catracas e toques de sinos.

De forma resumida, tem-se: para o culto religioso público, construções como igrejas, capelas, passos, oratórios e nichos; para a formação: conventos, monastérios, seminários, colégios, educandários e recolhimentos; como participação da comunidade: capelas de ordem terceira, Santas Casas, hospitais, hospícios e casas de irmãos leigos; a serviço das instituições católicas: cabidos, palácios episcopais, casas paroquiais, aljube, sedes de congregações; áreas livres e comuns: adros, terreiros, cemitérios, largos e ruas de procissões. Nada impede, porém, que um edifício cumpra uma ou mais funções. Em 2010, as cidades de Aparecida e Guaratinguetá foram incluídas em um roteiro turístico religioso, com a aprovação do Vaticano (assim como São Paulo), no Vale. As cidades de Cachoeira Paulista e Lorena completam um roteiro religioso da fé.

1 Motta, *A civilização do café (1820-1920)*, p.21.
2 De Fontaines, *Como se construir no Brasil a rede de cidades*, p.4.
3 Viotti, No cinquentenário de morte de monsenhor Claro Monteiro, *Revista do Arquivo Municipal*, p.41-3.
4 Nossa Senhora da Conceição foi proclamada padroeira de Portugal e seus domínios, em 1646, por ordem de Dom João IV. Em 8 de setembro de 1904 a imagem de Aparecida foi coroada Rainha e Padroeira do Brasil, por meio da ideia de dom Arcoverde e apoiado pelo Núncio Apostólico dom Júlio Tonti.
5 Tirapeli, Patrimônio Religioso na Formação das Cidades do Vale do Paraíba – São Paulo. In: ______, *Arte Sacra Colonial: Barroco memória viva*, p.14-25.
6 Vide, *Constituições primeiras do Arcebispado da Bahia feitas e ordenadas pelo...*, p.213.
7 Id., op. cit., livro quarto, título IXI, p.254-5.
8 De Fontaines, op. cit., p.21.
9 Tirapeli, Aparecida, um espaço a ser vivido, *Revista Ângulo*, p.24.
10 Vide, op. cit., p.251-2.
11 Lucilla Herrmann, em Evolução da estrutura social de Guaratinguetá num período de trezentos anos, mostra vários textos documentando a pobreza das vilas e como os cidadãos tinham que conservá-las.
12 Vasconcellos, Carta ao Governo Provisório de São Paulo.
13 Ribeiro, *Cronologia paulista ou relação histórica dos fatos mais importantes ocorridos em São Paulo desde a chegada de Martim Afonso de Souza a São Vicente até 1898*.
14 Essas aquarelas da viagem de Debret a São Paulo, seguindo até Santa Catarina e parte do Rio Grande do Sul estão reunidas em Bandeira; Corrêa do Lago, *Debret e o Brasil: obra completa*, p.264-326.
15 Zaluar, *Peregrinação pela província de São Paulo* (1860-1861).
16 Para a compreensão do programa jesuítico pode-se consultar, entre outros, Lúcio Costa (1978), Robert C. Smith (1955) e as ilustrações 47 e 50 em Sepp, *Viagem às missões jesuíticas e trabalhos apostólicos*. Também o filme de Silvio Back, *República Guarani*, revela não só o ambiente, mas também o conflito da aproximação e troca de ambientação preparada pelos padres.
17 Zaluar, op. cit. p.107.
18 Ibid., p.113.
19 Ibid., p.74-5.
20 Ferrez, *O Brasil de Thomas Ender – 1817*, p.270-3.
21 Debret, *Viagem pitoresca e histórica ao Brasil* (pranchas soltas).
22 Zaluar, op. cit., p.79.
23 Bandeira; Corrêa do Lago, op. cit., p.281.
24 Zaluar, op. cit., p.99.
25 Ferrez, *O Brasil de Thomas Ender – 1817*, p.270-3.
26 Saia, *São Luiz do Paraitinga, estudo do urbanismo da cidade*.
27 Costa, A arquitetura dos jesuítas no Brasil. In: ______, *Arquitetura religiosa*, p.17.
28 Maia; Maia, *O vale paulista do Rio Paraíba – Guia cultural*, p.95.
29 Id., *Vale do Paraíba: velhas cidades*, p.13.

Capela da Fazenda Santa Rita, Pindamonhangaba.

Capítulo III

Arquitetura religiosa

Capelas autônomas e agregadas

As capelas do Vale são singelas. Fisicamente, é possível separá-las em duas categorias: as capelas autônomas e as agregadas. O sítio geográfico diferencia as capelas rurais das urbanas.

Tecnicamente, pode-se falar em capelas singelas (de formas simplificadas) e capelas artísticas (das ordens terceiras e das confrarias). No cunho social, podem-se destacar as capelas de festas, de romarias, e aquelas simples, votivas. A origem pode estar ligada a uma promessa, à Santa Cruz ou à fundação do povoado.

As funções são as mais diversas: confluência para missa, festas religiosas, pagamento de promessa, depósito de ex-votos, depósito de imagens quebradas, lembrança de morte e guarda de andor. Simbolicamente, pode tratar-se do início da catequese, da posse da terra, de ostentação da riqueza do proprietário e do poder da ordem religiosa ou terceira.

As capelas agregadas tanto podem estar ligadas a uma construção religiosa quanto a uma civil. Na residência paulista do século XVII, a capela era incrustada na casa, dentro da faixa do convívio social. Tal faixa era fronteira e compunha-se de alpendre, capela e quarto de hóspedes. Sobre tal conjunto fronteiriço, opina Luís Saia:

> *É a peça mais característica deste tipo de habitação, no tocante ao problema de separação de classes e ao caráter feudal da sociedade seiscentista de São Paulo. Sobre ele se abre a capela, em cujo recinto só teria acesso padre e gente da família, o precatório comportando o resto da lotação [...] É verdade que o problema da religião nas residências já fora resolvido, em épocas anteriores, inclusive utilizando formas parecidas com o alpendre, para o abrigo dos fiéis, mas nunca, ao que parece, com o sentido de separação de classes que assume o alpendre da morada bandeirista.*
>
> *É nas igrejas mesmo que se pode encontrar funcionamento idêntico, tanto nas de porte avantajado como nas ermidas. E quando ocorre afastar-se a capela da residência, aquela leva consigo o alpendre.*[1]

Capela da Fazenda Resgate, Bananal.

Na segunda metade do século XVIII, na arquitetura das fazendas denominadas de "torna-viagem" (engenhos de açúcar de antigos habitantes de Minas Gerais), a capela localizava-se na parte fronteiriça assobradada e o acesso a ela era feito por intermédio de uma escada que ia dar no alpendre da capela, fechando-se uma das extremidades deste; podia receber um número considerável de pessoas, e uma abertura lateral permitia aos membros da família assistir aos ofícios religiosos sem se misturar com as outras pessoas. Na Fazenda Pau d'Alho, em São José do Barreiro, a capela fica no fundo do corredor da escadaria de entrada.[2]

Na fazenda de café, a capela é aglutinada pela construção. Ocupa a parte central da casa, separando, de um lado, a parte social e, do outro, a familiar. A ornamentação é rica em pinturas, imagens e móveis adequados. Dentro da casa, como não se podia construir uma capela, ela era substituída pelo oratório.

No edifício religioso, a capela de ordem terceira pode ser, de início, apenas um altar que, lateralmente, não ofuscará a importância da capela-mor. Um arco na construção pode ser a ligação da igreja conventual à capela das ordens terceiras. Quando o acesso se dá internamente, a capela é construída de modo perpendicular ao edifício principal, um pouco mais abaixo. Tem vida própria, inclusive portas e zeladores.

Quando, em ambos os casos, as capelas tornam-se autônomas fisicamente, não chegam a constituir o principal foco visual do conjunto. O elo de submissão pode chegar a ser virtual: da sede da fazenda a família assiste aos atos religiosos pelas aberturas existentes em ambas as construções. Nas capelas de ordem terceira, o terreno, a imposição das normas e a superioridade do Estado eclesiástico tornam os irmãos dependentes e agregados espiritual e intelectualmente aos religiosos e plasticamente

Capela Nossa Senhora das Mercês, São Luiz do Paraitinga.

vinculados ao edifício principal. A vida administrativa dessas capelas é independente.[3]

As capelas urbanas e autônomas são, na sua maioria, edificadas por devotos que formam uma congregação, ou confraria, ou, ainda, como agradecimento espiritual e, por fim, para perpetuar o milagre do encontro de imagens. Neste último caso, há duas basílicas: em Tremembé, as de Nossa Senhora Aparecida e São Bom Jesus, e, em Lorena, a Basílica de São Benedito, oriunda de uma confraria. Todas seguiram a trajetória de simples capelas a santuários.

As capelas urbanas não diferem muito do exemplo da Capela de Nossa Senhora das Mercês de São Luiz do Paraitinga.[4] Possuem uma nave e capela-mor que se comunicam pelo arco cruzeiro. Uma galeria serve de dependência e acesso ao coro e ao púlpito. O sino é colocado nessa galeria, em pequenas envasaduras no frontispício. O forro pode apresentar-se tabuado, em abóboda ou mesmo em telha-vã.

Algumas capelas, como a de Caçapava Velha,[5] não possuem dependências laterais; a nave e a capela-mor apresentam-se em telha-vã, o coro é livre da estrutura e elas não têm torres. Existem ainda as "capelas de fachadas", que não possuem torres, mas ostentam uma fachada bem mais alta que a cumeeira, como a de Santa Rita, em Guaratinguetá.

Das capelas urbanas, a que mais se destaca é a do Pilar, de Taubaté, de planta poligonal, formando dois corpos. Luís Saia explica detalhes construtivos em documentos referentes ao seu tombamento pelo Iphan.[6]

Com o advento de novas congregações religiosas, como a dos redentoristas, em Aparecida (1894), e a dos salesianos, a partir de Lorena (1902), foram construídas capelas nos estabelecimentos de ensino de uso privado – Seminário Santo Afonso, em Aparecida – ou coletivo – em Lorena, o dos salesianos, e o Oratório de Dom Bosco, em Cachoeira Paulista.

Capela da Fazenda Pau d'Alho, São José do Barreiro.

Capela Nossa Senhora da Piedade, Roseira Velha.

As capelas urbanas são inúmeras e sempre há a invocação dos santos protetores das ordens terceiras dos homens negros, como as de Nossa Senhora do Rosário e São Benedito. Em Jacareí, a capela é das mais expressivas, com o aproveitamento de talhas barrocas, como apontado por Eduardo Etzel.[7] De linhas neogóticas é a Capela do Rosário, em São Luiz do Paraitinga, e a mais culta, de linhas neoclássicas, a do Rosário de Lorena. Em São Bento do Sapucaí, a Capela de São Benedito é eclética, imitando a Basílica Velha de Aparecida. O Santuário da Santa Cabeça, em Cachoeira Paulista, é neogótico e possui o altar em mármore.

As capelas rurais podem ser divididas, quanto ao material, em efêmeras e perenes. O franciscano Claude D'Abbeville, em 1612, assim descreve esse tipo de capelas, de uso e construção imediata, erguidas pelos índios:

> *Trabalhavam uns em rotear a praça, outros em aplainá-la, outros em derrubar árvores, cortar paus, outros, ainda, em acelerar o madeiramento. Enquanto uns preparavam a pindoba para o teto, outros faziam esteiras de folha de palmeiras, tão bem tecidas e entrelaçadas em quadrados e outras figuras que se tornavam muito bonitas, dignas de ver-se, e que nos serviam para ornamento da capela e do altar.*[8]

Notável é a importante capela rural em Guararema, de Nossa Senhora da Ajuda.[9] É composta por nave e capela-mor; um corredor lateral com um cômodo e acessos ao púlpito e ao coro; do lado oposto, dois cômodos sem comunicação entre si – um serve de sacristia, e o da frente, que não oferece comunicação com a capela, servia de casa do sacristão, que tinha os sinos às mãos. As instalações para as festas encontram-se na parte posterior da capela.

A cozinha da família guardiã ficava na área externa.[10] O terreno na parte de trás da capela foi ocupado por um condomínio. Foi construída uma casa de caseiro e um local para festas. Certamente, foi o último exemplar com caseiro morando, em cômodo especial, dentro de uma capela rural e com cozinha externa. A capela foi restaurada, mas desapareceram as pinturas do forro da capela-mor e a imagem em barro encontra-se na matriz.

No município de Mogi das Cruzes, a capela de Santo Angelo, há um exemplar de capela alpendrada. A ermida dos carmelitas é apresentada por Carlos Lemos como um dos edifícios mais antigos desse gênero no interior paulista.[11]

Edificada como capela rural para a realização de atividades sociais ao seu redor, bem como para pagamento de promessas, localiza-se em sítio privilegiado, com estrada própria (hoje sob uma represa). Atualmente cercada e sem o trajeto da procissão, ostenta uma pequena torre que fere a solução do telhado, o qual apoia a estrutura principal sobre a nave da capela.[12] Uma das portas tem a data de 1738.

Com esses dados, pode-se conhecer a invocação das capelas e matrizes, além de eles permitirem outras constatações. Mogi das Cruzes, cidade elo entre São Paulo e os caminhos do Paraíba, revela-se como a barreira da expansão religiosa. Cidade de aglomeração espontânea, transformou-se em entidade municipal menos rígida do que as vilas caracterizadas como posse de terra, preamento de índios e caminho para as minas.

Outro dado importante é a confirmação da construção de outros edifícios ligados à religião. Portanto, a igreja contribui para um novo urbanismo que se desloca fisicamente ao largo dela, fornecendo novos focos de interesse e confluência nas cidades. Reafirma o grande número de confrarias e irmandades existentes

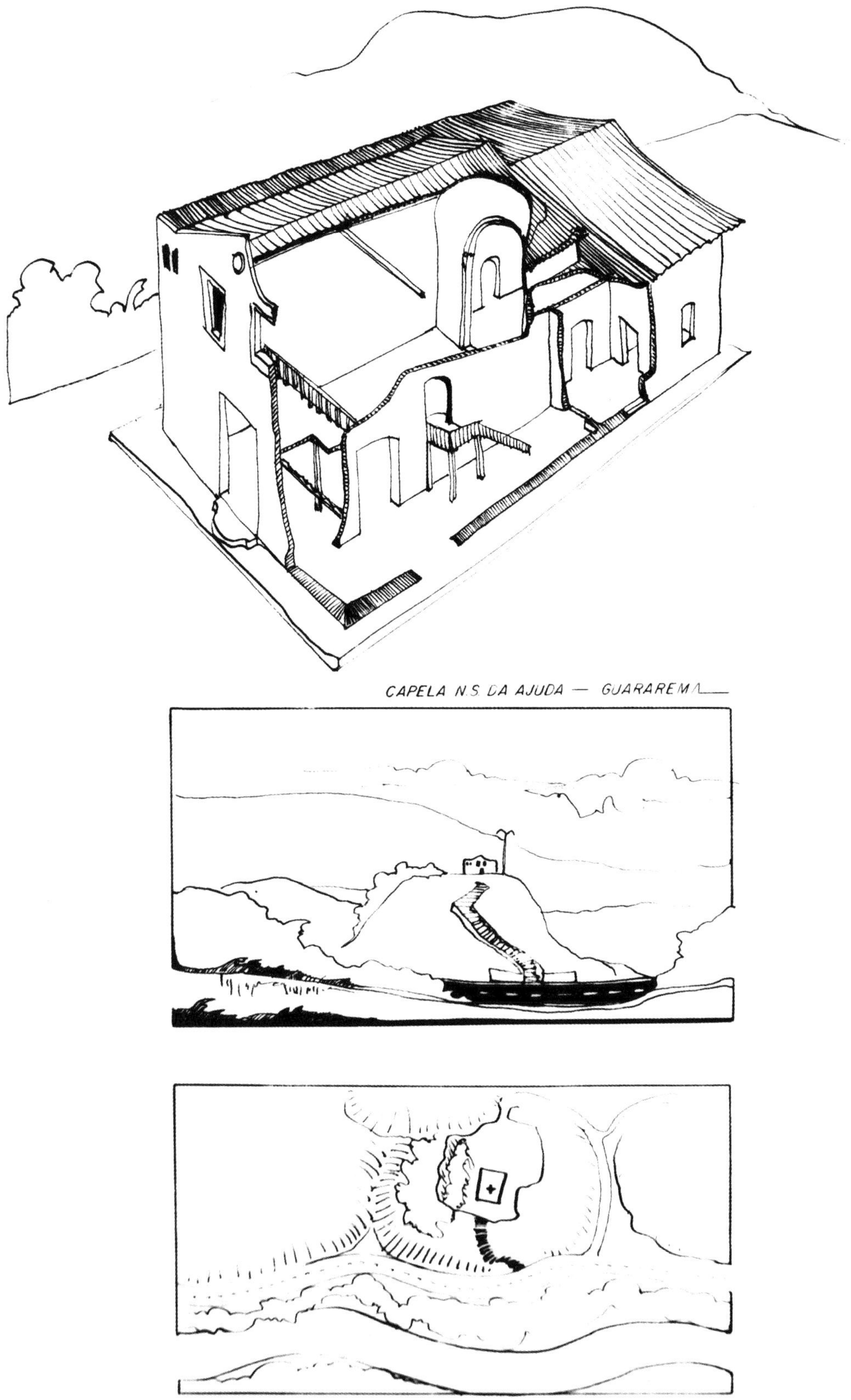

Capela de Nossa Senhora da Ajuda, Guararema.

Capela de São Benedito, São Bento do Sapucaí.

a concentração dos anseios filantrópicos, procurando fazer da vila um reflexo do que ocorria na capital do Império. Confirma a hipótese o fato de em Bananal ter sido construída a primeira Santa Casa e hospital, em 1851.[13] A maioria das cidades seguiu o seu exemplo.

Os conventos, seminários e educandários, tanto femininos como masculinos, crescem a partir do início do século XX, e tal novidade vem acompanhada da nova tendência eclética arquitetônica. As capelas internas, em geral modestas, são de uso reservado à formação de padres, à vida contemplativa de freiras e às atividades catequéticas educativas. O Oratório Dom Bosco, em Cachoeira Paulista, é de estilo neogótico no exterior e não apresenta estilo algum no interior. A capela do Seminário de Santo Afonso é grandiosa, com colunas a sustentar a galeria e o coro. Um grande arco romano abre-se entre a nave e a capela-mor, ornada com um altar de mármore. O estilo neocolonial também se firma nessas construções.

Nas capelas de bairros isolados, como do Jacuí, em Lavrinhas, são feitas celebrações esporadicamente, como as dos santos padroeiros. Em geral, seguem as tendências arquitetônicas da matriz. Nesse caso, a capela volta-se para o Rio Paraíba, e os trilhos da estrada de ferro e os fundos, para a estrada. Acanhada, tem pequeno adro fechado e, na fachada, uma torre fronteiriça de linhas híbridas ecléticas entre o Neorromânico e Neogótico.

Capela da Ajuda, Guararema.

Altar da Capela da Ajuda, Guararema.

Interior da capela do Solar do Capitão-Mor, Areias.

Vista do altar da Capela das Mercês, São Luiz do Paraitinga.

Thomas Ender. *Igreja da cidade de Areias a 44 milhas do Rio de Janeiro, 1817.* Aquarela, Academia de Artes de Viena, Áustria.

Igrejas – técnica construtiva em Areias

A técnica de construção das igrejas coloniais no Vale é a taipa de pilão para as paredes mestras, seguindo a tradição das casas de fazenda, acrescida a taipa de pau a pique para as divisórias internas. Os solares urbanos também revelam ambas as técnicas. Thomas Ender deixou um desenho (1817) da Matriz de Areias ainda em construção. As paredes estruturais que formam o caixote do corpo da igreja suportam os pisos superiores, as coberturas, os forros e as torres. Maciças, são constituídas de terra molhada socada, monolítica. A técnica de execução pode ser percebida no desenho. Uma vedação de capim ou sapé percorre toda a linha que define o perfil das torres e do frontão. A altura das camadas contínuas de terra molhada liguenta é percebida pelos cabodás (furos circulares) que marcam pontos simétricos, revelando a utilização dos mesmos taipais. Veem-se duas travessas e paus no alto da torre. Eram postos os taipais como hoje ainda se faz com o concreto, e a terra molhada já bem amassada era colocada em camadas, de acordo com a largura das tábuas. Com o auxílio do pilão ou dos pés, comprimia-se a terra molhada, que, após o apiloamento, reduzia-se de vinte para dez ou quinze centímetros. Nota-se ainda uma sucessão da fiada que se prolonga por toda a parede.

Não se percebem rachaduras na estrutura monolítica. Para evitá-las, foram empregadas ligas como estrume de curral, crina de cavalo, fibras vegetais e, em certos casos, até mesmo sangue de boi, o que fez a terra e a argila aglutinar-se, com menor possibilidade de desintegração.

Não se pode precisar exatamente a espessura dessas paredes, chegando ao máximo de 1,50 metro para as paredes mestras em taipa;

nas de alvenaria e de revestimento de pedras, sabe-se que a espessura varia de 40 a 80 centímetros. Em grandes alturas, pode-se aumentar a espessura. Na parte inferior, verifica-se uma linha horizontal que, perpendicular à vertical, delimitando o tamanho da torre, leva a crer que a parede não foi completamente desbastada. Essa hipótese é mais provável do que cogitar a presença de um alicerce, mesmo do mesmo material, pois também na taipa de pilão pode-se fazê-lo.

Observa-se um pequeno prolongamento nos peitoris das janelas e nas vergas retas que definem o tamanho das ombreiras. Sobre a primeira envasadura da esquerda, porém, debaixo da torre, nota-se um pedaço de madeira, certamente esquecido, pois madeiras empregadas nas taipas são longitudinais, com o intuito de obter reforço. Nesse caso, pode-se até pensar em um reforço da verga.

O orifício maior no frontão já determina a envasadura. Mais tarde, ele será suprimido da função com o alteamento da forma triangular. As madeiras roliças que originaram os cabodás, orifícios menores produzidos por elas, perderam sua função quando retirados os taipais, pois são removíveis. Para facilitar a tarefa de remoção dos paus, podia-se envolvê-los em folhas de bananeira.[14]

Com o processo de embelezamento do exterior dos templos, novos elementos sobre essa estrutura mudam a rigidez do perfil, principalmente com o alteamento das torres. Estas suportaram maior liberdade de criação, pois não se transformava a estrutura. As aberturas no bloco da taipa dificultaram o emprego de certos modismos. A exemplo da igreja de Areias, não foi possível a abertura de arcos para outras portas, para a portada ganhar imponência. A solução foi o emprego de arcos falsos, que se comprimem em um espaço limitado.

Construção da igreja de Areias, segundo Ender, 1817.

Matriz de Santana, Areias.

Matriz de Santana, Areias.

Nas torres, onde se encontram os elementos plásticos, o material foi trabalhado livremente, com definição própria. Já nos arcos e nas divisões entre corpo da nave e torres, as falsas colunas duplas comprimem-se, estreitando as janelas do coro e as torres. A pequena distância entre porta principal e janelas superiores não permitiu um friso que daria maior horizontalidade ao templo. A compensação foi conseguida com o acréscimo de elementos triangulares sobre as vergas das envasaduras e o alteamento do triângulo frontal.

Há casos de abandono devido à construção de uma represa, como em Redenção da Serra, onde as taipas aos poucos se dissolvem, a taipa de mão expõe o trançado das paredes das construções civis e oficiais, como da Prefeitura, e a matriz neogótica em alvenaria resiste. A fragilidade da técnica levou ao desmoronamento total a Capela de Nossa Senhora das Mercês, de solares e da Matriz de São Luiz do Paraitinga, devido à enchente do dia 1º de janeiro de 2010. Nos escombros ficaram expostas as diversas técnicas amalgamadas do templo. Em 2012, foi reconstruída usando os mesmos processos a capela, e em 2014 inaugurou-se a Matriz.

Plantas baixas – Cunha e Guaratinguetá

As plantas baixas das igrejas coloniais seguiam a tradição portuguesa de nave única e capela-mor menor. Acréscimos laterais à nave central, sacristia em uma das laterais ou no fundo da capela-mor, ou, ainda, galerias nas linhas das torres fizeram destacar as de tipo retilíneo. A mais simples distinção se faz entre as igrejas de uma só nave, de uma nave com abertura de arcos, ao invés de corredores fechados, de três naves assim projetadas, a exemplo das ecléticas, e, por fim, de naves ampliadas (romanizadas), com capelas ou aberturas laterais à capela-mor.

Do primeiro grupo fazem parte capelas rudimentares, nas quais nave e capela-mor constituem a mesma largura de corpo, divididas por um arco, e podem apresentar dependências como corredores ou compartimentos secundários.

Igrejas e capelas diferenciadas com naves maiores e capela-mor de largura e altura menores, em geral uma só cobertura em telha de canal com duas águas formam o segundo grupo; ou, ainda, a sacristia pode ocupar a parte posterior, provocando o aparecimento de telhado mais baixo e formando nas paredes um só bloco retangular.

O terceiro exemplo de nave única e capela-mor diferenciada pode ser representado pelo tipo mais comum no Vale, que é aquele com o acréscimo dos corredores laterais ou galerias alinhados às torres, determinando os espaços secundários.

A única planta baixa poligonal é a da Capela do Pilar, em Taubaté. Esse modelo serviu para as igrejas do Convento da Luz e da Ordem Terceira Franciscana, ambas na capital São Paulo e projetadas pelo santo frei Antônio de Galvão, natural de Guaratinguetá.

Matriz Nossa Senhora da Conceição, Cunha.

Nave única – Matriz de Cunha

Vista frontal, lateral e interior da Matriz Nossa Senhora da Conceição, Cunha.

A análise da igreja de uma só nave recaiu sobre a Matriz Nossa Senhora da Conceição, em Cunha, por conservar seus altares barrocos originais e não ter sido tão descaracterizada por reformas posteriores. A capela data de 1731 e a primeira reforma de grandes proporções iniciou-se em 28 de maio de 1861. Na ocasião, demoliu-se o frontispício e, no dia 6 de dezembro de 1862, procedeu-se à demolição total da torre para ampliar a fachada. Concluída a reforma, em outubro de 1873, a igreja ganhou volume, saindo do alinhamento da atual Rua Comendador João Vaz; o tamanho do espaço frontal ao templo diminuiu.

A reforma foi efetuada pelo mestre de obras Leôncio Manoel da Costa Gagaré, oriundo de Guaratinguetá. A partir dessa reforma, a matriz passou a contar com 50 metros de comprimento e 21 de largura.

Foi realizada uma reforma em 1944, na qual trocaram-se os assoalhos e, externamente, retiraram-se as platibandas e substituíram-se as telhas coloniais por francesas. Na mesma data, foi posto o relógio na envasadura da torre. Em 1961, foram feitas apenas pinturas interiores e, em 1971, exteriores.[15]

O grande volume de taipa de pilão domina o espigão que, transversalmente, trunca a rua principal na espinhela do morro. Externamente, a matriz tem aparência austera. Paredes lisas, janelas de peitoris e ombreiras lisas e, sobre a verga reta, um arremate austero. As portas desta verga destacam-se na cal branca que arremata o acabamento das vedações.

A cobertura é simples, em três águas. A empenha, voltando-se para a frente, constitui o frontão triangular. Na parte posterior, a cumeeira termina na altura da metade da capela-mor, formando três águas. A cobertura não apresenta as sancas para proteção das paredes. As platibandas foram removidas sob orientação de Luís Saia, em 1944.

A parte fronteiriça apresenta composição singela. Torres laterais com arremates piramidais, cercados por pequena platibanda fechada. Nos cantos, pequenos vasos suavizam a austeridade retilínea. O frontão triangular é formado pela empena e descansa sobre uma cornija ou em reboco. No corpo que define a nave, três janelas dão abertura para o coro e, na parte inferior, três portas completam a simetria. A visão do frontispício é dificultada pelo espaço restrito da praça. A colocação das torres avançando sobre o meio-fio, porém, possibilita uma clara visão lateral delas, vendo-se espaços abertos e amplos.

Internamente, apresenta a composição das igrejas de uma só nave, capela-mor determinada por tamanho menor e forro mais baixo. O arco triunfal divide os dois ambientes e, nos cantos, há dois altares. Outros dois altares ocupam o espaço das paredes laterais. As duas torres acrescidas determinam os corredores que cortam todo o corpo da igreja até formarem a sacristia, de um lado, e a capela do Santíssimo, do outro. Na parte superior, através das galerias, a luminosidade invade o templo. O acesso ao coro se faz por escada, por sobre o batistério. O forro é tabuado, abobadado e arrematado por uma cimalha.

Retábulos da Matriz Nossa Senhora da Conceição, Cunha.

Os vãos internos das galerias apresentam janelas com o parapeito sacado na capela-mor. Os enquadramentos dos vãos, em madeiras maciças, terminam em verga reta. Para realçar o rasgo, apresentam ombreiras secundárias entalhadas e balaústres de madeira lisa com recortes decorativos. Os altares do cruzeiro apresentam dois nichos laterais e o principal, ao centro; os laterais são ladeados por colunas com algumas caneluras e guarnecidos com capitéis compostos. O nicho principal, com perfil recortado por desenhos, é emoldurado por dois quartelões sustentados por mísulas. No centro de cada quartelão há cabeças de anjos sobre as volutas. No coroamento, um frontão triangular sobre as volutas delimita os raios do esplendor, com a pomba do Espírito Santo ao centro. Esta solução plástica é encontrada também na Igreja de Santa Rita, em Paraty.

No altar da capela-mor, quatro colunas salomônicas, com caneluras na base, são sustentadas por mísulas. Margaridas e rosas ornam as colunas fitomórficas que abrem espaço para os

Interior da Matriz Nossa Senhora da Conceição, Cunha.

nichos. No centro, o trono eleva-se em partes trapezoidais, semelhantes ao trabalho da mesa do altar. Todo o retábulo é bastante nítido, não havendo excesso de sobreposição de formas. As volutas sobre o entablamento dos capitéis são truncadas para não quebrar a forma do arco de volta inteira que abre para o trono.[16]

Cunha é uma cidade que tem uma participação peculiar em relação às cidades do Vale Médio. De vila, pouso e passagem do antigo caminho real para as Minas Gerais, transformou-se em cidade celeiro da região. A posição geográfica entre morros isolou-a, o que contribuiu para preservar sua cultura e suas tradições.[17]

Nave e ampliações – Catedral de Guaratinguetá

Thomas Ender. *Guaratinguetá no Paraíba, 1817.* Aquarela, Academia de Artes de Viena, Áustria.

As igrejas de nave ampla e corredores laterais abertos com arcos, na sua maioria reformadas, apresentam a capela-mor menor que a nave única principal e altares tanto na nave principal como no transepto.

Há também as igrejas que atualmente apresentam uma nave única, ampla, e aberturas posteriores na taipa simulando três naves que, anteriormente, possuíam corredores laterais fechados. Durante as reformas, abriram-se arcos e, desta maneira, atualmente elas têm uma nave e dois corredores amplos. São exemplos: a Catedral de Guaratinguetá, as matrizes de São Bento do Sapucaí e Santo Antônio do Pinhal, em toda a extensão, e a de Jacareí, até certa parte. Em Santa Branca, caso raro, até as galerias superiores foram abertas.

Projetada dessa maneira, com amplos corredores laterais para circulação, apenas uma entrada na fachada e dois altares no transepto, o melhor exemplo é a Basílica Velha de Aparecida. A Matriz de Jacareí segue essa espacialidade, que no exterior é definida pela volumetria da torre, impossibilitando a abertura mais ampla de três naves a partir da entrada. Mesmo com três portas, o acesso é direto para a nave central. Fica reservado aos projetos ecléticos o conceito mais amplo de igrejas de três naves, como as matrizes de Lorena e Caçapava, o Santuário de Santa Teresinha em Taubaté e a Basílica de São Benedito de Lorena, todas com apenas uma entrada na fachada.

Ampliações da igreja de Guaratinguetá.

A análise de igreja de uma nave (os altares laterais continuam entre os arcos da nave), com os corredores ampliados, apresentando espaços à maneira de três naves (capelas nos arcos do transepto), pode ser exemplificada pela Catedral de Santo Antônio, em Guaratinguetá, que sofreu muitas reformas e ampliações durante dois séculos. A primitiva capela de pau a pique data de 1630. Existiu até 1701, quando foi substituída por uma construção em taipa de pilão que recebeu como ornamento dois altares laterais e um retábulo-mor. Em 1714, foi-lhe incorporada a Irmandade do Santíssimo Sacramento, que depois de meio século construiu um novo corpo na igreja, com características coloniais como aquelas desenhadas por Thomas Ender (1817): cinco janelas na fachada e uma porta, todas com vergas curvas; apenas uma torre com arremate atarracado; frontal levemente curvo; igual números de janelas tanto no piso inferior como no superior; e beirais acachorrados. A julgar pelas colunas, o altar-mor deve ter sido construído antes do final do século XVIII.

A remodelação da fachada ocorreu entre 1822 e 1847, com a construção da torre norte, o frontão neoclássico de pedra, colunas e pilastras de ordem toscana e, nas laterais, quatro portas de acesso para os corredores, ampliados à guisa de naves. Anos depois, era inaugurado o sino maior. A ornamentação interna da nave foi feita em 1875, com os dois altares, do Divino e de São Miguel. Na ocasião, pode ter sido remodelado o antigo altar-mor e postos os ornamentos barrocos da antiga igreja acima do arco cruzeiro. Em 1890, aproximadamente, foi a vez dos altares de Nossa Senhora do Carmo e da Sagrada Família. A grande reforma para melhorar a luminosidade, reclamada por Saint-Hilaire, ocorreu em 1897, quando foram abertos os arcos internos e construídas as tribunas dando para a nave (daí a aparência de três naves). Do início do século XX até 1913, ocorreu o alteamento das torres, a colocação das platibandas e dos nichos, com os Quatro Evangelistas, o escudo e o armamento no frontispício; no interior, colocou-se o púlpito. A capela do Santíssimo foi inaugurada em 1928, em 1940 o arco cruzeiro foi reforçado e o forro da nave central foi rebaixado. Para que pudesse suportar um órgão com 800 tubos e 24 registros, o coro de madeira foi substituído por um de cimento em 1954. Durante as décadas restantes do século XX, foram realizadas limpezas e pinturas na nave, na capela-mor e na do Santíssimo, eliminando a severidade do templo. O piso de madeira foi primeiro substituído na nave e depois na capela-mor, por granito – esta foi a reforma mais conflitante. A imagem setecentista de Santo Antônio foi restaurada em 2007, quando se iniciou a troca do telhado e a recuperação do reboco e dos frisos, que se prolongou até 2010.

Nave da catedral, Guaratinguetá.

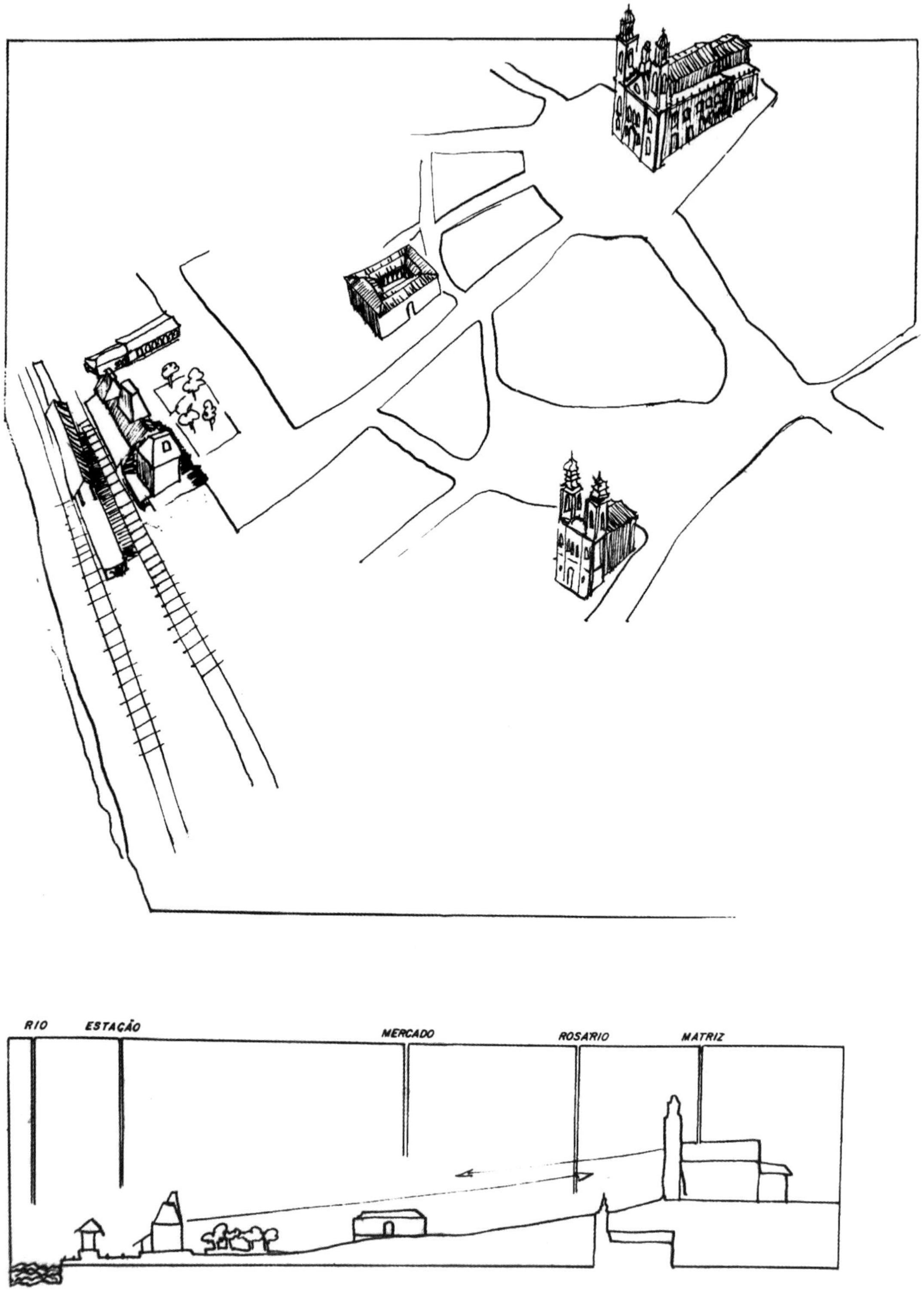

Urbanismo de Guaratinguetá.

O posicionamento do edifício sobre a parte elevada do morro dá destaque ao templo no centro virtual do plano urbanístico. O templo, em taipa de pilão, ficou isolado lateralmente das demais construções, criando-se, do lado esquerdo, um segundo espaço sobre o patamar de proporção similar ao fronteiriço. Do lado direito, o declive do terreno proporcionou uma perspectiva de destaque para a torre.

Externamente, a construção é rica em detalhes. Todas as janelas e envasaduras são guarnecidas por molduras de rigor neoclássico. Apenas as envasaduras do oitão mostram-se da maneira original, curvas e circulares. Lateralmente, o perfil é recortado por coruchéus em forma piramidal. No corpo da igreja, estes são mais trabalhados e assentes sobre o alargamento da platibanda contínua e envasada por elementos ovais que formam o balaústre. Sobre o volume da capela do Santíssimo e a sacristia, os coruchéus são mais simples, assentes sobre o alargamento da platibanda, também corrida e envasada.

As janelas laterais, com vergas retas e óculos redondos, apresentam-se ricamente emolduradas e encimadas por triângulos retilíneos. As janelas exibem parapeitos entalados, madeira e vidro e o acabamento da pequena balaustrada é feito em pilastras de meia-pera. Sobre os triângulos correm dois entablamentos, o último de valor visual, principalmente pelo alargamento provocado pelas saliências das colunas divisórias de cada envasadura. As colunas divisórias mais salientes, feitas de tijolos, são duplas, o que amplia o sentido de profundidade.

Na parte da sacristia e na capela lateral, as janelas são de vergas retas e apresentam emolduramento retilíneo. Protege a alvenaria dos entablamentos, das molduras e das platibandas o telhado de telhas francesas.

O telhado da nave é em duas águas. Destacam-se a capela-mor da nave e, mais abaixo, as coberturas da sacristia e a capela lateral. O telhado colonial, com beiral acachorrado, foi substituído pela platibanda, segundo a moda neoclássica. De longe, pouco se vê do telhado, destacando-se apenas o da capela-mor, arrematado por curto beiral de alvenaria. Os largos beirais não teriam mais a função de proteger a taipa, pois, com as reformas, o revestimento com tijolos se fez necessário.

O frontispício chega a ser complexo, como colagem de elementos sobre um plano de difícil unidade estilística. A proporção composicional é comum na quantidade de janelas no coro e nas torres. Com a reforma na fachada, restou como característica da região a entrada principal em cantaria e verga curva. Já a composição do pórtico a diferencia: tem duas colunas toscanas que sustentam um entablamento reto, com frontão cimbrado, interrompido por volutas e guarnecido com festões pendentes que descansam sobre o entablamento com características barrocas. No centro do frontão há uma cartela com rolos a mostrar o símbolo eucarístico e uma coroa na altura da balaustrada da janela central do coro.

A colocação de quatro nichos para os Evangelistas na parte inferior reforça o desejo de criar uma modulação da luz em toda a fachada. E, em arco pleno, continuam as molduras em retilíneos coroados por anjos, criando um espaço que provoca uma ligação com as janelas do coro, com o parapeito entalado, vergas curvas, encimadas por triângulos retos.

A divisão do corpo da igreja das torres acentua a verticalidade, com as falsas colunas duplas em argamassa. O triângulo frontão é rígido e comprimido no espaço das torres e está assente sobre a cimalha que corre toda a frente e a lateral da igreja. Dentro do espaço triangular,

Catedral de Santo Antônio, Guaratinguetá.

uma moldura circular destaca o brasão da cidade e acima está o busto de Santo Antônio com querubins. O tímpano pontiagudo é achatado pela colocação de um nicho que se abre em quatro arcos plenos, arrematados por um triângulo que sustenta o acabamento em pequena cúpula. Volutas rampantes comprimem-se para dar espaço às bases de coruchéus em formas piramidais.

O relógio e, acima, os arcos plenos, ornados com aduelas postiças, abrem espaço no volume quadrangular das torres, arrematadas por platibandas, em balaústres de meia-pera encimados por pilares que sustentam ânforas aladas das quais saem fogaréus. Sobre a base quadrada, o arremate da cúpula ergue-se em forma de um octaedro; em suas faces abrem-se arcos plenos, ritmados por colunas de capitéis compósitos. Novos frisos em alvenaria e argamassa servem de base para a cúpula octogonal, arrematada por mais um octaedro fechado. Este sustenta o para-catavento em forma de galo, lembrança das três negações de São Pedro.

Internamente, na ampla nave com aberturas em arcos de volta inteira, tanto no piso

Nave da catedral, Guaratinguetá.

inferior, formando novos espaços laterais, como nas galerias acima, estão dispostos os altares laterais nos planos das paredes, entre as aberturas dos arcos, lembrando seu antigo formato de nave única. No arco cruzeiro, discretas capelas do transepto demarcado por arco um pouco menor acomodam os respectivos altares. A capela-mor de corpo menor ostenta tribunas com janelas de peitoril entalado e, na nave, arcos de volta completa, com acabamento sacado em forma de elipse. Os arcos do transepto são guarnecidos com madeira e o arco do cruzeiro apresenta volutas rampantes, reminiscentes da antiga igreja barroca. O forro da capela-mor é tabuado, com pinturas e aplicações de entalhes. O da nave é tabuado e reto, com uma grande cornija, o que o torna virtualmente suspenso. No centro há um painel pictórico de São Miguel.

Os altares laterais mais antigos, de São Miguel e do Divino e de Nossa Senhora Aparecida (1875), apresentam talhas rococós e nichos guarnecidos por quartelões. Os mais recentes, de Nossa Senhora do Carmo e Santa Teresinha do Menino Jesus (1890), ao gosto do neoclássico, mostram colunas estriadas com capitéis jônicos com folhagens. Os arremates dos arcos são feitos com volutas fitomórficas que se abrem e fecham, imprimindo ritmo. Os altares do transepto, de Nossa Senhora do Rosário e Nossa Senhora das Dores, têm plantas côncavas, com linhas estilísticas do período barroco. Quatro mísulas sustentam as colunas, com enfeites e entablamento truncado; o coroamento mostra-se com volutas em curvas e contracurvas e, sobre o nicho, veem-se sanefas curvas com lambrequins.

No arco cruzeiro há um nicho de cada lado. No altar-mor, de planta baixa côncava, quatro grandes colunas adornadas dividem os intervalos espaciais reservados para dois nichos e a abertura para o arco do trono. Sustentando as colunas de capitéis jônicos invertidos, há quatro grandes mísulas barrocas com enfeites fitomórficos. Sobre o entablamento truncado dos capitéis, o coroamento enquadra os raios do resplendor da representação do Espírito Santo.[18]

Altares laterais da catedral, Guaratinguetá.

Na parte posterior, o coro, já bem recente, é sustentado por arcos plenos, colunas de fuste quadrangular, capitéis jônicos de forma arredondada, como se recobertos de ramagens. Na mureta do coro, a representação dos apóstolos com Cristo sedestre (sentado) ao centro.

No ano de 1913, quando certamente já se construía a estação da estrada de ferro, projeto de Paulo de Frontin (**André Gustavo Paulo de Frontin, 1860-1933**), a fachada da matriz encontrava-se concluída. Tempos de indecisão marcaram essa época: o fim do gosto neoclássico, o início da importação de projetos ingleses e a disponibilidade da mão de obra do imigrante italiano, que optava pelo eclético.

A matriz ganhou claridade interna, já requisitada por Saint-Hilaire em uma das ocasiões que por lá passou; platibandas, apesar de tardias, confirmam a unidade desejada para o templo, unindo frontispício e lateral; indefinido ficou o oitão, porém, constitui registro do passado; a capela do Santíssimo é a que mais se desvirtua da unidade, com pinturas sofríveis. No exterior, a pequena praça não comporta a beleza da fachada; por outro lado, a torre do lado direito aparece em detalhe, graças à abertura da rua lateral e do declive do terreno.

Naves romanizadas e interpretações

Classifiquei de plantas baixas romanizadas aquelas que, reformadas, ganharam capelas abertas ao lado da capela-mor, ou que, mesmo de nave única, tiveram a planta baixa mudada para cruz latina, e/ou outras, ainda, cujos corredores se transformaram em naves com abertura de arcos ao longo de toda a nave. Nos três casos, emerge o desejo de fugir do esquema fundamental da igreja colonial, em uma busca de se diferenciar que reflete a vontade de celebração de autonomia requerida pela romanização da Igreja.

O termo "romanizado" é uma tentativa de explicar as igrejas que, sem ter sofrido modificação em sua estrutura de taipa de pilão, internamente tiveram alteradas a plasticidade e a concepção de planta baixa das igrejas coloniais. A agregação de um novo espaço não existia na planta anterior: as aberturas laterais da capela-mor. A reforma do Convento de Santa Clara gerou uma planta baixa, em acentuada cruz latina, abrindo duas alas laterais (análise na Parte 2). Em Pindamonhangaba, arcos de volta inteira acomodam altares em alvenaria e ao lado da capela-mor há galerias laterais. Em Paraibuna, os arcos se abrem tanto na nave como nas galerias, na altura do coro. A torre única é muito posterior e praticamente livre da construção e da aplicação de azulejos. O espaço na frente do edifício permitiu este avanço. No interior, foi alteada a cumeeira, e a nave alta possibilitou a abertura de arcos de volta inteira sustentados por colunas com capitéis jônicos, criando grande galeria unida ao coro. A luminosidade na nave é intensa. A capela-mor é mais baixa e tem um altar em alvenaria com quatro colunas.

Nave e capela-mor do Santuário de Santa Clara, Taubaté.

Em Lagoinha, a opção foi ampliar a capela-mor, abrir pequenos arcos plenos na nave e colocar apliques de gesso nas galerias e no coro. Tais soluções são híbridas e comprometem o conjunto das igrejas. Outras reformas foram mais discretas, como a de Tremembé, onde a cruz latina se faz presente no telhado, graças à colocação de platibanda e pequenos triângulos que arrematam arcos romanos na parte exterior lateral, sem comprometer a planta baixa.

As matrizes de São Bento de Sapucaí e Santo Antônio do Pinhal dignificam-se com a abertura dos arcos nas antigas paredes de taipa e foram transformadas praticamente em três naves com intensa luminosidade, o que as tornou harmoniosas. Na primeira, as paredes grossas de taipa passaram a constituir possantes volumes com elegantes arcos plenos de grande altura. Todo o interior iluminou-se, e nas estreitas naves laterais e na grande nave central, cada qual com seus altares em alvenaria, datados de 1917, no retábulo-mor, a obra de Marino Del Favero aproveitou a iluminação natural do óculo do oitão da construção para um belo efeito cenográfico concebido pelo arquiteto Francesco D'Arace. Ele o deslocou mais para o centro do presbitério, à maneira tardo-barroca italiana, usou silhueta de anjos e santos e, na parede de taipa, foi pintado um imenso cortinado de veludo carmim. É aparente o aproveitamento das paredes de taipa para a abertura dos corredores laterais. Com isto, D'Arace solenizou o ambiente sacro, ampliando-o para a concepção de igreja de três naves sob o imenso telhado de apenas duas águas. As torres apenas tocam a estrutura de taipa e formam perfis variados que se alternam no branco contra o verde intenso da mata, quando circundada a igreja ou mesmo vista pela longa rua que forma uma praça diante de seu adro fechado por balaustradas.

Altar da nave da Matriz de Nossa Senhora do Bom Sucesso, Pindamonhangaba.

Ainda naquela região, a segunda matriz em questão, a de Santo Antônio do Pinhal, em taipa de pilão, ganhou uma torre central defronte ao antigo triângulo formado apenas pela empena do telhado. Por ser menor, a igreja recebeu internamente uma abóbada de curva perfeita em madeira assente sobre uma arcaria elegante sustentada por colunas semicirculares até a altura do arranque dos arcos plenos. Os pilares, que na Matriz de São Bento de Sapucaí são retangulares e pesados, aqui possuem pilastras retas e lisas até a platibanda dupla saliente. O arco cruzeiro destaca-se tanto pela cor como por pilastras que, salientes da parede, ganham ainda um pequeno arco, à guisa de nicho, à maneira italiana do tratadista renascentista Andrea Palladio (1508-80).

O resultado elegante continua no arco que se abre na parede da capela-mor, enchendo de luz o altar de mármore acinzentado com colunetas engalanadas por anéis e bronze que sustentam os arcos romanos dos nichos laterais e central com o santo padroeiro. Os vitrais nas paredes laterais, dispostos na centralidade dos arcos, banham de luz essas naves laterais, integrando a espacialidade contida sob as duas águas do telhado. As cores apenas na capela-mor dão ao ambiente o espírito contrarreformista que preconizou o direcionamento ao retábulo-mor nas igrejas barrocas.

A Matriz de São José dos Campos, no exterior em estilo neocolonial, no interior com bela arcaria, adotou essa prática da abertura dos arcos na capela-mor.

Para a complexidade litúrgica, criam-se ambientes próprios, que vão se modificando com o passar do tempo e as inovações do culto. A preparação para o culto começa nos espaços abertos para o exterior, como a galilé do Convento de Santa Clara, os alpendres e dependências da Capela de Santo Ângelo e ainda os grandes espaços para cultos externos da Basílica Nova de Aparecida. Esses ambientes aproximam os fiéis dos ritos internos. Os espaços independentes dos edifícios, como adros fechados ou abertos, são elos de ligação com o urbanismo.

Já na trama urbana, certos ritos religiosos têm nos espaços externos a continuidade do culto, a exemplo das procissões e da via sacra. Nessas áreas externas, adros abertos ou fechados, diante dos templos ou nas suas laterais, permitem uma teatralidade que se perderia nos espaços internos mais hierarquizados. Ali, a imobilidade à qual o fiel está sujeito e a determinação dos atos repetitivos da liturgia criam um automatismo aceito tanto pelo corpo como pela forma determinada pela função. A penumbra, ao se transpor os portais, auxilia na ação devocional quando se adentra o recinto da nave.

Por outro lado, os atos externos, realizados em geral à noite, à luz de velas, criam um ambiente propício para o rito, em que os vultos não se distinguem, oferecendo uma sequência de atitudes dos participantes em movimento.

Quando o fiel adentra a igreja, a visualidade do templo barroco no período colonial segue o padrão tridentino, no qual ele era levado a olhar diretamente para o altar-mor desde a sua entrada. Portanto, deve haver o máximo de clareza para ser sentido desde a parte baixa do coro – nártex –, passando pelos altares das paredes laterais e do arco cruzeiro, que se fecha para direcionar o olhar para o retábulo-mor onde se expõe o Santíssimo. Uma balaustrada determina a espacialidade entre os atos do culto e os fiéis que ali recebem a Eucaristia. A nave, simbolicamente, é o local de acomodação espiritual do povo de Deus.[19]

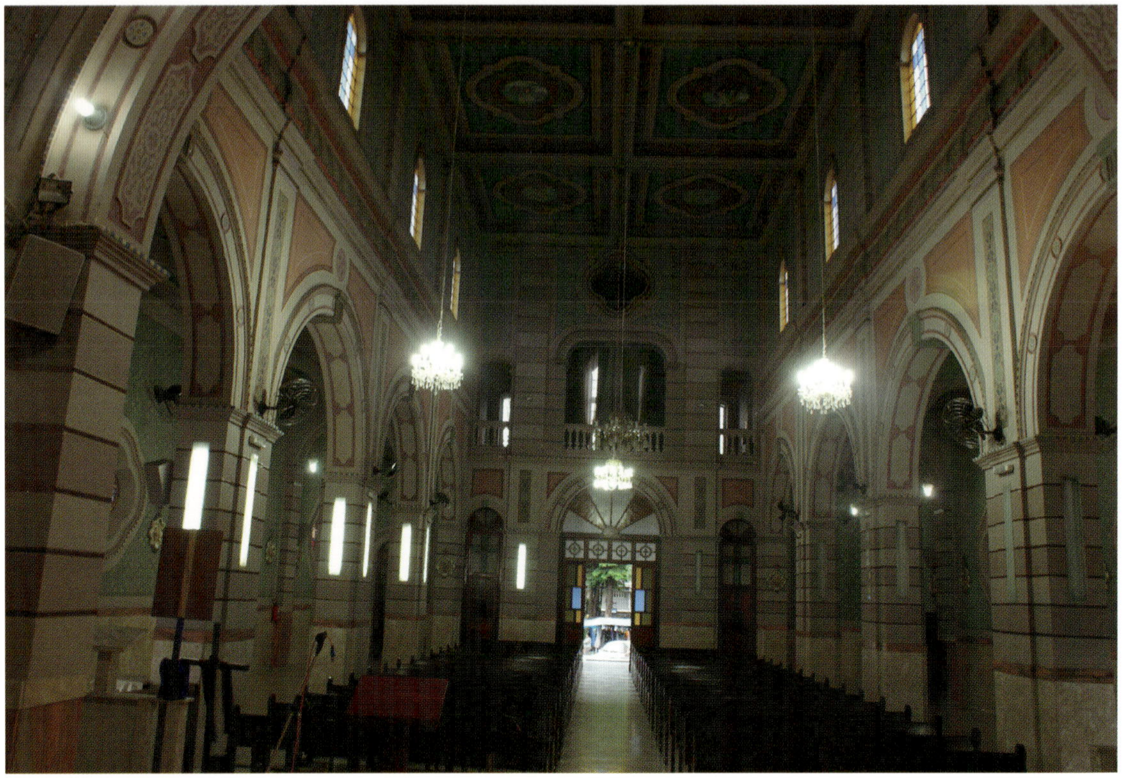

Nave da Matriz de São José, São José dos Campos.

Nave e galerias da Matriz de Santo Antônio, Paraibuna.

Nave e capela-mor da Matriz de São Bento, São Bento do Sapucaí.

Arcos da nave da Matriz de Santo Antônio, Santo Antônio do Pinhal.

No Ecletismo do século XIX, as naves foram concebidas seguindo o historicismo das basílicas paleocristãs ou góticas, abrindo-se em três naves, com mais altares de cultos devocionais. Com o Concílio Vaticano II (1962-65), o padre voltou-se para os fiéis e os altares migraram para o transepto.

A igreja é local do abrigo espiritual, porém, quando contrariada a sua função, o ato sacrílego é evidente. A Matriz de Guaratinguetá foi refúgio de pessoas implicadas com as leis, em época de eleições, com o poder local, para evitar brigas, em 1856. Em outras ocasiões, foi invadida por forças armadas e, em 1878, transformada em quartel da Força Pública.[20] Neste caso, a nave funciona como reduto e local de injúria, inadequada para ser palco desses episódios. A tentativa de entrada de um cavaleiro montado na Capela de Aparecida, em perseguição a um escravo, foi frustrada. A profanação iminente ainda hoje é lembrada como fato prodigioso.

Na ordem ditada pelas funções do culto, a forma da igreja vai se adequando. Nem tudo pode ser comportado entre quatro paredes, e o perfil externo é a resultante, por vezes, da adequação. No Vale, uma das maiores inovações foi a colocação da abside no fundo da capela-mor, arredondando assim o edifício na parte posterior externa. Há exemplos, como as matrizes de Lorena, a antiga Matriz de Redenção da Serra e o Santuário da Santa Cabeça, em Cachoeira Paulista.

De cima para baixo, da esquerda para direita: Matriz de Santa Branca. Capela do Rosário, Santa Isabel. Capela do Bom Conselho, Taubaté. Santuário de Santa Clara, Taubaté. Matriz de São José do Barreiro. Matriz de São Luiz do Paraitinga. Matriz de Queluz. Matriz de Salesópolis. Capela de São Benedito, São José dos Campos.

Fachadas e volumetrias

As fachadas das igrejas do Vale passaram por reformas devido ao enriquecimento da região, mas a impossibilidade de criar uma nova plástica fundamenta-se no fato de que as estruturas, de porte avantajado, já se encontram prontas. Assim, uma sobrecarga ornamental para a modelação das fachadas se tornaria mais difícil, embora isso tenha ocorrido em muitos casos.

Os frontões eram em geral delimitados pela altura da cumeeira. Aí, a solução foi fácil: alteamento do frontão, e não da estrutura. Quando não havia torres laterais, estas foram acrescidas, juntamente com corredores e/ou galerias. Há casos de falsas paredes, com o intuito de simular torres aparentes, como na Matriz de Lagoinha.

A abertura de janelas e portas na fachada deparou com problemas da estrutura em taipa; a solução foi o fingimento de portas laterais e janelas na altura do coro, por meio de falsas molduras. As paredes eram lisas e não apresentavam divisões demarcadas por materiais como pedra e madeira. A solução foi a escolha da verticalidade visual, visto que as fachadas não eram tão altas para suportar linhas horizontais, além do alinhamento das janelas do coro. O mais comum foi o acréscimo de divisórias com argamassa imitando colunas lisas para delimitar os espaços laterais e a nave, imprimindo verticalidade que segue pelas torres. E, na altura delas, para solucionar os pequenos espaços nos limites do corpo da igreja, os frontões alargaram-se, avançando sobre elas.

Muitos frontões permaneceram triangulares, raros deles recobertos de telhas, e em sua maioria foram alteados e agora exibem certa beleza plástica. Em geral, apresentam-se lisos, delimitados por torres e embelezados com frisos sobre a taipa de pilão. Verticalmente, compreendem duas torres e, horizontalmente, uma porta de entrada, as janelas do coro e o frontão. As portas raramente são em número de três, e as duas laterais são apenas delimitadas.[21]

Exteriormente, o corpo da nave é em geral acentuado por colunas postiças que também servem para criar a ilusão da altura do frontispício, não marcando a horizontalidade na altura do beiral. A cimalha serve de base para o frontão, que se alonga sobre as torres. No Convento de Santa Clara, em Taubaté, o frontispício da igreja estava em harmonia com a horizontalidade de todo o conjunto. A verticalização do corpo da nave, o fechamento dos arcos da galilé, a colocação de falsa rosácea e a linearidade do triângulo frontão totalmente desproporcional descaracterizaram o conjunto. A torre campanário, característica do programa arquitetônico franciscano, perdeu importância. A Basílica Velha de Aparecida, as matrizes de Pindamonhangaba e Jacareí possuem duas linhas horizontais a acentuar a horizontalidade dos frontões.

Na parte inferior, no tramo central, a porta de entrada costuma deixar à mostra a verga curva. Os complementos das reformas variam desde arcos falsos, colunas toscanas que sustentam os entablamentos e estes, pequenos triângulos ou mesmo volutas. A plasticidade da entrada cria a ilusão de profundidade, dando-lhe importância visual. Na Catedral de Guaratinguetá, a solução de acréscimos foi acertada. A Basílica Velha de Aparecida foi refeita e destaca-se tanto pela pedra empregada como pela voluta truncada encimando a moldura retangular que guarnece o arco pleno, criando um verdadeiro pórtico; a porta entalhada completa a bela ornamentação.

De cima para baixo, da esquerda para direita: Catedral de Lorena. Matriz de Caçapava. Capela de Roseira Velha. Catedral de Taubaté. Igreja Nossa Senhora das Graças, Guaratinguetá. Matriz de Cruzeiro.

A solução do portal do santuário do Tremembé é marcada pela presença de mestres gabaritados. A verga reta foi conservada e o arco pleno atinge a altura dos capitéis compósitos. Essa solução planejada contrasta com a da Matriz de Areias. As linhas demarcando falsos arcos pecam mais ainda quando o arco abatido emoldura a verga.

Em Roseira Velha, a pequena capela com três entradas exibe um portal de alvenaria a fingir colunas e cria um portal com arco pleno na porta principal, encimada por um triângulo frontão. Um grande triângulo truncado encerra a torre e, nas suas laterais, sobem as falsas colunas; no topo repete-se o triângulo, com frisos sobrepostos abaixo do óculo da torre. O mestre de obras recorreu a artifícios interessantes, criando beleza e suavidade ao se libertar da altura da cumeeira.

Em frontispícios mais sobrecarregados, a exemplo de Pindamonhangaba, todos os recursos foram usados para encobrir a estrutura primitiva: retirou-se o triângulo retilíneo sobre o entablamento; criou-se um espaço entre as torres, e o novo frontão foi alteado e ladeado de pequenas volutas; ganhou volumetria com a colocação de quatro colunas arredondadas, lisas, adossadas na altura do coro; os frisos imitando o emprego de pedra nas saliências, entre três portas de entrada em arcos, deram peso visual à parte inferior; a mesma visualidade repete-se na parte inferior das torres, onde foram postos nichos que sustentam seis esculturas, criando zonas de luzes e sombras; a verticalidade das torres, com arremates bulbosos, harmoniza-se com a proporção entre entablamentos horizontais truncados e lisos no frontão. A amarração de tijolos e alvenaria que envolve a estrutura de taipa de pilão, criando a solução em arcos, é grandiosa e emocionante. O alargamento da rua fronteiriça e a criação do pequeno adro fechado foram necessários para a fruição do fiel ante o embelezamento da fachada a partir da gramática barroca. Nas laterais, as platibandas ocultam o telhado colonial, uma tendência neoclássica.

Já as igrejas ecléticas da segunda metade do século XIX têm uma só torre e um arco central em sua base. Os dois arcos laterais em geral são fingidos tanto nas igrejas neogóticas como nas neorromânicas. Em Taubaté, o Santuário de Santa Teresinha possui o tímpano com relevos, assim como na Igreja do Rosário de São Luiz do Paraitinga. A Catedral de Lorena tem uma torre única que avança, abrigando a entrada; em Paraibuna, a torre central, construída posteriormente, imita a entrada pela frente e pelas laterais da base da torre como em Santo Antônio do Pinhal. Em São Bento do Sapucaí, as torres postiças ganham espacialidade no adro, com suas pilastras fasciculadas com meias colunas adossadas.

Quanto à volumetria dos templos, ela surgiu das necessidades e complexidades do culto. O acréscimo de tijolos na estrutura de taipa auxilia na solidez das paredes das naves, que em geral são alteradas, e os espaços secundários (corredores) circundantes funcionam como reforço. Assim projetadas, as igrejas coloniais seguem um padrão em seu perfil, a partir das torres mais altas, a nave com cumeeira na altura do triângulo frontão, a capela-mor e a sacristia mais baixas, como na Igreja do Rosário, em Santa Isabel. Essa disposição por vezes é reforçada pelos telhados, e as platibandas neoclássicas, na maioria dos casos, ocultaram esse jogo de planos que aliviava o peso dos telhados coloniais.

As grandes matrizes construídas em taipa, a exemplo das de Cunha e São Bento do Sapucaí, mostram-se com volumetria robusta, verdadeiros paralelepípedos encobertos por telhados de duas ou três águas. A Matriz de Bananal diferencia a capela-mor da nave principal com telhados regulares. Em Santa Branca, os telhados são puxados para um dos lados, encobrindo os espaços secundários; na Basílica Velha de Aparecida, o rebaixamento da capela-mor e da sacristia é menos perceptível.

De cima para baixo, da esquerda para direita: Capela do Rosário, São Luiz do Paraitinga. Santuário de Santa Teresinha, Taubaté. Matriz de São José dos Campos. Igreja do Bom Conselho, Taubaté. Matriz de Areias. Catedral de Guaratinguetá.

A volumetria, que revela a hierarquia dos espaços internos, pode ser observada na Matriz de São José do Barreiro, com nave e capela-mor e, nas laterais, a sacristia e a capela do Santíssimo. Aquelas em que os telhados foram ocultados com platibandas, ou seu posicionamento não contribui para a visibilidade do perfil dos telhados, como a Matriz de Pindamonhangaba, serviram de modelo para as ecléticas, com altas platibandas; quando com absides, estas também os ocultam, como na Catedral de Lorena e na Basílica de São Benedito; outras ecléticas mostram a importância na nave principal, em menor escala nas laterais, e a abside na parte posterior.

A volumetria que merece destaque, pelo posicionamento sobre um morro e pela contemplação que o fiel pode ter, é a da Basílica Nova de Aparecida. Sua massa arquitetônica (analisada adiante, no Capítulo VII) revela todas as suas partes, a cúpula, a planta em cruz grega, a torre e mesmo as modificações que sofreu durante a construção ainda por terminar, conflitando com as fachadas.

Basílica Velha de Aparecida.

Matriz de Paraibuna.

Houve pouca preocupação em destacar as fachadas laterais e posteriores na maioria das igrejas coloniais brasileiras. Em Paraibuna, há um portal na lateral direita, em concreto, com linhas neocoloniais, imitando uma portada. Em Tremembé, a grande fachada lateral recebeu um triângulo frontão sobre a porta de entrada da sacristia. A Basílica Velha de Aparecida apresenta-se com requinte de cantaria em todas as fachadas; seu posicionamento no alto do adro fechado auxilia a visualidade ao redor de todo o edifício. No oitão da Matriz de São Bento do Sapucaí há uma abertura circular para a entrada de luz natural por detrás do altar-mor. A Catedral de Guaratinguetá tem frisos nas laterais e no fundo. A Matriz de Jambeiro recebeu o mesmo tratamento plástico que o frontispício, quando da reforma para o Neogótico. Em São José dos Campos, a matriz neocolonial exibe uma janela balcão na parte posterior, de onde se avista uma bela paisagem. Na Matriz de Caçapava há pórticos nas laterais, com colunas e arcos. Aquelas matrizes ecléticas assim projetadas oferecem o mesmo tratamento, com frisos a imitar meias colunas, com portas e janelas decoradas com fantasiosas platibandas.

Basílica Velha de Aparecida.

Pode-se considerar, portanto, que nem sempre se determina a parte interna da igreja observando apenas o perfil externo e os telhados que compõem a volumetria da construção. Nas igrejas de uma só nave, o exterior pode apresentar-se em forma de paralelepípedo, com telhado de duas ou três águas, incluindo os corredores, as galerias laterais, a sacristia e a capela-mor. Há as que apresentam diferença entre corredores ou compartimentos laterais: o telhado une em um só plano a nave e a capela-mor, como acontece nas matrizes de Cunha e São Bento do Sapucaí.

Ainda com uma só nave, os planos do telhado podem dividir o sólido da construção em partes que se pode facilmente distinguir: a nave, a capela-mor e as galerias ou os corredores laterais, como nas igrejas do Rosário, em Cunha, e de Santa Isabel.

As igrejas de três naves formam um perfil em que se pode distingui-las. Há casos em que a nave, a capela-mor e as galerias aparecem de forma distinta. Em outros, a nave, as galerias e até a capela-mor participam do mesmo plano de telhado, diferenciando-se apenas o consistório ou sacristia. Nas ecléticas, essa distinção mostra-se até mesmo na fachada por detrás da torre central, na nave principal e nas laterais mais baixas das naves menores, como na Catedral de Lorena e na Matriz de Caçapava.

Como último perfil, temos as igrejas com platibandas que ocultam parte do telhado colonial. O telhado, símbolo da civilização, naqueles tempos coloniais distinguia uma ermida de uma igreja, a tapera do sobrado. O perfil dos telhados de uma igreja distingue as partes sociais das privativas em escala descendente, das naves mais altas até as sacristias mais baixas. É ainda a linha divisória entre as capelas conventuais e as de ordens terceiras, sendo que estas últimas não deveriam suplantar, em altura, as primeiras. Mas as telhas foram sendo rejeitadas visualmente. Os delimitadores dos frontões e coberturas de torres foram se mostrando apenas nas laterais e nos fundos das igrejas. Com a vinda da moda do Neoclássico, no desejo de ocultar os telhados coloniais e aparentar atualização com o tempo imperial, os telhados foram desbastados e encobertos pelas platibandas, solução prematura para apagar um passado.

No Ecletismo, essa solução de ocultar telhados passou a ser comum. O uso de dutos e folhas de flandres para o escoamento das águas facilitou a solução com platibandas, como na Matriz de Caçapava.

Devido à topografia da região, há igrejas que podem ser admiradas do alto dos morros. A Matriz de São José do Barreiro mostra toda a sua beleza no jogo da volumetria, assim como as de Bananal, Santa Branca e Santa Isabel, e a Basílica Nova de Aparecida.

De cima para baixo, da esquerda para direita: Igreja do Rosário, Cunha. Matriz de São Bento do Sapucaí. Santuário Bom Jesus, Tremembé. Capela de São Benedito, São José dos Campos. Capela do Rosário, Santa Isabel. Matriz de São José do Barreiro.

Da esquerda para direita, de cima para baixo: Antiga Matriz de Redenção da Serra. Oratório Dom Bosco, Cachoeira Paulista. Capela do Rosário, São Luiz do Paraitinga. Basílica Nova Nossa Senhora Aparecida, Aparecida. Telhado da Matriz de São João, Caçapava.

Frontões

Os frontões triangulares são os mais comuns e, via de regra, determinados pela rigidez da empena. A remodelação das fachadas imprimiu um gosto por linhas retas nos frontões; as linhas curvas foram mais reservadas aos perfis bulbosos de algumas torres.

A colocação dos triângulos frontões distingue-se de duas maneiras: aqueles comprimidos entre as torres e os que avançam sobre o entablamento e o diedro delas. No primeiro caso, o resultado é o alteamento do frontão, que chegaria a incomodar visualmente, porém, volutas rampantes que servem de base para os coruchéus amenizam o retilíneo excessivo, criando um perfil dinâmico. Na segunda solução, o frontispício ganha maior serenidade e se expande, criando um espaço maior, necessário para compensar a linha virtual formada pelas envasaduras do coro.

Frontões curvilíneos, como os da Igreja de Nossa Senhora do Rosário, de Cunha, e da Matriz de São José do Barreiro, são raros. A Capela de Aparecida, segundo desenhos de Thomas Ender e Julien Pallière, era arrematada com frontão curvilíneo.

Matriz de São José do Barreiro.

A ausência de frisos de ressalto demarcando o frontão triangular é comum nas primitivas igrejas não reformadas, como a dos Carmelitas, de Mogi das Cruzes, a da Freguesia de Nossa Senhora da Escada, em Guararema, e a do Rosário, em Santa Isabel. Poética é a solução do alpendre fronteiriço da Capela de Santo Ângelo, que forma um frontão delimitado pela empena do telhado.

Serão analisados a seguir os frontispícios, os quais foram concebidos sem levar em consideração a estrutura da fachada. O resultado foi a criação de uma fachada livre da estrutura. Ao ampliar em volume as dimensões e solucionar unicamente a frente, ganhou-se embelezamento. Os frontões são alteados, em geral com linhas retas neoclássicas. As igrejas ecléticas seguem mais as fachadas com torre central eliminando os frontões ou tendo apenas parte deles.

Capela da Piedade, Roseira Velha.

Reformas e ampliações

Grande parte das construções coloniais foi reformada e suas fachadas sobrecarregaram-se de elementos ecléticos nos estilos barroco e neoclássico. Algumas não suportaram as pequenas reformas e avolumaram-se; outras seguiram a tradição de se construir ao seu redor o novo edifício e, quando o maior estivesse pronto, de se desobstruir a área ocupada pelo anterior. A Capela de Aparecida é o melhor exemplo: foi totalmente reconstruída por fora e, depois, foi demolida a antiga que havia ficado dentro. Em São José dos Campos, a antiga igreja de taipa foi demolida e construiu-se uma nova em estilo neocolonial. Por fim, naquelas que não suportariam modificações radicais nas fachadas, a solução foi a construção de um frontispício postiço.

Nos frontispícios das capelas de São José, de Pindamonhangaba, e de Santa Rita, de Guaratinguetá, e da Igreja do Bom Jesus, de Tremembé, encontram-se esclarecedores exemplos. Em todos esses casos, os mestres de obras obtiveram, com a sobrecarga de elementos nas fachadas, boas soluções plásticas. Os frontispícios ecléticos foram concebidos para puro embelezamento e, por vezes, sem levar em conta o suporte de taipa de pilão das construções coloniais. Não raro, as fachadas são praticamente novas, ou, ainda, a superfície neutra da parede foi sobrecarregada com elementos, o que modificou a qualidade estrutural. A Basílica de Tremembé foi reforçada com uma cinta de tijolos para suportar uma fachada maior do que deveria. Nela, devido aos recursos de frisos e à justaposição dos elementos da gramática barroca nas torres, obteve-se um belo efeito pulsante e instigante.

A Capela de São José, de Pindamonhangaba, consegue manter um diálogo forçado com as envasaduras do coro. Tenta percorrer a parte lateral com platibandas e entablamento sobre falsas colunas de alvenaria e argamassa. Porém, os triângulos neoclássicos sobre as vergas coloniais mostram-se incompatíveis. O frontão acima da cumeeira e ladeado de campanários bem construídos amplia a massa visual do frontispício.

Capela de Santa Rita, Guaratinguetá.

Santuário Bom Jesus, Tremembé.

As matrizes de Areias, Pindamonhangaba, Guaratinguetá, Jacareí, Jambeiro, São Bento do Sapucaí e a Capela de Roseira Velha têm fachadas sobrecarregadas de frisos, mesmo assim são harmoniosas.

Pode-se ainda observar por fora, nos telhados e nas paredes laterais externas, alguma alteração interna. O exemplo mais drástico é a transformação da capela-mor do Convento de Santa Clara de Taubaté. Foram abertas duas capelas nas laterais da capela-mor. A antiga igreja conventual teve de se adaptar para a função de igreja de educandário de jovens, e seu lugar nas cerimônias era ao redor da capela-mor. A forma de cruz foi criada a partir da capela-mor, e não da nave.

Outras plantas foram alteradas para receber um transepto maior e permitir a colocação dos altares do transepto à maneira de capelas laterais, como na Catedral de Guaratinguetá. Essa transformação pode aparecer ou não no telhado. De modo geral, a mudança interna é feita para ampliação, devido à impossibilidade de erguer outro templo ou adaptar as capelas laterais, como no caso do Santíssimo, ou por modismo estilístico, como no caso da Matriz de Jacareí ou da Igreja de Nossa Senhora do Bom Conselho, toda revestida de madeira cariando uma abside na capela-mor. São tendências historicistas, mesclando estilos, por meio do uso de combinações de arcos, colunas, galerias, como em Roseira Velha. Em Paraibuna, as galerias em arcos plenos deram elegância e leveza ao templo.

Em resumo, externamente, quanto à remodelação e ampliação dos frontispícios, há dois tipos: um concebido sem levar em consideração a estrutura colonial e que resultou em sobrecarga e, consequentemente, postiço; o outro que dialogou com as estruturas primitivas de taipa de pilão. Em ambos os casos, porém, suportaram sobrecargas ornamentais. Internamente, quanto às plantas baixas, evidencia-se uma tendência ao abandono da forma rígida retangular, daí o esforço de criar um transepto por meio da cruz latina, da qual se criam capelas laterais ao arco cruzeiro ou ao altar-mor.

Capela de São José, Pindamonhangaba.

Torres

Apesar da reforma da maioria das fachadas, as torres permaneceram como elementos composicionais, devido à ligação com a estrutura do corpo da igreja, já que eram levantadas junto com as paredes laterais.

As capelas primitivas não possuem torres, e a colocação dos sinos é feita em janelas, alpendres ou suportes externos de madeira. A existência de pequenas torres, como ocorreu na Capela do Pilar, em Taubaté, em Santo Ângelo e na Freguesia de Nossa Senhora da Escada, em Guararema, e no conjunto carmelita de Mogi das Cruzes, é necessidade visual e também social, para serem reconhecidas como igrejas. No século XX, essas torres acrescidas foram retiradas nos restauros do Iphan.

A formação da fachada com uma só torre central foi ocasionada por reformas ou novas construções no final do século XIX e início do XX. A Capela de Roseira Velha tem torre central, conseguindo boa solução plástica para a minúscula fachada. A Igreja de Santa Rita, em Guaratinguetá, apresenta um campanário central, abstendo-se de torre.

No Convento dos Carmelitas de Mogi da Cruzes, a torre se posiciona no corredor entre a igreja conventual e a capela terceira, servindo como elemento compositivo para ambas. A autoafirmação de independência da ordem terceira foi materializada na construção de uma torre menor, porém mais trabalhada, demolida na reforma que deu ao conjunto o aspecto atual. Em outro exemplo, deixado por religiosos, o Convento de Santa Clara destaca-se pela torre sineira colocada entre a capela e o convento. A verticalidade da torre sineira une a parte horizontal, de cobertura maciça, às duas águas da capela, ocultando a solução do encontro dos telhados do claustro e da capela.

O esquema comum apresenta torres repetidas e ligadas em par simétrico ao corpo da igreja. Feitas em quatro faces, não possuem recuos, incluindo-se no corpo da igreja no sentido lateral e de profundidade. Até a altura da cimalha, são reduzidos os seus elementos visuais. Simulação de envasadura, enquadramento decorativo, nichos ou, ainda, a janela para a escada do coro são alguns elementos reduzidos. As paredes lisas são comuns, visto que as passagens por debaixo das torres são praticamente nulas, pois ali se encontram o batistério ou a entrada para o coro, que se faz internamente.

As igrejas ecléticas, a partir da construção da Catedral de Lorena, ostentam torre central, imitada posteriormente em Caçapava, Paraibuna, Santa Teresinha, Taubaté e Santa Isabel.

Catedral Nossa Senhora da Piedade, Lorena.

Torres das igrejas em Aparecida, Areias, São José dos Campos, Tremembé, Cruzeiro e Caçapava.

Arremates

O arremate das torres pode ser feito de tijolos, em forma piramidal, a exemplo da Matriz de Nossa Senhora da Conceição, de Cunha. Outra solução é com o telhado, também piramidal, que se encontra na estrutura do conjunto carmelita de Mogi das Cruzes, do século XVII.

Nem sempre as torres adquirem perfis de destaque. Costumam apresentar-se reduzidas, incompletas, mais baixas do que o frontão, a exemplo das igrejas de Bananal, em que se limitam a um arremate simples, e de São Benedito, em São José dos Campos. A estrutura de tijolos também oferece a solução de meia-laranja, como em São José do Barreiro. Os perfis bulbosos de influência barroca encontram-se nas fachadas reformadas, como em Tremembé, Areias e Pindamonhangaba. Os arremates variam desde simples coruchéus em forma de pirâmide até balaústres encimados por vasos e ânforas, a exemplo de Guaratinguetá. A Matriz de Areias, para compensar a falta de espaço da reduzida fachada que se comprime entre falsas colunas e arcos simulados, encontrou a solução nas torres que se alongam, encimadas por coruchéus, e com arremate em perfil esferoidal. A Basílica Velha de Aparecida tem balaustradas que guarnecem os arremates sinuosos, à maneira do século XVIII, porém executados no século XIX.

As construções ecléticas do século XX têm os arremates facetados, como as matrizes de Lorena e Caçapava e o Santuário de Santo Antônio, em Cachoeira Paulista. Já as neocoloniais do final da primeira metade do século XX apresentam soluções diferentes nos arremates bulbosos, a exemplo das matrizes de São José dos Campos, Cachoeira Paulista, Cruzeiro e da Catedral de Taubaté. O acabamento em azulejo aparece relembrando a tradição luso-brasileira, como em Areias, Taubaté e Paraibuna, e aquele em mansarda, como em Caçapava e Lorena, remete às inovações do ecletismo.

Plasticamente, outras torres se destacam: Santo Antônio de Guaratinguetá e São Bom Jesus de Tremembé. No primeiro caso, as torres são arrematadas por campanários octogonais assentes na base quadrada, que termina em balaústres e ânforas. As pequenas cúpulas octogonais suavizam o peso visual dos elementos, que continuam até os cata-ventos. Rivalizando com as torres, o Oratório do Sagrado Coração de Jesus, construído em 1901 sobre o tímpano, acentua a solução duvidosa da verticalidade no frontão. As volutas rampantes contribuem para alargar o triângulo, e o oratório, felizmente vazado, completa o achatamento. O recorte dos elementos contra o espaço vazio é rico e dinâmico, porém não é auxiliado pela posição da igreja e da pequena praça. A torre da direita destaca-se quando vista dos fundos, de um dos cantos da Praça Conselheiro Rodrigues Alves.

Em Tremembé, na Basílica de São Bom Jesus, o arremate das torres abre-se (1915). Acima do complexo entablamento, rasgam-se os espaços, projetando colunas nas diagonais que avançam, extrapolando a forma quadrangular. Cria-se um espaço virtual para a pequena fachada e as torres. As colunas, guarnecidas por entablamento, são encimadas por coruchéus pontiagudos, o que cria a ilusão de continuidade. O perfil do coroamento do campanário continua em linhas retas e curvas convexas no predomínio vertical, sem achatar os espaços vazios inferiores.

Em resumo, as torres são as partes ulteriores da construção e dão margem à abertura da estrutura da igreja. Convive-se com o antigo e as novas tendências. São colagens programadas e, assim, refletem sempre as últimas reformas suportáveis, sem romper a unidade do conjunto. A simetria auxilia essa missão de expô-las como espelhos de riqueza desejada tanto pela criação do artista, levado pela liberdade do espaço externo, como pela sociedade, que se empenha em acumulá-la, em modismos historicistas, de elementos barrocos ou neoclássicos.

Matriz de Santana, Areias.

Reformas e ampliações: Pindamonhangaba e São Bento do Sapucaí

As reformas devem ser aqui entendidas como modificações, ampliações, aplicações de novos elementos sobre uma forma primitiva – taipa de pilão –, acarretando sobrecargas – frisos, frontões, torres – e ainda surpreendentes resultados – três aparentes naves plenas de luzes, também apontadas como romanizadas.

Na maioria das vezes, a reforma é incompatível com certas medidas e proporções. A restrição técnica da taipa de pilão limitou por demais a busca da modulação – impossibilidade de ampliação da taipa – e a medida foi determinada pela funcionalidade do ato litúrgico – aproximação dos padres e fiéis –, número de habitantes e importância eclesiástica do templo – passagem de capela para matriz ou santuário –, dentre outras. O aspecto artesanal das construções das primitivas capelas e igrejas e a maneira de conceber a nova forma como um geometrismo apontou por vezes soluções no máximo escultóricas, desvinculadas das estruturas, sem sentido para as adaptações das diretrizes devocionais.

A libertação do edifício religioso de outros edifícios laterais – conventos e capelas de terceiros – e mesmo de certas paredes internas, como dormitórios para devotos, resultou em um volume livre, com autonomia própria. Ao adentrar-se no edifício, porém, muitas reformas não passam de aplicações cômodas. Não conseguem reduzir a estrutura primordial em esqueleto. A parede não é usada como elemento, mas como suporte da aplicação de moldes, modismos e atrativos. Não há uma justaposição pulsante e os espaços não se interpenetram. Há fachadas, como a de São José de Pindamonhangaba ou, ainda, a de Santa Rita, em Guaratinguetá, em que a reforma do frontispício nem parece tocar na estrutura primitiva.

É praticamente impossível conciliar, sobre uma estrutura pura, os novos pluralismos expressivos ecléticos, que vão desde o Racionalismo Neoclássico ao Historicismo Eclético francês e inglês, como o Neogótico. A retórica neoclássica sobre a taipa foi por vezes quase impossível. Diante do impasse de usar as paredes como elemento de reforma, foram construídas cintas de tijolos e, sobre estes, foram aplicados frisos, colunas adossadas e por fim pinturas fingidas. Outros casos são os elementos das reformas apenas justapostos.

A fachada da pequena Capela de Roseira Velha é sobrecarregada de frisos e o desenho dos elementos se contrapõe à forma e ao conteúdo da primitiva estrutura. A antiga cidade, atualmente um bairro, não comporta a fachada da capela, que atua como um monólogo na praça quadrangular rodeada de casas simples. O templo é um impulso que se contrai.

As reformas foram incrementadas com o emprego de novos materiais, como tijolos, ferro fundido, calhas, telhas de vidro, mármores, papéis de parede, pinturas em moldes e outros materiais importados graças à riqueza acumulada com o ciclo do café. Na segunda metade do século XIX, os projetos historicistas já resultavam na introdução de estilos distantes do mundo colonial, como o Neogótico da Basílica de São Benedito, em Lorena.

A Matriz de Pindamonhangaba, que se apresentava com uma superfície neutra de parede, como a maioria das igrejas coloniais, na época atual mostra-se elegantemente sobrecarregada. Os elementos aplicados não buscam um valor escultórico excessivo, a exemplo da Basílica de Tremembé, que compensa o rebuscamento das torres pela limpidez da lateral.

Matriz de São Bento, São Bento do Sapucaí.

Matriz Nossa Senhora do Bom Sucesso
de Pindamonhangaba.

Matriz de Nossa Senhora do Bom Sucesso de Pindamonhangaba

Altar lateral da Matriz de Pindamonhangaba.

O construtor Francisco Antônio Pereira de Carvalho soube preservar o eixo horizontal da Matriz de Pindamonhangaba (1850-64), acentuando o triângulo frontão com duas linhas horizontais, uma delas provocada pelo caprichoso alteamento sobre a cumeeira.[22] Lateralmente, apresenta-se com a demarcação dos volumes das reformas posteriores e a tentativa de ocultar os telhados com platibandas. Com as reformas internas, além da ampliação na nave, ela ganhou capelas laterais junto ao altar-mor, solução semelhante à do Convento de Santa Clara de Taubaté. O problema da luz, já criticado por Saint-Hilaire, que achava as naves escuras, não foi resolvido. A colocação dos altares laterais – incrustados entre a antiga construção e a parede de ampliação que delimita as torres – não permitiu a entrada de luz para a nave. Sobre os dois altares laterais, obras de Marino del Favero, perto do transepto, foram necessárias aplicações de telhas de vidro e estrutura de metal para servirem de claraboia. A capela-mor é cheia de luz graças aos arcos romanos abertos lateralmente.

A Matriz de Nossa Senhora do Bom Sucesso de Pindamonhangaba não deve ser vista apenas como uma reforma material. A cidade tem aspecto imperial, de traçado reestudado, com construções de porte, não só provincianas.[23] O Visconde de Palmeira construiu um palácio que, em proporções de alinhamento, chega a rivalizar com as dimensões da Matriz; possui sessenta janelas e janelas-portas, em um total de trinta cômodos.[24] As reformas não atingiram apenas as igrejas, mas também esses imensos palacetes, que eram remodelados para receber os imperadores.

O posicionamento desses palacetes na trama urbana não renovou o urbanismo, nem ousaram eles rivalizar com as construções religiosas. Estas, por sua vez, receberam influência dos gostos desses homens que, aos poucos, foram secularizando as igrejas por meio de reformas. Não só os telhados deveriam ser banidos como lembrança da época colonial, mas também as imagens de culto popular, substituídas pelo mármore.

Na Matriz, esse exemplo é claro. A luminosidade e a severidade das linhas sobrecarregadas da fachada confundem-se com a falta de luz interior dos altares neoclássicos incrustados entre paredes pintadas com motivos decorativos italianizados. Em uma das portas laterais encontra-se um nicho com a imagem de Nossa Senhora do Bom Sucesso em terracota, reminiscência do colonial. Ali, em segundo plano, num local de passagem, bem na rua, como objeto relegado – mas insubstituível na reforma.

Matriz de São Bento do Sapucaí

Matriz de São Bento, São Bento do Sapucaí.

No caminho para Minas Gerais, na Serra da Mantiqueira, para os lados de Campos de Jordão, o ecletismo mostrou-se aplicável. Ocorreram reformas no período imperial; outras, posteriores, produziram alterações feitas por mestres de obras no início do período republicano. Na Matriz de São Bento do Sapucaí, iniciada com paredes sólidas em taipa, os frades carmelitas, que lá chegaram em 1914, concluíram a obra. Ali, em 1919, atuou o engenheiro e arquiteto italiano Francesco d'Arce; os altares foram construídos por Marino del Favero, ambos de São Paulo. As mesmas linhas de transformação dessa Matriz e da de Santo Antônio do Pinhal, próxima dali, resultaram em três naves e fachadas destacadas da estrutura de taipa com torres neogóticas.

A intensidade da luz de todo o Vale é propícia para as fachadas planas. Quando postas as torres centrais, ganha-se volumetria, sem comprometer as estruturas compactas da taipa de pilão. As naves reformadas receberam luz por meio da abertura de galerias superiores, de janelas laterais. Não só pela luz, tentou-se uma união do externo e do interno, do novo com o antigo. A substituição do antigo altar-mor entalhado pelo mármore é a primeira, mais atraente e mais simples reforma. O eixo longitudinal requerido pela Contrarreforma como símbolo do caminho do povo de Deus, tendo o retábulo-mor como centro de tudo, ainda permanece. Externamente, busca-se verticalidade em torres mais altas, à maneira gótica.

A Matriz de São Bento do Sapucaí (1853), pertencente às antigas terras de Pindamonhangaba, é exemplar no respeito pela técnica da taipa de pilão, feita artesanalmente pelos escravos e usada com extrema sabedoria pelos imigrantes italianos lá instalados no final do século XIX e pelos freis carmelitas descalços. O imenso volume da igreja, posicionada na encosta do morro, mostra sua volumetria nas laterais, no fundo, e a aplicação de uma fachada historicista – neogótica na portada, com arcos ogivais e grande janela semelhante a ocultar o óculo do triângulo frontão, que desapareceu com a colocação de uma torre central e duas pequenas torres laterais com cobertura de cúpula facetada. A grande reforma, sob os auspícios de Antônio Ribeiro de Paiva, como informa a cartela sobre a entrada principal, data de 1919.

Nave da Matriz de São Bento, São Bento do Sapucaí.

Pode-se observar, em resumo, que as reformas nem sempre almejaram a construção de fachadas sobrecarregadas para alcançar intensos efeitos de luz e sombras. O uso da estrutura primordial foi, por vezes, impraticável, daí o envolvimento com paredes de tijolos para facilitar as aplicações sobre a taipa. Tentou-se ocultar os telhados coloniais com as platibandas neoclássicas e, ainda, no exterior, as torres verticalizaram as construções, com arremates barrocos. A união do exterior com o interior foi por vezes obtida com a aplicação correta do uso da luminosidade.

Aquelas paredes em taipa de pilão que suportaram as interferências ousadas pelo uso da arcaria, formando três naves ou galerias, ganharam em beleza, leveza e soluções surpreendentes de reformas das estruturas coloniais, passando por embelezamentos neoclássicos; nas últimas reformas, transformaram-se em ambientes historicistas. Os altares de alvenaria ou de mármore e as pinturas de mármore fingido consumaram esse direcionamento, auxiliado por mestres imigrantes italianos, portugueses e espanhóis.

Em Lagoinha, no Alto Vale, na fachada da Matriz, duas pequenas paredes no local das torres solucionaram visualmente a inexistência delas. A Matriz de Jambeiro, com dezoito arcos em sua fachada, entre janelas, porta e sineiras, ficou arquitetonicamente sobrecarregada, apesar de todo o espaço livre circundante.

Tipologias construtivas e estilísticas

Um quadro que resumisse a tipologia das igrejas quanto às suas características artísticas e construtivas seria sem dúvida imperfeito, mas sabemos da funcionalidade e da relevância de agrupá-las.

O primeiro grupo é aquele de igrejas ou capelas com planta baixa de nave única, que constitui a grande maioria de todas as construções do período colonial e variações no período imperial. Ao segundo grupo pertencem aquelas de três naves, assim projetadas já no período republicano, com raras exceções, com estilo eclético até o neocolonial.

Aquelas do primeiro grupo podem apresentar uma variação na largura da capela-mor, abrigando todos os cômodos sob duas ou três águas do telhado. Pode haver uma ou duas torres que definem os corredores correspondentes, e os telhados podem ou não evidenciá-los em diversas águas. Os espaços mais complexos são assim distribuídos: nave única; capela-mor maior ou menor que a nave; dois corredores com ou sem a parte superior, contendo de um lado a sacristia e do outro a capela do Santíssimo, no térreo, e o coro e as galerias no corpo da nave e na capela-mor, no andar superior.

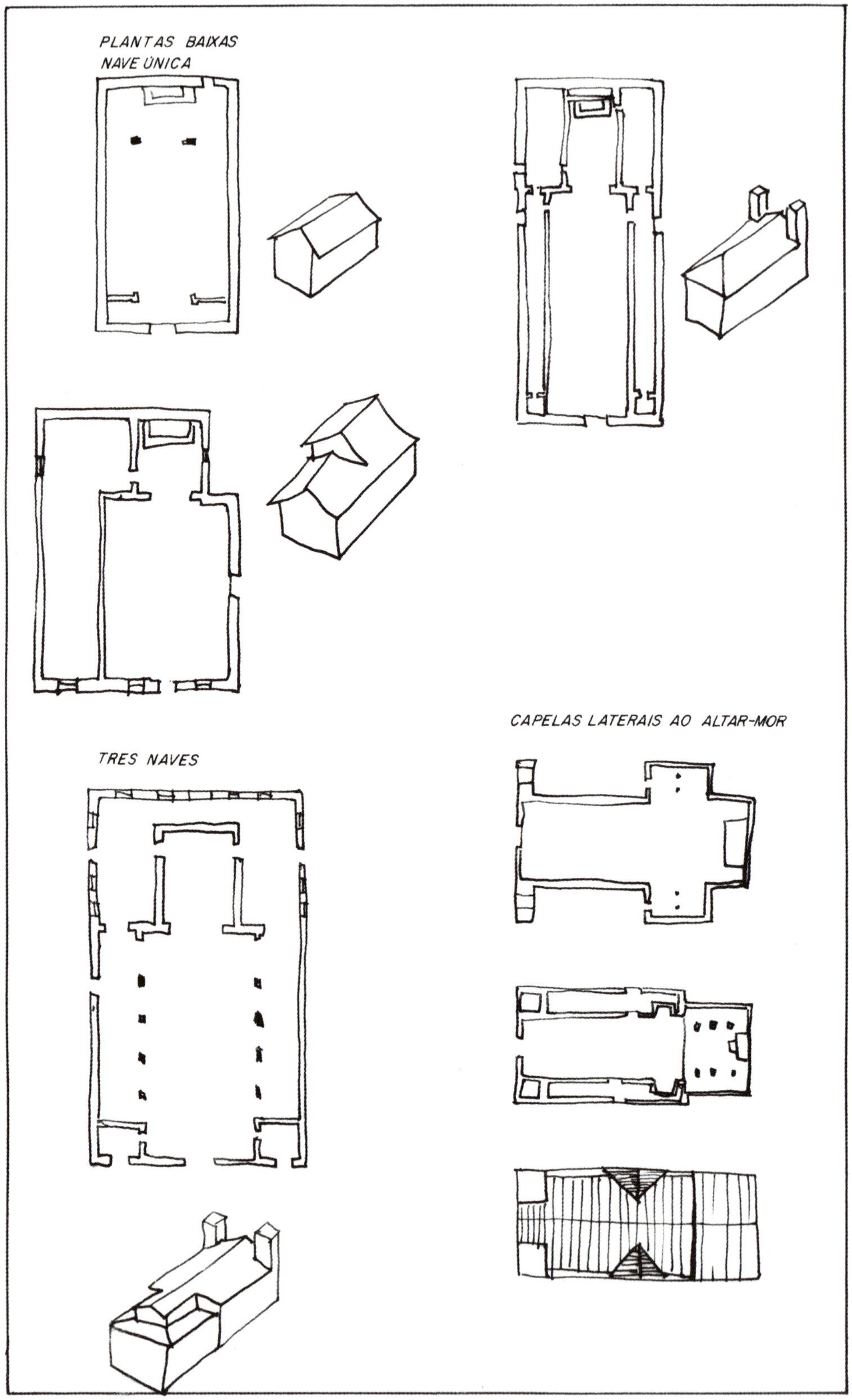

Exemplos ilustrativos de plantas baixas, nave única, três naves, capelas laterais ao altar-mor.

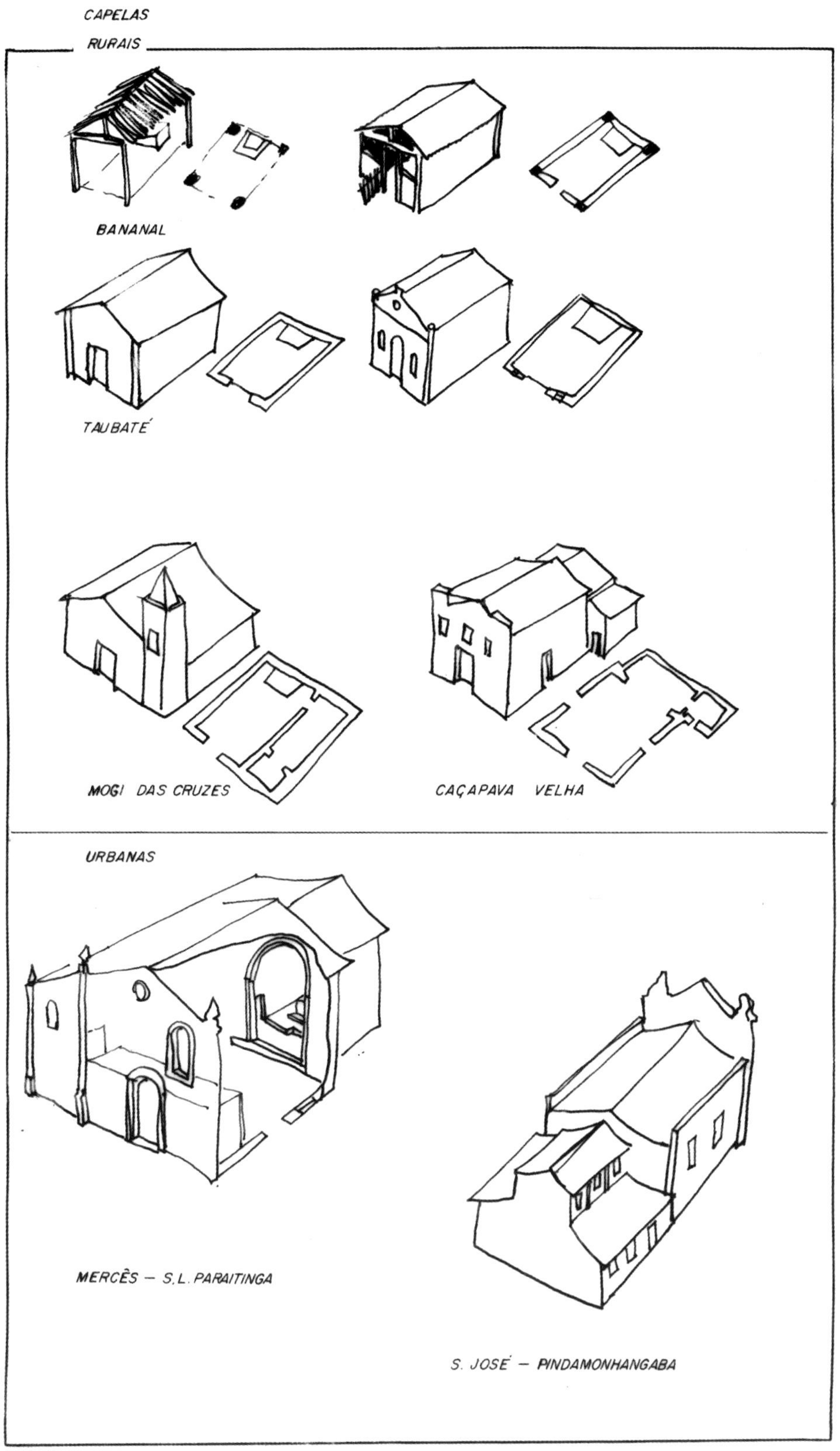

Desenhos esquemáticos de capelas rurais e urbanas em Bananal, Taubaté, Mogi das Cruzes, Caçapava Velha, Mercês – São Luiz do Paraitinga e São José – Pindamonhangaba.

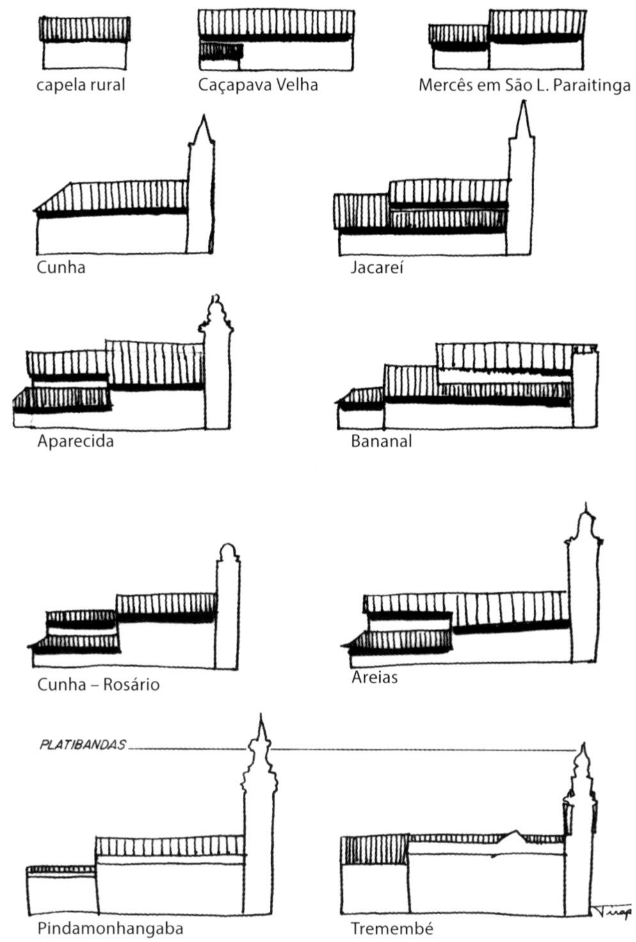

Telhados de perfis.

A variação, nesse grupo, ocorre quando as paredes internas da nave são abertas em arcos para entrar mais luminosidade. A nave única permanece com seus altares laterais, porém a espacialidade é acrescida, simulando três naves. Pode ser feita a abertura, nas galerias superiores, tanto da nave como da capela-mor. Por fim, podem-se suprimir as paredes internas da nave, refazer o telhado, e, assim, a nave única se amplia. Quando isto não é possível, pois pode pôr em risco a estrutura, abrem-se arcos maiores no transepto, conotando planta baixa em cruz latina. O último caso é a abertura das paredes da nave, perfazendo a configuração mencionada.

Basílica Velha de Aparecida.

Todas essas igrejas apresentam paredes estruturais em taipa de pilão; quando acrescidas ou retiradas, as paredes externas recebem reforço com paredes de tijolos. As fachadas, dessa maneira, podem ser alteradas acrescentando-se uma ou duas torres, modificando o triângulo frontão retilíneo e guarnecendo as fachadas laterais de platibandas para ocultar os telhados. A porta de entrada continua única; acima, para iluminar o coro, abrem-se duas ou três janelas, e o óculo no tímpano. Com as fachadas sobrecarregadas, elas recebem colunas lisas e falsas, apenas de massa, arredondadas e adoçadas quando se subdividem em cinco tramos e três corpos horizontais, enfatizados por friso. As torres únicas, centralizadas, ficam livres do corpo do edifício. A exceção é a Basílica Velha de Aparecida, projetada com nave única e corredores laterais definidos pelas torres e construção em alvenaria.

O segundo grupo é definido pelo projeto em três naves, sendo a principal sempre mais alta e mais larga, e as laterais, bem mais estreitas. A divisão das naves é feita por colunas cilíndricas e arcaria no corpo delas, com diversos tramos, sem galerias superiores; apenas o coro é posicionado na subida para as torres. A capela-mor, mais estreita, é ladeada pela capela do Santíssimo e pela sacristia; esta última pode ampliar-se por detrás do altar, quando não há abside. Os altares laterais em geral limitam-se a apenas dois na linha do transepto.

Nesse grupo, todas as igrejas possuem paredes estruturais em alvenaria, vitrais nas laterais e luminosidade mais intensa. As fachadas podem ter torre central única; com apenas uma entrada em arco sob a torre que oculta o telhado de duas águas e com o auxílio das platibandas, fazem desaparecer os telhados das naves laterais de apenas uma água. Esse sistema foi possível com a implantação das calhas.

Catedral de Guaratinguetá.

Basílica Velha de Aparecida.

O estilo da fachada é definido pela aplicação de arcos romanos ou góticos, acrescidos também nas fachadas laterais ou mesmo na posterior, onde se mostra a abside. No caso das neocoloniais, além das vergas em curvas e contracurvas, há sacadas na fachada principal ou na posterior. Raros são os exemplos com três entradas na fachada principal, porém são comuns as laterais para a sacristia e a capela do Santíssimo.

A exemplificação das tipologias das técnicas construtivas e plantas baixas pode ser assim definida: na variável do primeiro grupo estão aquelas construções em taipa de pilão que não sofreram interferências posteriores e de outras técnicas: capelas da Ajuda (século XVII) e da Freguesia da Escada, em Guararema (1650); do Pilar, em Taubaté (1725); do Rosário, em Santa Isabel (1723); dos Remédios, na zona rural de Jacareí (XVIII); matrizes da Conceição (1731) e Rosário, de Cunha (1793); São Benedito, de São José dos Campos (1870); matrizes de Queluz (1800), São José do Barreiro (c. 1830) e Bananal (c. 1750).

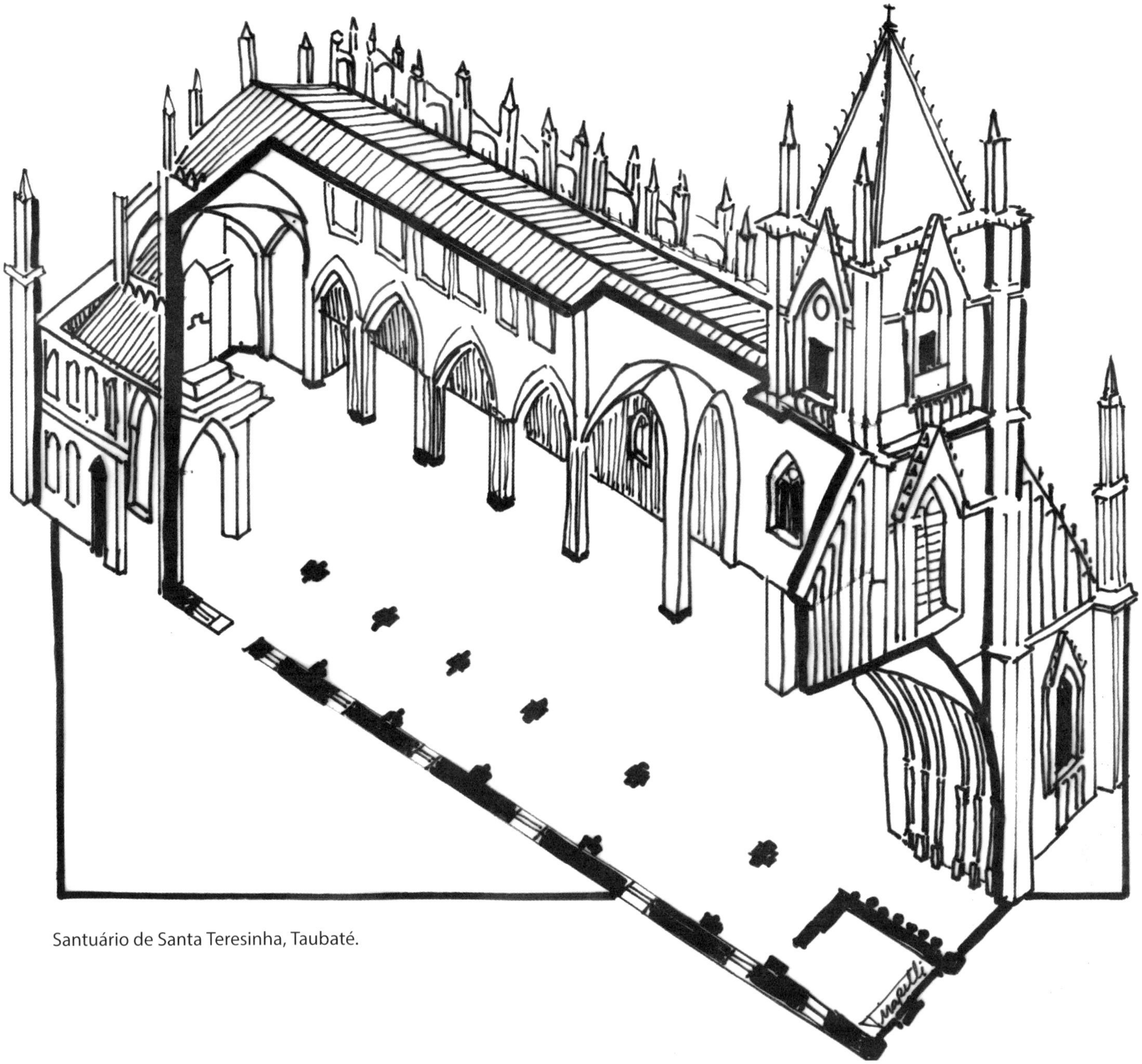

Santuário de Santa Teresinha, Taubaté.

Na segunda variável do primeiro grupo inserem-se aquelas igrejas da técnica construtiva em taipa de pilão, cujas paredes internas foram abertas em arcos e externamente receberam acréscimos de elementos nas torres ou foram parcialmente revestidas de alvenaria e argamassa. As mais significativas, com modificações internas e externas, são as matrizes de Guaratinguetá, Pindamonhangaba, Jacareí, São Bento do Sapucaí, Santo Antônio do Pinhal e o Santuário de Santa Clara, em Taubaté. Internamente, a mais evidente é a Matriz de Santa Branca; externamente, a Matriz de Areias e o Santuário de Tremembé. Em Lagoinha (1866), o que é postiço é a capela-mor, anexada à parte posterior.

O segundo grupo reúne as igrejas projetadas com três naves, que são aquelas ecléticas ou historicistas – neogóticas, neorromânicas e neocoloniais –, construídas com alvenaria desde o terceiro quartel do século XIX.

São neogóticas: Basílica de São Benedito (1884); Santuário de Santa Teresinha de Taubaté e a antiga Matriz de Redenção da Serra (1882). Projetadas com uma só nave e neogóticas são as capelas: Oratório Dom Bosco, de Cruzeiro; Rosário, de São Luiz do Paraitinga; Nossa Senhora do Perpétuo Socorro, em Pindamonhangaba; Santuário da Santa Cabeça, em Cachoeira Paulista.

Aquelas com linhas mais marcantes neorromânicas e de três naves são as matrizes de Lorena (1890) e de Caçapava (1945); Nossa Senhora do Monteserrate, em Santa Isabel; e Capela de Santo Antônio, de Cachoeira Paulista.

Quanto às fachadas ecléticas, grande parte das capelas urbanas e algumas rurais combinam as tendências neogóticas com as neorromânicas. Em geral, possuem uma torre central, entrada com arco ogival e arcos romanos de volta completa no interior, vitrais nas laterais e pequeno altar em alvenaria.

As neocoloniais de três naves são as matrizes de São José dos Campos (1934), de Cruzeiro e Cachoeira Paulista; de uma só nave, a Catedral de Taubaté (1942) e a Capela de Nossa Senhora das Graças, em Guaratinguetá.

Matriz de Jacareí.

Há duas plantas diferenciadas no Vale que são centralizadas: a Capela do Rosário, em Lorena, neoclássica em cruz grega com cúpula, e a Basílica Nova de Aparecida, concebida em cruz grega, neobizantina, caracterizada pela cúpula sobre octógono e tambor circular, campanário (torre) e arcos (menores) neorromânicos, arcaria híbrida sem estilo, aliada a uma grandiosidade romana (abóbadas à maneira das basílicas romanas).

Quanto às fachadas, em geral são planas, apresentando apenas uma porta e duas janelas na altura do coro e óculo circular na linha da empena, com triângulo frontão reto. As torres podem estar por terminar, pois a taipa não suportaria o peso delas; por isso, os arremates são acanhados, piramidais ou de meia-laranja. Quando apresentam três corpos, são separados por falsas colunas de argamassa. Quando possuem uma só torre, há um vestíbulo com um arco frontal e dois laterais para guarnecer a entrada. Oculta a empena, e acima, há campanários e o arremate é poligonal. Estes podem ser piramidais, com telhas ou tijolos; em meia-laranja; bulbosos, cercados de platibandas, ou ainda com torres pontiagudas.

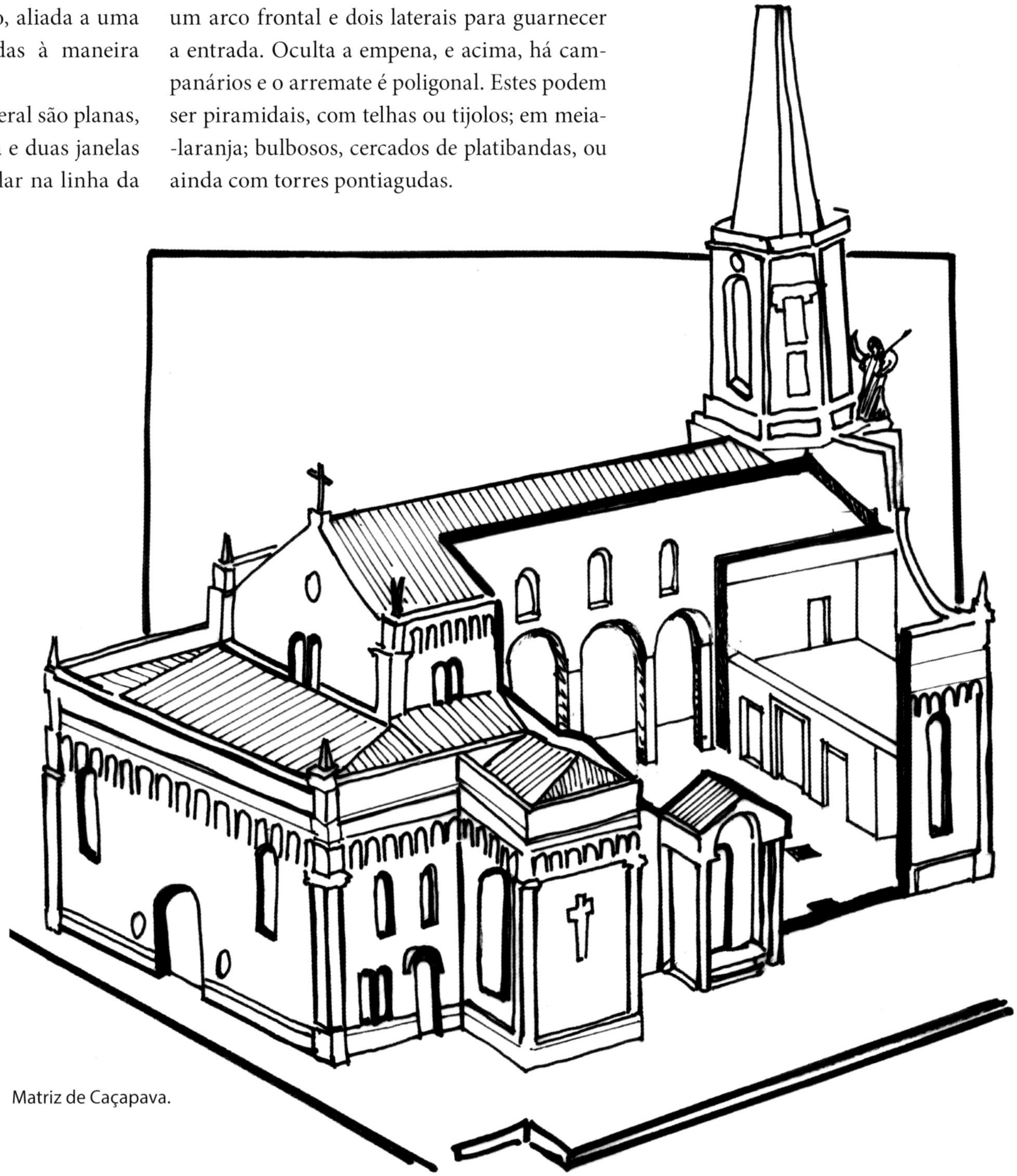

Matriz de Caçapava.

Os frontões mais antigos são os retilíneos, chamados de jesuíticos, comprimidos entre as torres, determinando a empena da cumeeira, delimitados ou não por uma cimalha retilínea, no caso das igrejas coloniais. Os curvilíneos em geral são aplicações posteriores. Os alteados passam acima da empena e costumam ter cornijas duplas. Entre as torres, podem ocorrer volutas comprimidas. As construções ecléticas com uma torre central ocultam a empena, criando formas escalonadas desde aquela altura até o beiral ou a platibanda.

Os frontões sobrecarregados, já nas igrejas reformadas no período imperial, lançam mão de elementos variados, como portadas ou pórticos, frisos nas vergas, meias colunas circulares, para definir os tramos e torres com arremates bulbosos. Em geral, as reformas mais profundas rompem com a estrutura colonial e criam novos espaços colaterais à capela-mor. Desta maneira, o volume primitivo é acrescido lateralmente com aplicações sobre a estrutura – modismos; com o emprego de materiais importados; com aberturas para a entrada de luz; ou ainda com o emprego de elementos neoclássicos e o recobrimento da estrutura de taipa com alvenaria.

O Historicismo, na segunda metade do século XIX e início do XX, marca o abandono da técnica e da plasticidade coloniais, inaugurando o aparecimento de elementos neogóticos e neorromânicos; os telhados são mais inclinados, porém não pontiagudos. Finalizando com o Neocolonial, já no final da Primeira República, as fachadas podem ganhar ornamentação ibero-americana, com feições do colonial mexicano.

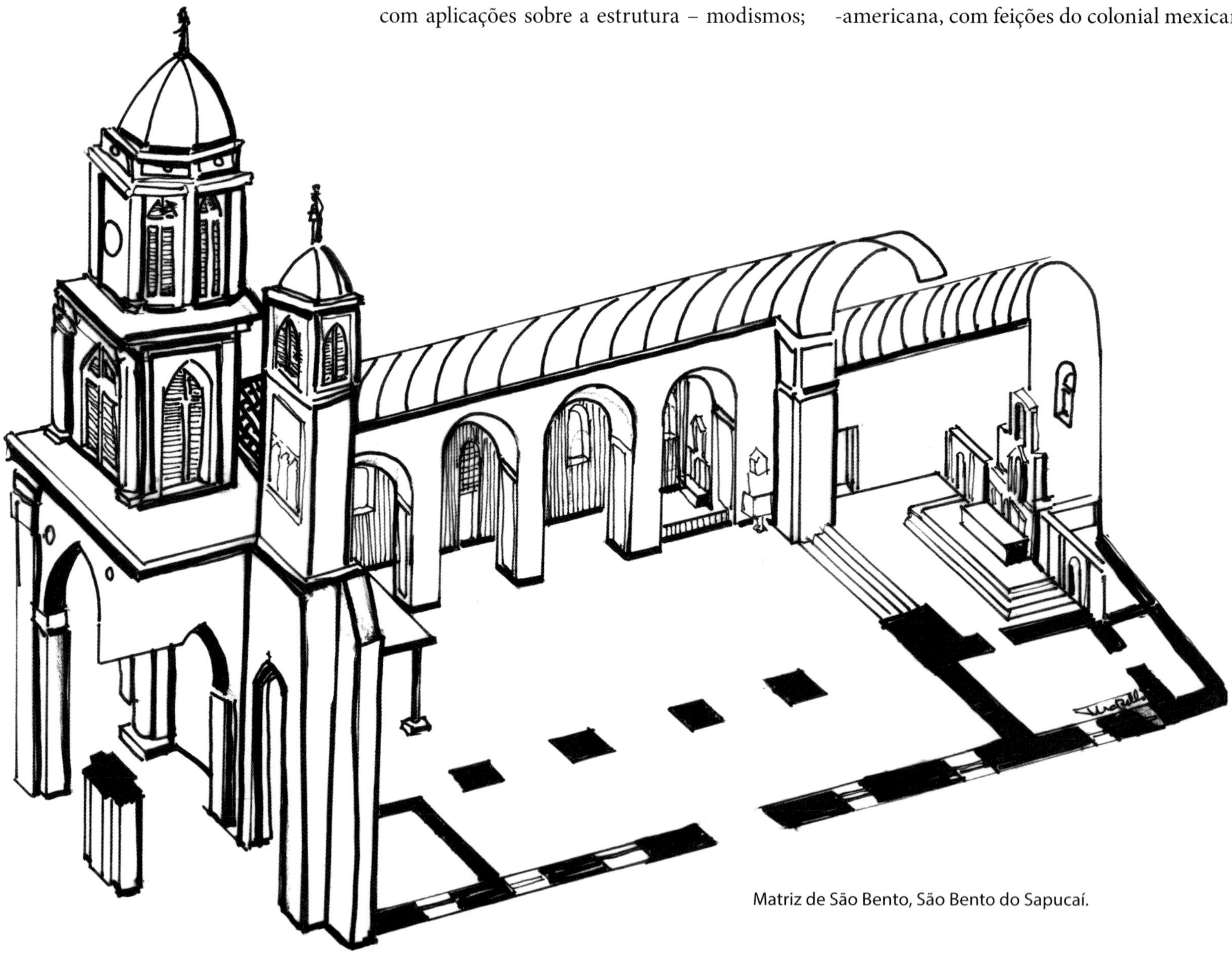

Matriz de São Bento, São Bento do Sapucaí.

1 Saia, op. cit., p.133

2 Lemos, *Patrimônio: 70 anos em São Paulo*, p.249-54.

3 Há construções de capelas que suplantam interiormente na decoração e que sobrevivem às religiosas. A bibliografia é vastíssima. Todas as ordens terceiras possuem praticamente seus livros de tombo, atas e até alguns publicados, como é o caso de Ortmann, História da antiga capela da ordem terceira da penitenciária de São Francisco em São Paulo.

4 A capela foi totalmente destruída na enchente do dia primeiro de janeiro de 2010 e reconstruída em 18 de setembro de 2011.

5 Há um pedido de tombamento no Condephaat da referida capela, que está muito descaracterizada.

6 A Capela do Pilar, tombada sob o processo n.343-t, inscrição n.238, Livro História, fls.40, e inscrição n.05, Livro Belas-Artes, fls.64. Data 26/10/1944. O processo de tombamento consta de pastas com a preciosa correspondência de Luis Saia e Rodrigo Mello Franco de Andrade. Iphan de São Paulo.

7 Etzel, *O Barroco no Brasil.*

8 D'Abbeville, *História da missão dos padres capuchinhos na Ilha do Maranhão e terras circunvizinhas*, p.91-2.

9 A capela é tombada pelo Iphan, que possui fotos referentes à construção.

10 Em outras ermidas, a cozinha comunitária para afogado faz parte das construções que se agregam ao corpo da capela a exemplo de Santo Ângelo, em Suzano. Sobre esse assunto, conferir, Lemos: Cozinhas etc., onde se estuda o posicionamento da cozinha na casa brasileira.

11 Não só Carlos Lemos pode contribuir com o artigo "Notas sobre a arquitetura tradicional de São Paulo: capelas alpendradas de São Paulo" como também Luís Saia com "O alpendre nas capelas brasileiras".

12 O estudo foi, em parte, publicado na revista *Arquitetura*, n.18, p.113-20 e está completo no v.XI, ago. 1977.

13 Ramos, *Pequena história do Bananal*, p.133-40.

14 Vasconcellos, *Arquitetura no Brasil: sistemas construtivos*, p.19-21.

15 Veloso, *A história de Cunha.* Id., A Matriz de Nossa Senhora da Conceição do Facão.

16 Tirapeli, *Igrejas paulistas: Barroco e Rococó*, p.276-9.

17 As culturas de Cunha são estudadas em Shirley, *O fim de uma tradição.*

18 Tirapeli, op. cit., p.280-3.

19 A evolução dos espaços sagrados na história pode ser compreendida na dissertação de mestrado de Frade, A influência do movimento litúrgico na arquitetura das igrejas paulistanas da época pré-Vaticano II.

20 Coupé, *A matriz de Santo Antônio de Guaratinguetá.*

21 A obra Arquitetura religiosa colonial no Rio de Janeiro, de Sandra Alvim, é um dos melhores exemplos de análise geométrica das fachadas das igrejas coloniais. Completa o estudo as análises das plantas e volumes daquelas igrejas.

22 Palacete Palmeira. Pindamonhangaba – SP, Condephaat, parte 1.

23 Zaluar, op. cit., p.99-113.

24 O palacete do Visconde de Palmeira tem levantamento completo feito pelo Condephaat, parte 1.

Basílica Menor Bom Jesus de Tremembé.

Capítulo IV

Ordem Terceira do Carmo, Mogi das Cruzes.

Matriz de Cunha.

Santuário Bom Jesus, Tremembé.

Catedral de Guaratinguetá.

ORNAMENTAÇÕES

Retábulos maneiristas (1640-1700)

As igrejas coloniais do Vale seguem a norma do exterior simples, sejam ou não reformadas, e do interior com austeridade de decoração na talha pouco dourada dos altares. Os altares desse período seguem regras rígidas de elementos arquitetônicos do Maneirismo, também chamados por alguns críticos de jesuíticos, e que evoluíram para formas mais livres no estilo barroco, nos séculos XVII e XVIII, sendo os primeiros do estilo nacional português e os outros, do estilo joanino. No final do século XVIII e início do XIX, pertencem ao estilo rococó, de formas graciosas e elegantes, e ainda feitos de madeira, seguindo a tradição lusa. Na segunda metade do século XIX até meados do XX, predomina o período eclético que, conforme alguns autores, engloba as tendências neoclássicas, que continuam nas neogóticas, neorromânicas, até as neocoloniais. Nesse longo período, a materialidade, antes com madeira, é substituída pelo mármore, pela alvenaria e pela madeira imitando mármore. As formas são mais simples e retas e caracterizam o período imperial, em oposição às curvas do Barroco e do Rococó Colonial.[1]

Decorativos e simbólicos, os retábulos, nas igrejas, são o centro das atenções visuais, a partir de complexos conjuntos escultóricos de avantajadas proporções, como o altar da capela-mor, de amplas formas arquitetônicas. Os altares são denominados conforme sua posição na igreja: principal ou altar-mor na capela-mor; os de capelas laterais, como o do Santíssimo e os da nave, são chamados laterais ou do arco cruzeiro. As capelas, em geral, possuem apenas o altar-mor.

Os retábulos maneiristas são os mais antigos do Brasil colonial. Os primeiros de que se tem notícia são de cerca de 1564 e continham os bustos dos santos e santas mártires na primitiva igreja jesuítica da Bahia. Da Igreja de São Vicente (1559), há fragmentos de talha vazada e a imagem de Nossa Senhora da Conceição, de 1560, considerada a primeira imagem feita no Brasil. As características são a distribuição em base, corpo com duas ou quatro colunas ladeando um nicho ou vários deles nos intercolúneos, entablamento reto e coroamento com uma pintura entre mainéis, volutas entre pináculos piramidais.

O retábulo maneirista da Freguesia da Escada (Guararema), a se considerar a data no frontispício, 1654, é provavelmente o mais antigo que sobreviveu no Vale. Em madeira, toma todo o fundo da capela-mor. Austero, desprovido de ornamento, com peanhas sobressalentes do imenso madeiramento aplicado em todo o vão arquitetônico, abre no centro apenas um nicho para a imponente imagem barroca de Nossa Senhora da Escada.[2] Sobre o altar há um sacrário de linhas maneiristas com uma pintu-

Retábulo-mor da Capela da Freguesia da Escada, Guararema.

Catedral de Guaratinguetá.

Basílica Velha de Aparecida.

Matriz de Bananal.

Santa Teresinha, Taubaté.

ra de Cristo na coluna, na portinhola. No arco cruzeiro, dois retábulos singelos completam a ornamentação, com a solução triangular inusitada dos guardapós ornados com lambrequins; o de São Benedito é pintado com flores ao gosto rococó.

O segundo retábulo maneirista pertenceu à Capela de Santo Alberto (1670), em Mogi das Cruzes. Sua estrutura maneirista, mesmo tendo perdido o altar e duas colunas, traz um sacrário ladeado de elementos escultóricos, planos de parras, cachos de uvas e pássaros. Restam duas colunas torsas, de lavor popular, que ladeiam o nicho e suportam a cornija dupla entremeada de talhas vazadas; acima, o coroamento composto de um painel pictórico. Essa estrutura construtiva remete aos altares de influência jesuítica e elementos ornamentais do Maneirismo, que vigorou no período de transição entre as fases quinhentista e seiscentista da talha portuguesa, sob forte influência hispânica, como apontado nos estudos de Aracy Amaral.[3]

O conjunto divide-se em base, corpo e coroamento, compostos pela representação de elementos arquitetônicos. Sob o pódio, estruturando as colunas, o plinto, o toro e o fuste toscamente espiralado, contendo elementos como hastes, folhas e gavinhas de videira e cachos de uvas trabalhados como relevos que remetem ao estilo plateresco, oriundo da América espanhola. Do estilo nacional português, tem as colunas com fuste em espiral, chamadas de pseudossalomônicas. Os painéis do conjunto apresentam elementos ornamentais que contêm figuras de aves (fênix), assim como cabeças desses animais, substituindo as gavinhas no painel superior. A seu lado, mísulas exibem volutas decoradas com formas de folhagem de acanto e ornatos de escamas. O coroamento contém espaço para painel pictórico – representação de São João Batista –, enquadrado acima do entablamento, entre mainéis recamados de folhas de acanto e de escamas, ladeados por volutas aplicadas à maneira jesuítica, conforme Lúcio Costa.[4] Foi recolhido ao Museu das Igrejas do Carmo, em Mogi das Cruzes.[5]

Capela de Santo Alberto, Mogi das Cruzes.

Retábulo-mor da Matriz de Nossa Senhora da Conceição, Cunha.

Tarja no arco triunfal, Matriz Nossa Senhora da Conceição, Cunha.

Barroco nacional português (1700-30)

Nesse segundo período, segundo os critérios de Lúcio Costa e Robert Smith, os retábulos apresentam colunas torsas no corpo e arco completo no coroamento em arquivolta. Foram desenvolvidos por todas as ordens religiosas, e o conjunto mais conhecido é o da Capela Dourada dos franciscanos do Recife (1702). É possível que tenham existido em alguma igreja do Vale, porém, com as constantes adaptações estilísticas, desapareceram. O pesquisador e historiador mineiro Ângelo Oswaldo de Araújo Santos usa a terminologia "arte luso-paulista" para as igrejas mineiras das duas primeiras décadas do século XVIII, da Matriz e Capela de Nossa Senhora do Ó, em Sabará, período este em que o clero do Vale se relacionava estreitamente com o de Minas Gerais. Se pudéssemos pensar no que existiu antes das reformas, esses seriam os exemplos mais próximos.[6]

Barroco joanino (1740-60)

O terceiro período caracteriza-se por uma cenografia mais movimentada e o abandono do aspecto maciço. Os altares passam a exibir formas e cantos chanfrados, as colunas apresentam-se salomônicas, à maneira daquelas do baldaquino de Bernini, na Basílica do Vaticano, e também torsas acima de um terço estriado. As plantas dos altares são côncavas, em geral, com quatro grandes colunas assentes em volutas ou anjos atlantes. Entre as colunas, aos pares, há nichos para santos. O coroamento sobre o entablamento reto ou curvo tem volutas truncadas. O arco da camarinha ganha movimentos graciosos e acima deste aparecem os dosséis e lambrequins. Surgem ainda outros elementos escultóricos, como anjos assentes sobre volutas ou voantes. Foi desenvolvido no período do ciclo da mineração, em todas as regiões do Brasil. A igreja dos terceiros franciscanos do Rio de Janeiro e a Matriz de Nossa Senhora do Pilar, em Ouro Preto, obras de Francisco Xavier de Brito, são os exemplos mais conhecidos na Região Sudeste.

O retábulo da Conceição, encontrado na Matriz de Cunha, contém vários dos elementos ornamentais da primeira fase do joanino, como os dois pares de grandes mísulas que sustentam as colunas salomônicas, o terço inferior espiralado e estriado e os dois terços superiores contendo ornatos florais nos sulcos entre as espiras do fuste. Os dois pares de colunas são encimados no coroamento e concheados, ligados às volutas mais ao gosto rococó, como elementos assimétricos aplicados a outras áreas do conjunto. Esse estilo está presente nos demais elementos ornamentais, como na tarja que compõe o coroamento do retábulo, com formas esgarçadas.

Altar lateral do Santuário Bom Jesus, Tremembé.

Nos intercolúnios encontram-se peanhas e dosséis para abrigar imagens de santos. Os altares da nave são barrocos, com bases curvilíneas, cantos chanfrados, quatro mísulas a suportar as colunas externas, quartelões internos, entalhamentos curvos e duplos; acima, um coroamento menor abarca a tarja, e o sobrecoroamento fantasioso mostra o Divino entre raios.

Os retábulos principais de Guaratinguetá e Taubaté também apresentam as características joaninas, sem as colunas salomônicas, porém com grandes mísulas para as colunas retas, ornadas como descreveu Eduardo Etzel. Na nave, o altar lateral de São Miguel é barroco, com elegante base do altar, colunas sobre mísulas, um par de quartelas a ladear o nicho, sanefa curva com lambrequins, volutas com curvas e contracurvas que sustentam o resplendor.

Altar da Matriz de Cunha.

Retábulo-mor da Catedral de Taubaté.

Altar de São Miguel da Catedral de Guaratinguetá.

No Santuário de Tremembé, os dois altares do arco cruzeiro têm dois pares de falsas colunas salomônicas; as laterais dos nichos estão assentes sobre mísulas. O entalhamento do coroamento é duplo, truncado, e a sanefa mais alta aparece ladeada por pináculos. Os raios do resplendor ocultam as curvas e contracurvas da parte superior do coroamento.

A colocação do Divino com grande resplendor, como nota Eduardo Etzel, segue o modelo das igrejas de Santa Rita e São Benedito, da cidade de Paraty, e está presente em Cunha, Taubaté, Guaratinguetá, Tremembé. Acrescento os de Aparecida, atualmente na Igreja de São Gonçalo, na cidade de São Paulo.

Tanto no litoral como no Vale, o Barroco mostra-se mais presente nos altares laterais, por terem sofrido menos readaptações. Mas Etzel também considera como permanência barroca as grandes mísulas que sustentam as colunas do altar-mor das cidades de Tremembé, Guaratinguetá e Taubaté, mesmo remanejados.[7] Os dois últimos têm os coroamentos barrocos com entablamentos truncados, duplos e curvos, e o de Tremembé é rococó.

O retábulo-mor da Igreja Terceira Carmelita, em Mogi das Cruzes, reúne elementos ornamentais da primeira fase do reinado de João V, com grandes mísulas estruturando as colunas. O fuste não é torso, como se usou no joanino; aqui, ele apresenta um número limitado de acanaladuras e cártulas, com molduras em folhagens, ao rococó, aplicadas em local próximo à demarcação do segundo e do terceiro terços. O capitel é composto. No coroamento, os fragmentos de arcos e o baldaquino arrematado em lambrequins, com elementos vazados, motivos típicos do joanino, são encimados por elementos fitomórficos rococós. Um emblema encima o conjunto. A requintada ornamentação rococó presente nas tribunas merece especial atenção.

Ainda no conjunto carmelita, na ordem primeira, o retábulo-mor tem as mesmas características, embora de menor requinte na talha. As volutas que sustentam as colunas e toda a base do retábulo são mais simples, assim como a camarinha com o nicho da Virgem.

Vale notar que o altar da antiga Matriz de Mogi das Cruzes, atualmente na Igreja de Nossa Senhora do Brasil, no Jardim América, na cidade de São Paulo, é um dos melhores exemplares de talha do barroco joanino paulista, com colunas torsas e cabeças de anjos de grande perfeição.

Retábulo-mor da Catedral de Guaratinguetá.

Retábulo-mor da Igreja Terceira Carmelita, em Mogi das Cruzes.

Rococó (1760-1800)

A quarta fase compreende os retábulos com características rococós e que constituem a grande maioria no Vale, nas igrejas construídas até 1850. Há um período de transição, quando os retábulos apresentam características barrocas e rococós justapostas, na segunda metade do século XVIII. O primeiro retábulo rococó no Rio de Janeiro surgiu na Igreja de Santa Rita (1752). Mestre Valentim fez o de Nossa Senhora dos Militares naquela capital e Antônio Francisco Lisboa esculpiu em Ouro Preto, sendo sua obra mais relevante o da Igreja de São Francisco de Assis daquela cidade.[8]

As igrejas terceiras carmelitas de São Paulo e de Mogi das Cruzes, inclusive as da ordem primeira, incluindo Itu, são exemplos de unidade de ornamentação dessa fase – toda a ornamentação dos altares laterais, capela-mor, tribunas, imaginária e pintura segue um programa.

Foi anteriormente exposto que os retábulos de Mogi das Cruzes ostentam elementos barrocos e rococós. Ampliadas as igrejas no século XIX, os antigos retábulos foram substituídos por outros mais elegantes, com colunas caneladas, retas e galardadas por festões. Os elementos fitomórficos e antropomorfos desaparecem, e surgem as linhas arquitetônicas com elementos que se destacam em frisos dourados sobre superfícies brancas, lisas e côncavas. Grandes mísulas compõem as bases das colunas, logo acima do altar, abrindo luminosas camarinhas com tronos escalonados. As bases dos altares ganham um perfil elegante, formas avolumadas, com chanfros nas extremidades, e caprichosos entalhes distribuídos por toda a sua volta.

O retábulo-mor das catedrais de Guaratinguetá e Taubaté manifesta elementos barrocos – grandes mísulas apoiam-se nas colunas, nas talhas dos sacrários e nos coroamentos côncavos – e leveza rococó nos apliques em todo o altar. Na capela poligonal do Pilar, em Taubaté, o altar-mor tem uma estrutura de planta côncava barroca, com apliques rococós.

No Santuário de Tremembé, o retábulo possui formas criativas do rococó, com colunas despojadas, brancas, e filetes dourados. Os ornamentos sobre os nichos são assimétricos, com composição que se direciona à urna com o Bom Jesus, guarnecida por duas formas de flabelos (grandes leques) que se destacam sobre a pintura do fundo da camarinha.

A passagem do Barroco joanino para o Rococó, ao se considerar ambos com características puras, é rara no Vale, pois o remanejamento em geral mantém a estrutura do retábulo, de forma híbrida, bastando substituir as grandes colunas barrocas torsas por outras mais simplificadas e retas, o que já se apresentava como novidade à época.

Retábulo-mor da Capela do Pilar, Taubaté.

Neoclassicismo (1830-80)

O melhor exemplo de retábulo neoclássico do Vale é o da Basílica Velha de Aparecida. Executado em mármore italiano, dá dignidade à pequena capela-mor. O corpo do altar apresenta, seguindo a gramática clássica romana, entablamento duplo, com reentrâncias, capitéis compósitos e posicionamento das colunas retas (também neoclássicas) com caneluras, formando zonas de luzes e sombras. O coroamento é neoclássico, com relevos nas partes planas, e ajusta-se perfeitamente à curvatura do forro da capela-mor. Quatro alegorias das virtudes – Esperança e Caridade à frente, a Fé com a Temperança nas laterais[9] – acentuam a verticalidade das colunas e animam o coroamento plano com discretos relevos. A racionalidade neoclássica da parte superior do coroamento contrasta com a volumetria eloquente do entablamento barroco.

As linhas severas e despojadas foram a opção que poucas igrejas tiveram nos meados do século XIX para as reformas internas. A Matriz de Bananal mostra-se uniforme nas linhas retas das colunas, ornamentação comedida, coroamento com triângulo frontão reto, cimalhas sobrepostas de madeira com dentículos que percorrem a altura do forro e presença discreta de douramento.

Mas é nos altares do corpo da nave da Catedral de Guaratinguetá que se identifica uma linha do tempo evolutiva das diversas tendências, como no altar de Nossa Senhora do Carmo, com colunas de fustes retos e canelados com marcação em anel no limite do terço inferior, volutas em C no entablamento e finalização fantasiosa.[10]

Retábulo-mor da Matriz de Bananal.

Altar Nossa Senhora do Carmo da Catedral de Guaratinguetá.

Como ocorreu uma mistura de elementos joaninos com rococós, também há elementos de ambos os estilsos nos altares neoclássicos. A característica principal são as colunas lisas, a exemplo da Matriz de Queluz. A grande cimalha que se transforma em entablamento truncado no camarim dá ao altar uma dignidade e grandiosidade próprias do Barroco, assim como o trono, o coroamento e as mísulas que sustentam as quatro colunas. Os apliques (os altares passaram por restauro) são rococós.

A Matriz de Caçapava é eclética, com linhas romanas na parte interna; o altar-mor tem solução híbrida. As mísulas são de linhas barrocas, as colunas estriadas imitando mármore verde são neoclássicas. O entablamento e os capitéis também são barrocos. O coroamento tem formas esgarçadas do Rococó, e o vitral com a Santíssima Trindade é de iconografia usual na América colonial espanhola.

O altar da Matriz de São José do Barreiro apresenta-se extremamente simplificado, ao gosto neoclássico. A solução, na Matriz de Areias, é mais inventiva, com os vazios e cheios criados pelos arcos duplos. A urna do altar exibe linhas barrocas nas laterais com as contracurvas. De grande simplicidade são os três altares da Matriz de Santa Branca, em madeira com parcos apliques e filetes dourados.

Retábulo-mor em mármore da Basílica Velha, Aparecida.

Retábulo-mor em mármore da Basílica de São Benedito, Lorena.

Ecletismo (1850-1950)

Os altares ecléticos são encontrados, em grande parte, nos templos construídos a partir da renovação da Igreja promovida a partir de 1850, chamada de romanização da fé. São feitos em mármore cinza e branco, com apliques em cobre e, encomendados, nem sempre se ajustam de modo proporcional aos espaços agora dispostos. As soluções estilísticas englobam o Neoclassicismo, o Neogótico, o Neorromânico e o Neocolonial – estes últimos em geral executados em alvenaria, com pintura a imitar mármore. Perdida a grandiosidade arquitetônica, pinturas parietais completam os espaços, como pano de fundo.

O exemplar mais interessante é o da Matriz de São Bento do Sapucaí. Feito em alvenaria, ao molde neorromânico, apresenta cenografia barroca quanto à utilização da luz natural, proveniente da parte posterior, criando uma aura na configuração recortada. A complementação barroca é conseguida por meio de uma imensa pintura com falsas colunas na parede do fundo, da qual o altar aparece deslocado. A pintura continua em toda a parede, com um cortinado de cores quentes povoado de anjos, dando proporção ao retábulo-mor de nichos de arcos plenos arrematados com frontões renascentistas. Esse posicionamento diferenciado do altar-mor tem um similar na Matriz de Ubatuba, cidade do litoral ligada ao Vale por meio de Taubaté. No fundo das naves laterais há dois retábulos ecléticos com elementos barrocos nos coroamentos. A incidência da luz lateral aumenta o jogo dos claros e escuros, que revelam as formas caprichosas desse Barroco reinventado e sobrecarregado.

Ainda na região serrana, na Matriz de Santo Antônio do Pinhal, há um harmonioso altar em mármore, proporcional à iluminada capela-mor. Vale abaixo, em Jacareí, a Capela do Rosário é exemplo de *assemblage* de momentos estilísticos, a começar pela fachada eclética. Na nave estão dispostos os antigos altares laterais barrocos. Na capela-mor, e perfeitamente ajustado à abside postiça, vê-se um belo altar com linhas ecléticas, em madeira imitando mármore. Anjos tocheiros em madeira são do século XVIII, certamente reaproveitados da antiga igreja. A pintura padronizada do fundo completa o visual eclético. A matriz, que foi modificada, recebeu uma grande abside na antiga capela-mor. Na calota da curvatura vê-se uma pintura da Imaculada e, abaixo, o altar em mármore é desproporcional. Segue linhas neorromânicas, com três baldaquinos vazados. Os altares do arco cruzeiro são neoclássicos, com coroamentos triangulares, e as colunas retas têm o terço da base estriado. Os altares da nave, incrustados nas paredes abertas em arcos plenos, emoldurados com frisos, exibem elementos barrocos – mísulas que sustentam as colunas lisas, entablamentos duplos seguidos de sanefas curvilíneas com lambrequins; são rococós os apliques em todo o conjunto.

Na Matriz de Pindamonhangaba, os altares da nave são de alvenaria, imitam madeira, e as suas quatro colunas apontam para soluções barrocas, com profundidade e arremates curvos. O retábulo-mor em mármore deve ser compreendido como um todo na capela-mor, que tem arcos romanos nas laterais, pinturas italianas nas abóbadas, azulejos portugueses na parede do fundo. O altar eclético possui um corpo com três nichos em arcos plenos e as colunetas tendem para as linhas do Barroco Romano tardio. O nicho da Virgem do Bom Sucesso, de arco pleno, entablamento interrompido e terminado com um triângulo frontão reto, sustenta um templete que encerra a representação do Cordeiro de Deus. Essa parte superior é fantasiosa, com entablamento sinuoso abaixo da pequena cúpula a suportar uma escultura do Sagrado Coração de Jesus.

Em Lorena, as igrejas são ecléticas, como a neogótica de São Benedito, com altar em mármore a acompanhar o estilo da Basílica, com uma abside com nichos em arcos romanos para esculturas e ogivais para pinturas. A Catedral de Lorena em estilo neorromânico tem altar neogótico em mármore. A solução da abside é similar em ambos os casos, porém na Catedral abriga apenas pinturas, tanto nos arcos plenos inferiores como nos geminados na parte superior.

Solução intrigante é a da Igreja do Bom Conselho, em Taubaté, toda revestida de madeira, abside e retábulo à semelhança da Basílica de São Benedito, de Lorena. Na nave, também revestida de madeira, há dois altares entalados em falsas colunas, dentro de arcos romanos, e soluções neoclássicas nos frontões retilíneos.

Os altares ecléticos em madeira ou em mármore das capelas urbanas ou rurais são em geral autônomos, desmontáveis e facilmente transportáveis, e por isso mesmo, por vezes, não guardam a mínima ligação estilística ou visual com o local em que são colocados. Isso acontece na Capela do Rosário, de Lorena, de planta centralizada, neoclássica, que contém um pequeno altar neorromânico, diferente do estilo arquitetônico, porém proporcional à abside. A policromia apresenta-se em mármore e o desenho é neorromânico, com pináculos góticos.

Na Capela de Nossa Senhora do Perpétuo Socorro, em Pindamonhangaba, em estilo neogótico, o altar, em madeira, imita mármore escuro. A falta do coroamento prejudica a volumetria pretendida pelas quatro colunas. Na Capela de São Roque, em Caçapava, o retábulo está completamente deslocado. Em madeira, aparenta ser apenas um móvel com linhas neorromânicas. Na capela particular dos padres redentoristas, em Aparecida, há um belo retábulo de linhas neorromânicas germânicas, em madeira escura e incrustações de metal, de autoria do irmão Simão, dos anos 1920. Do mesmo autor, encontra-se um pequeno altar na antiga igreja jesuítica de Itaquaquecetuba, Nossa Senhora da Ajuda.

Em Taubaté, no Santuário de Santa Teresinha, projeto comparável ao de São Benedito, de Lorena, o altar em mármore branco está em plena sintonia com a abside multifacetada, com abóbada de cruzaria policromada. No Santuário de Santa Clara, na mesma cidade, os altares em alvenaria são neocoloniais, tentando conjugar estilos românicos com arcos plenos e colunas torsas, certamente lembrança do que teria sido a ornamentação primitiva perdida em um incêndio. A policromia de toda a igreja exibe uma unidade conseguida juntamente com os arcos que abrigam a parte superior dos retábulos, sem as mesas de altar.

Altar lateral do Bom Conselho, Taubaté.

Retábulo-mor da Matriz de Santo Antônio do Pinhal.

Retábulo da Capela de São José, Pindamonhangaba.

Altar da Capela de Nossa Senhora do Rosário, Lorena.

À equerda: Retábulo em mármore do Santuário de Santa Teresinha, Taubaté. Abaixo: Retábulo do Rosário, Jacareí.

Retábulo-mor Nossa Senhora do Bom Sucesso, Pindamonhangaba.

Retábulo-mor da Matriz de Caçapava.

Neocoloniais (1914-50)

A insensibilidade dos religiosos, que a todo custo queriam apagar os traços da cultura luso-brasileira, promovendo reformas drásticas ou demolições de igrejas, em especial no princípio do século XX, fez destruir ou deslocar alguns altares. Assim, os retábulos da antiga Igreja de Aparecida podem hoje ser vistos nas laterais da atual Igreja de São Gonçalo, próxima à Sé paulistana.

Passado esse período de devastação do patrimônio religioso colonial, quando inúmeras imagens, alfaias, lampadários, pratarias, pinturas e fragmentos ornamentais foram salvos pelo arcebispo de São Paulo, Dom Duarte Leopoldo e Silva, em 1907, parte do patrimônio sacro paulista começou a ser preservado em museus. O arcebispo abrigou esse tesouro no antigo Museu da Cúria, e atualmente ele se encontra no Museu de Arte Sacra de São Paulo. Nos anos 1920, concomitantemente ao Modernismo, surgiu uma tendência chamada de Neocolonial, que procurava reavivar as formas do Barroco brasileiro e as da América espanhola. O movimento estilístico agradou ao clero que, para arejar suas igrejas, destruiu as antigas, coloniais, e, reaproveitando por vezes os retábulos barrocos, construiu novas igrejas neocoloniais, até meados do século XX. O exemplo mais desastroso foi a demolição da Matriz de Mogi das Cruzes e, fora do Vale, apenas para exemplificar, as Sés de São Paulo, Rio de Janeiro, Salvador e Diamantina.

No Vale, foi destruída a Matriz de São José dos Campos, reconstruída sob a nova tendência neocolonial. A Matriz de Cachoeira Paulista segue essa linha estilística, com torres fantasiosas; na parte interna, altar em mármore com os anjos com lampadários. Dispostos aos pares no alto ou na lateral dos altares, os anjos foram disseminados pelos padres estrangeiros em todo o Vale, relembrando a antiga tradição barroca dos anjos tocheiros postos no presbitério. A Matriz de Guararema possui altares de mármore, e no da lateral esquerda conserva a imagem da antiga Capela de Nossa Senhora da Ajuda, em barro, possivelmente de frei Agostinho de Jesus, do século XVII. Na Catedral de Taubaté, em estilo neocolonial, optou-se por conservar parte do altar-mor barroco joanino da antiga igreja e todos os outros foram removidos. A Matriz de Paraibuna, com capela-mor bem desenhada, clara, apresenta, porém, um altar-mor em alvenaria não solucionado, pois, apesar de possuir porte arquitetônico, é por demais plano, restando para a profundidade apenas o trono escalonado. Na Matriz de Lagoinha, percebe-se um esforço para integrar os elementos da igreja colonial àqueles do Neoclássico. A nave fica integrada com os apliques neoclássicos em gesso, porém a grande capela-mor, construção posterior, ressente-se de um retábulo de maior presença. Na Matriz de Caçapava o altar-mor tem linhas barrocas como colunas e coroamento truncado, porém é de alvenaria imitando madeira e mármore.

Para concluir, após as novas regras do Concílio Vaticano II, que instituiu a língua vernacular no culto, os retábulos tiveram sua posição na capela-mor alterada ou foram até eliminados, como em Santa Isabel. Foi o segundo golpe que os atingiu, desta vez atingindo até os ecléticos. Fruto de reformas subsequentes, o altar-mor desloca-se para o centro do presbitério ou mesmo avança até o transepto, inovação que acompanha o novo rito, com o sacerdote voltado de frente para os fiéis.

A Matriz de São José dos Campos e a Igreja de Nossa Senhora do Montesserate, em Santa Isabel, possuem altares apenas para celebrações. A Basílica Nova de Aparecida tem o nicho para a imagem e o altar no centro da igreja, sob a cúpula. Os retábulos laterais de grande parte das igrejas ficaram sem a mesa do altar e o supedâneo para abrigar o conjunto musical; sobre o corpo deles são postas telas para a projeção de cantos litúrgicos. Os pisos de madeira foram substituídos por placas de granito, o que deixou os altares sem a sua ambiência tradicional dos pisos tabuados.

A difícil tarefa de agrupar estilisticamente trezentos anos de talha no Vale inicia-se na freguesia jesuítica de Nossa Senhora da Escada, Guararema, em 1652, passando pelo Ecletismo dos anos 1884, quando aparecem os retábulos de mármore da Basílica de São Benedito, de Lorena, até os anos 1940, quando parte do grande retábulo barroco da Catedral de Taubaté foi reaproveitada na nova igreja neocolonial.

Os altares acompanharam as reformas. Em parte foram conservadas, reaproveitadas ou reinventadas em alvenaria aquelas formas de outrora (Santa Clara em Taubaté), em madeira entalhada. Quando eliminados – mesmo que em parte já tenham sido danificados por algum incêndio –, os altares de madeira foram substituídos por outros de alvenaria, seguindo as novidades da modernidade do Ecletismo, que em parte foram de mármore (matrizes de Caçapava, Santo Antônio do Pinhal, São Bento do Sapucaí, Paraibuna). O transporte pela estrada de ferro facilitou a vinda dos mármores, o vigor da romanização da fé confirmou a renovação visual das antigas estruturas dos retábulos barrocos (aquelas matrizes demolidas e refeitas). Os santos em barro foram destronados (como a monumental imagem de Nossa Senhora do Bom Sucesso, padroeira de Pindamonhangaba), outros foram recolhidos por colecionadores, e os altares se enfeitaram com imaginária de gesso.

Retábulo-mor do Santuário de Santa Clara, Taubaté.

Sacrário da Basílica Velha de Aparecida, século XVIII. Museu de Arte Sacra de São Paulo.

Imaginária

A ornamentação compreende o mobiliário, a imaginária e a pintura. O mobiliário é composto pelos retábulos vistos anteriormente, executados pelos entalhadores e em seguida pelos pintores, que aplicam o douramento ou ainda a policromia dos falsos mármores. A imaginária é o coletivo dos santos dispostos nos altares; as imagens maiores ou de grande vulto são chamadas de retabulares, as de média estatura são para os nichos e as pequenas, denominadas de devocionais ou de culto particular, em geral são para os oratórios.

A imaginária no Vale iniciou-se com os santeiros das ordens religiosas dos beneditinos e franciscanos, nos séculos XVII e XVIII. Os primeiros, a partir da Fazenda Sabaúna, em Mogi, e as obras no Museu dos Carmelitas da mesma cidade. A presença de seguidores do mestre frei Agostinho de Jesus (1600-61), que atuou nas casas beneditinas paulistas na primeira metade do século XVII, pode ser conjecturada. Há peças de apuro técnico modeladas em barro, como as retabulares de Nossa Senhora da Ajuda em Guararema, Nossa Senhora do Bom Sucesso em Pindamonhangaba,[11] e de Santo Antônio de Guaratinguetá e Caçapava Velha, atualmente na matriz nova. Menores são as imagens de São Bento, Nossa Senhora da Assunção e Imaculada, no museu carmelita citado, que podem ser de discípulos do beneditino.

Mesmo algumas dessas obras apresentam características do frei beneditino, como a peanha multifacetada, o panejamento do manto, as mangas arregaçadas e a perfeição facial.[12] A imagem de Nossa Senhora Aparecida, confirmadamente de frei Agostinho de Jesus, pode ter sido executada em Santana de Parnaíba, mas chegou a Aparecida em viagem de uma família a Minas Gerais.

Os franciscanos foram atuantes em Taubaté – cidade atualmente conhecida pela escultura popular em barro ressecado – e de lá também podem ter saído seguidores daqueles frades. A suposição de uma escola de imaginária franciscana não é descabida. Trabalharam as imagens tanto em madeira como em argila,

Nossa Senhora da Escada. Madeira policromada, século XVIII. Freguesia da Escada Guararema.

Piedade e *Conceição*, século XIX. Santas paulistinhas, São José do Barreiro.

Nossa Senhora da Conceição, século XVII. Madeira policromada. MAS/Taubaté.

Nossa Senhora do Bom Sucesso. Barro queimado e policromado, 105 x 85 cm, século XVII. Pindamonhangaba.

como provam as belas imagens expostas no Museu de Arte Sacra de Taubaté[13] e a Santa Clara do convento homônimo. Dentre os artesãos que produziram peças em argila está o conhecido Mestre Bolo de Noiva, provavelmente de Guaratinguetá. Há peças importantes de sua autoria no Museu de Arte Sacra de São Paulo e inúmeras entre os colecionadores e antiquários. Também fizeram imagens em argila que se tornaram populares aos poucos, sendo conhecido entre os colecionadores o mestre Bolo de Noiva, provavelmente de Guaratinguetá, com uma Santana, peça no Museu de Arte Sacra de São Paulo, e outras nas mãos de antiquários.

Nas matrizes, há esculturas retabulares dos santos daquelas invocações, em madeira, algumas oriundas de Portugal, como a da Nossa Senhora da Escada, outras do Rio de Janeiro, como as imagens de São João Batista de Queluz e o conjunto dos passos da Paixão da Ordem Terceira Franciscana, de Taubaté, expostas naquele Museu de Arte Sacra, além das padroeiras das matrizes de Jacareí e de Cunha. Entre as imagens retabulares da Basílica de Tremembé, destacam-se tanto a Nossa Senhora Mãe dos Homens, em madeira policromada, como aquelas de vestir do padroeiro e de um santo franciscano. A cabeça do Bom Jesus de Tremembé é uma rara obra em madeira policromada. As imagens de vestir, ainda do século XVIII, em geral são aquelas do Cristo com a cruz às costas; merecem destaque as de Cunha e de Areias e aquelas da Mater Dolorosa, encontradas praticamente na maioria das matrizes.

No século XIX, o Vale produziu uma verdadeira escola de estatuária devocional popular, com as chamadas paulistinhas. Os acervos dos museus de Aparecida, Jacareí e São Paulo possuem coleções importantes; as demais pequenas imagens são disputadas por colecionadores. A última expressão de imaginária popular foi o santeiro Dito Pituba, Benedito Amaro de Oliveira (1848-1923), que morou em diversas cidades do Vale, a partir de Santa Isabel, e disseminou sua arte por toda a região, incluindo oratórios. O pesquisador Eduardo Etzel deixou vasta literatura a respeito dessa imaginária.[14]

Na cidade de Aparecida viveu Chico Santeiro, Francisco Alves Ferreira (1892-1978), natural de Cunha, que aos dois anos de idade se mudou para Aparecida, onde se iniciou na escultura com o irmão redentorista Bento; em 1910, frequentou o Liceu de Artes e Ofícios de São Paulo. Nesta cidade, foi precursor (mais de três mil fac-similares) de esculturas da imagem de Aparecida. Sua obra está na Basílica Velha, na Igreja de São Benedito e no Porto Itaguaçu, em Aparecida, na Matriz de Guaratinguetá e nos museus sacros.

No século XX, o Vale foi tomado por muitas fábricas de imagens de gesso de gosto duvidoso, que são compradas pelos romeiros. Artesãos copistas continuam a fazer por encomenda as antigas iconografias da imaginária paulista, que teve seu período áureo na metade do século XVII.

Cristo crucificado, século XVIII. Madeira policromada e prata, 163 cm de altura. MAS/Taubaté.

Oratório da Paixão, Bahia, século XVIII. Jacarandá, policromia e douramento, 171 x 100 x 42 cm.
Acervo Artístico-Cultural dos Palácios do Governo do Estado de São Paulo. Palácio Boa Vista. Campos do Jordão.

Pinturas

As pinturas sobre tela não se desenvolveram tanto quanto a imaginária, e as parietais mostraram-se melhores apenas a partir do século XX. Há notícias de que o capitão-mor de Guaratinguetá, Antônio Galvão de França, em 1755 tinha em seu escritório duas telas de pessoas reais.[15] No século XIX, as casas de fazenda e os solares dos barões do café exibiam telas de retratos; as mais conhecidas são de artistas franceses, em Pindamonhangaba, e um retrato danificado de D. Pedro I na casa da Fazenda Pau d'Alho em São José do Barreiro. A tradição devocional portuguesa é da imaginária, e secundária é a pintura, mesmo entre os reinóis.

Do século XVII há duas pequenas pinturas, uma no altar de Nossa Senhora da Escada, em Guararema, um Cristo na coluna, na portinhola do sacrário; a segunda representa um São João Batista no coroamento do retábulo jesuítico de Santo Alberto. Do século seguinte tem-se notícias a partir de duas pinturas sobre tela provenientes do Convento de Santa Clara, de Taubaté, depositadas no Museu de Arte Sacra de São Paulo. Segue-se Mogi das Cruzes, no início do século XVIII, nas igrejas carmelitas. São pintores de forte influência mineira, do ciclo diamantino, e se tem as referências de seus nomes, ainda em pesquisa, que são Manoel do Sacramento e Antônio dos Santos.

Alguns fatores contribuíram para a escassez tanto da imaginária quanto da pintura, em especial. Em primeiro lugar, a pintura parietal jesuítica, a exemplo daquelas descobertas na Capela de São Miguel Paulista (1622), foi preservada por estar detrás dos retábulos do arco triunfal. Com a dissolução da Companhia de Jesus (1759), as igrejas passaram para outras ordens, que as reformaram, e com isso elas sofreram inúmeras repinturas. Em segundo lugar, os beneditinos concentraram suas atividades praticamente no Mosteiro de São Paulo, interrompendo a influência da imaginária. Em terceiro lugar, um grande incêndio destruiu o patrimônio cultural dos franciscanos em Taubaté, que com certeza serviria de modelo para outras igrejas.

Nossa Senhora com Menino Jesus, século XVIII. Óleo sobre madeira, 940 x 1265 mm. Proveniente do antigo Convento de Santa Clara, Taubaté. MAS/SP.

Pintura de oratório, século XIX. Matriz de Paraibuna.

A pintura requer modelos de gravuras e também exige a compra de material especializado, diferente da argila disponível. Desta maneira, o que se vê é o desenvolvimento de uma pintura apenas ornamental nas paredes das igrejas reformadas no século XX. Diria ainda mais, que essas pinturas, em sua maioria, não passam de padrões executados a partir de módulos e, quando apresentam figuras, são cópias de matrizes piedosas adocicadas, ditas pinturas de santinhos. De padronagem que alcança uma unidade colorística em todo o templo são as matrizes de Pindamonhangaba, Paraibuna, Aparecida, Caçapava, Santo Antônio do Pinhal, São Bento do Sapucaí, São Luiz do Paraitinga (destruída) e do Convento de Santa Clara, em Taubaté, do início do século XX.

Nas igrejas neocoloniais, como a Matriz de São José dos Campos, continua essa tradição de padronagem e pequenas pinturas emolduradas imitando óculos em relevos; a Catedral de Taubaté possui padronagem e pinturas maiores no forro da nave e na capela-mor, assim como na capela lateral; em Cachoeira Paulista, os painéis estão nos forros da capela-mor e da nave; em Cruzeiro, as pinturas aparecem na arcaria da nave; em Lorena, na Matriz neorromânica, as efígies dos santos pintadas nos arcos da nave e da abside foram removidas em 2011; na Basílica neogótica de São Benedito, as pinturas encontram-se nos arcos superiores da abside.

Quanto à pintura em tela, há aquela encomendada pelos padres redentoristas a Benedito Calixto de Jesus (Itanhaém, 1853 – São Paulo, 1927) para a capela do convento de Aparecida, uma tela representando a visão que Santo Afonso Maria de Ligório teve da Virgem Maria.

O pintor espanhol José Maria Villaronga percorreu, em 1850, os vales fluminense e o paulista, pintando nas casas de fazendas em Vassouras e Bananal, como na Fazenda Resga-

Pintura da abóbada da capela-mor da Matriz de Caçapava, século XX.

te. São em geral naturezas-mortas em salas de jantar e paisagens em outros ambientes. Ainda em Bananal, na Matriz, há intrigantes pinturas recortadas, dispostas na apela do Santíssimo. O pintor alemão Thomas Driendl (1878) pintou o forro da Basílica Velha de Aparecida (a pintura em parte desapareceu).[16]

A pintura devocional em geral tem como modelos subprodutos de estampas dos chamados santinhos. Se bem executadas, elas se integram com os padrões disseminados por pintores de igreja, em geral de origem italiana ou espanhola. Quando não, destoam completamente da ornamentação, como na Catedral de Guaratinguetá (as pinturas de José Roberto, natural de Aparecida, desapareceram) e em outras igrejas, na tentativa de preencher espaços vazios com pinturas sem nenhuma qualidade, como na Capela de Roseira Velha e na Matriz de Salesópolis.

Os pintores acadêmicos, como Clodomiro Amazonas (1893-1953) e Georgina de Albuquerque (1885-1962), ambos de Taubaté, não se voltaram à pintura sacra acadêmica. Não podem ser esquecidos pintores como o redentorista Irmão Bento, das primeiras décadas do século XX, que produziu obras em tela que fazem parte do acervo daquela congregação; Luiz Teixeira, com telas na Matriz de São Bento do Sapucaí, um *Êxtase de Santa Teresa* à direita e uma Nossa Senhora do Carmo à esquerda; Antônio Limones, que tem obras na capela-mor e no forro da nave da Matriz de Pindamonhangaba; o campineiro Expedito Camargo Freire, de quem, na Igreja de Nossa Senhora da Saúde (c. 1940), em Campos de Jordão, na parede do fundo do altar-mor, vê-se uma obra com tema alusivo à padroeira; e ainda Sebastião Justino de Faria (1932-94), também chamado de Mestre Justino ou Barra Seca, natural de Redenção da Serra, em cuja Matriz fez as pinturas murais; Álvaro Pereira, que pintou a Matriz de Paraibuna em 1954; Nelson Lorena (1902-90), natural e atuante em Cachoeira Paulista, onde pintou os painéis da *Ascensão, Ressurreição* e *Batismo de Jesus* para a Igreja de São Sebastião; Ernesto Quissak, de Guaratinguetá, com telas aplicadas nas paredes da Igreja de Nossa Senhora das Graças; sob o coro há cenas da vida de Santo Antônio e de São Francisco (1938).

Pintura Mural. Fazenda Resgate em Bananal.

Nossa Senhora da Conceição, século XVII. Óleo sobre madeira, 940 x 1265 mm. Proveniente do antigo Convento de Santa Clara, Taubaté. MAS/SP.

1 Os retábulos são as mais importantes peças do mobiliário sacro luso-brasileiro. As classificações foram feitas por Germain Bazin, Robert Smith, Lúcio Costa e Benedito Lima de Toledo (1981). Novos estudos classificam os retábulos jesuíticos em Portugal, por Francisco Lameira (2006), os do Barroco mineiro por Affonso Ávila(1980), os neoclássicos da Bahia por Luiz Alberto Freire e os paulistas por Percival Tirapeli (2003). As referências desses textos aparecem nos períodos estudados nas notas de rodapé.

2 Bazin, *A decoração interior em esculturas de madeira* (talha), p.255-98.

3 Amaral, *A hispanidade em São Paulo: da casa rural à Capela de Santo Antônio.*

4 Costa, A arquitetura dos Jesuítas no Brasil, *Revista do Iphan*, p.130, fig.V.

5 Depois de 2003 houve uma série de restauros nas igrejas paulistas, a saber: igrejas carmelitas de Mogi das Cruzes, Santos, São Paulo (incluindo as pinturas do padre Jesuíno do Monte Carmelo); o conjunto franciscano da ordem primeira e terceira de São Paulo, Santo Antônio, Capela de São Miguel, também na capital; Mosteiro da Luz e altares paulistas do Museu de Arte Sacra e pintura da Matriz de Itu. Vale ainda assinalar que as colunas do retábulo da antiga igreja jesuítica do Pátio do Colégio foram removidas em 2010 cedendo lugar a uma reforma de gosto duvidoso e com certeza desrespeitoso para com o patrimônio paulista.

6 Santos, Uma arte fundadora de culturas, *Brasil barroco: entre o céu e a terra*, p.37.

7 Etzel aponta que em 1770 a igreja de Guaratinguetá estava em estado de ruína, conforme o visitador Policarpo de Abreu Nogueira. Portanto o altar pode ter sido remanejado (Etzel, op. cit., p.153.) O retábulo de Taubaté foi remanejado em 1942.

8 Ávila, *Barroco Mineiro: glossário de arquitetura e ornamentação.*

9 Freire, *A talha neoclássica na Bahia*, p.404-29.

10 Etzel analisa as talhas dos altares das igrejas de Cunha, Guaratinguetá, Tremembé, Taubaté e Jacareí. Parte do princípio de similaridade daqueles das igrejas Santa Rita e São Benedito de Paraty, em relação aos coroamentos enfatizando o Barroco e o Rococó. Há autores que procuram relacionar estas talhas com as de Minas Gerais, o que é errado. O pesquisador Etzel é correto ao afirmar que a influência é de Paraty e apenas alguns modismos são provenientes de São Paulo. Etzel, op. cit., p.147-59.

11 A obra *Santuário Mariano e histórias de imagens milagrosas de Nossa Senhora*, de Frei Agostinho de Santa Maria, menciona algumas imagens de Nossa Senhora no Vale, como a da Ajuda (Guararema), Jacareí, Tremembé, Pindamonhangaba, Caçapava, Guaratinguetá e Guaypacaré (Lorena), p.180-6.

12 Carlos Lemos aponta, em *A imaginária paulista* (1999), para a quantidade indiscriminada de atribuições de obras em barro ao frei Agostinho de Jesus. No catálogo há várias reproduções do Mestre Bolo de Noiva, do Vale do Paraíba.

13 Uma lista completa dos museus do Vale do Paraíba pode ser consultada em Maia; Maia, O *vale paulista do Rio Paraíba – Guia cultural,* p.101-7.

14 Etzel, I*magens Religiosas de São Paulo – apreciação histórica.*

15 Ortmann, op. cit., p.84.

16 *Restauração da Matriz-Basílica*, entrevista com Cláudia Rangel, p.10-1.

DOMUS MEA DO

PARTE 2

Catedral de Santo Antônio, Guaratinguetá.

CAPÍTULO V

Thomas Ender. *Aldeia da Escada a três milhas da cidade de Jacareí*, 1817. Aquarela, Academia de Artes de Viena, Áustria.

ESPAÇOS RELIGIOSOS

Jesuítico. Freguesia da Escada – Guararema

Na ocasião da expulsão dos jesuítas do Brasil, no dia 21 de junho de 1759, por Carta Régia e influência do marquês de Pombal, eles já eram *personas non gratas* entre os paulistas. Os documentos datam de 15 de agosto de 1611, quando a Câmara e o povo de São Paulo reuniram-se para protestar contra o predomínio dos padres de Loiola sobre os índios, que até zombavam dos súditos. A bula do papa Urbano VIII, trazida pelo padre Francisco Dias Tanho, datada de 1630, exasperou o povo do Rio de Janeiro e de São Paulo. O ofício dava direito aos padres jesuítas degerir com exclusividade os silvícolas. A 13 de julho de 1640, o povo cometeu o excesso de expulsar violentamente os jesuítas e, em 1641, enviou a petição a Dom João IV.

Em 1647, os responsáveis pela expulsão e os padres entraram em acordo, expresso em dez itens, dos quais o terceiro determinava:

> *Que não hão de ter nas aldeias dos índios superior ou religioso algum que tenha superioridade no governo e administração das aldeias e índios delas, e que o tal superior e administrador serão postos por quem diretamente tocar, não pessoa de ditos religiosos, porque ainda que eles são por suas partes, virtudes e zelo do serviço de Deus, pessoas para ocuparem maiores cargos, os moradores querem por esta via fugir de ocasiões por onde se pode ocasionar dúvidas com os ditos religiosos, e querendo eles doutrinar e ensinar ou sacramentar os índios poderão fazer com os mais sacerdotes.*[1]

Graças à intervenção de Fernão Dias Paes e de influentes paulistas, foram restituídos os colégios aos padres em 1654. Em 1687, os paulistas tentaram expulsá-los. A luta continuou, e a lei de 19 de janeiro de 1675 resolveu a situação. Os bens foram confiscados e incorporados à Coroa por cartas régias, em 25 de fevereiro, março de 1761 e agosto de 1767, e executadas em São Paulo a 20 de setembro de 1768. A bula *Dominus ac Redemptor*, do papa Clemente XIV, de 1773, pôs o termo final nas constantes questões, expulsando de vez os padres da Companhia de Jesus das Américas.

Em meio a tribulações religiosas e políticas, deu-se o desenvolvimento das povoações do Vale do Paraíba. O episódio da Vila de Santo André, em 1560, iniciou as contendas entre padres e colonizadores. A posse das terras ao longo do caminho da descoberta do ouro, incluindo as do Vale, não poderia ter obstáculos ideológicos. Os padres foram barrados ou perseguidos nas minas, por estarem enriquecendo. Não faltaram os aventureiros disfarçados de religiosos. Em 1710, por decreto de Carta Régia de 10 de outubro, o frei Francisco de Menezes e outros sacerdotes foram proibidos de morar nas minas, pois ali se travava uma guerra civil entre frades clérigos naturais de Portugal, que ali queriam fazer fortuna, e civis.

Não ficaram os padres apartados dos acontecimentos sangrentos das minas. Alguns para lá acorreram e outros, como o padre Simão de Oliveira, foram encarregados de barrar os paulistas, os quais, armados, dirigiam se para as minas de ouro para lavar a honra.[2] Outras incursões dos jesuítas pelo Vale foram as missões que realizaram na região, nos anos de 1748 e 1749.

Capela Nossa Senhora da Escada, Guararema.

Esquema da Capela Nossa Senhora da Escada, Guararema.

Freguesia de Nossa Senhora da Escada

Em Guararema, a Freguesia de Nossa Senhora da Escada e a Vila de São José (dos Campos), em Jacareí, foram aldeamentos jesuíticos no Vale. Esses aldeamentos, como também aqueles a meio caminho entre o Vale e São Paulo, São Miguel (Paulista, 1622) e Itaquaquecetuba (1624), não se desenvolveram e permaneceram em isolamento. Foi construída parte da programação jesuítica para a catequese – residência e capela – e em 1759 os aldeamentos, com construções precárias, foram entregues aos franciscanos. O de São José foi o que mais adentrou no Vale e, por volta do ano de 1700, os religiosos foram expulsos do local. Quando Thomas Ender desenhou a vila, mais de um século depois, em 1817, nada parecia ter ocorrido ao aldeamento, a não ser o abandono. Em Itaquaquecetuba, ainda resta a igreja jesuítica em taipa de pilão com a fachada modificada no início do século XX. A nave única é ampla, com capela-mor larga, porém de pouca profundidade e separada por um grande arco pleno.

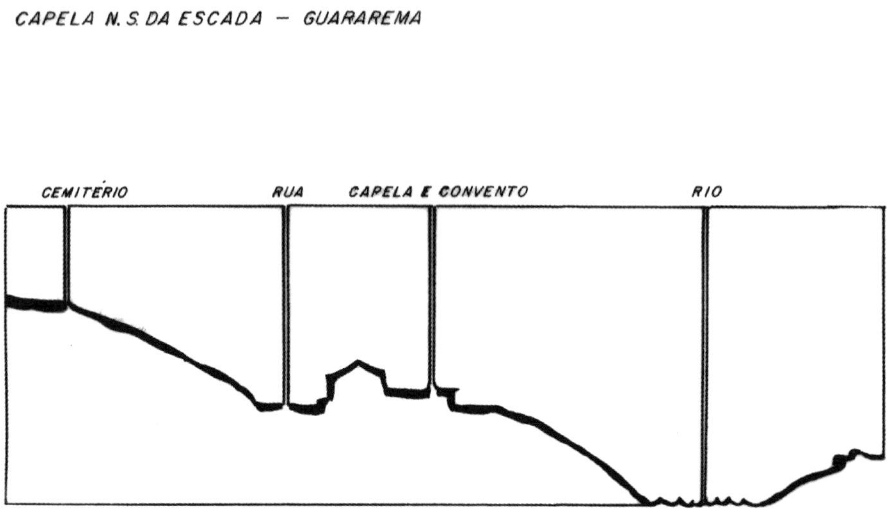

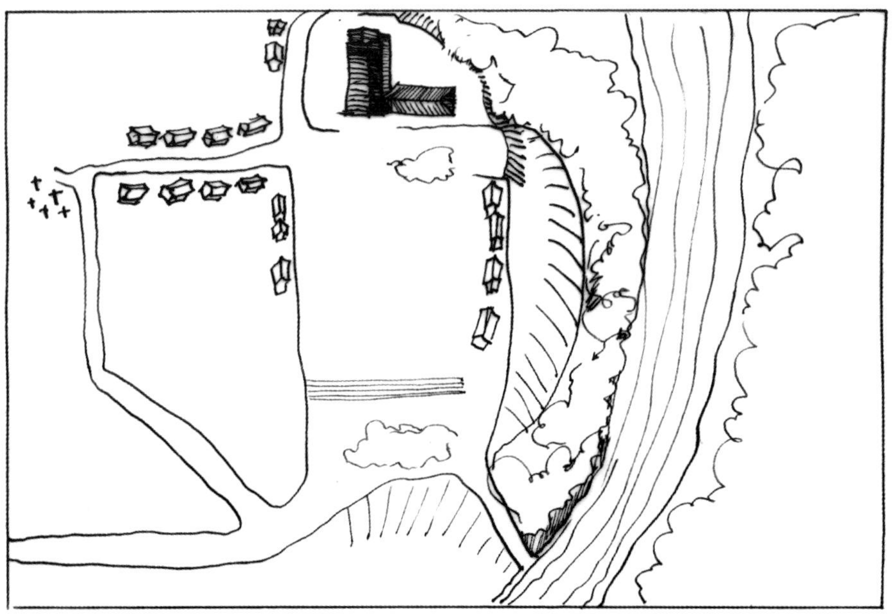

Terreiro fronteiriço da Capela da Freguesia de Nossa Senhora da Escada, Guararema.

O aldeamento da Escada é mais antigo do que a data aparente na fachada, 1652, nas terras de Gaspar Cardoso, que fundara a vila de Mogi das Cruzes em 1611. Mais de um século depois, o padre Belchior Pontes, que morreu em 1719, passou pela freguesia e relatou o estado de ruína da igreja. Em 1732, foi entregue para os franciscanos, que podem tê-la reconstruído, assim como ampliaram aquelas antes citadas. Em 1846, foi freguesia e, em 1872, distrito de paz. Três anos depois, Maria Florência, agraciada com glebas de terras de Laurinda de Souza Leite, construiu uma capela para São Benedito e a estação da Central do Brasil que passou a se chamar Guararema. A Freguesia da Escada caiu no abandono e, em 1890, deixou de ser distrito de paz.

A Igreja da Escada passou por reformas (em 1945, 1947, 1957 e 2007) e, atualmente, pouco conserva do aspecto que tinha quando os jesuítas a herdaram de Gaspar Cardoso. O conjunto igreja e residência está posicionado de tal maneira no alto da colina que a fachada se apresenta aos poucos a quem chega vindo do rio. A horizontalidade é marcante. Uma torre posterior foi derrubada na reforma de 1947.

Dividido o conjunto em dois corpos, o da igreja destaca-se pela altura e pelo telhado de duas águas que forma um suave triângulo a partir do alinhamento das janelas e o suave desalinho da cumeeira. A forma triangular é encimada pelas linhas curvas das telhas de canal que amainam a linha reta. O alinhamento do telhado da residência a partir da parte inferior das janelas da igreja faz alongar a linha por todo o beiral. O corpo da residência tem uma vez e meia a largura da igreja. Difere do conjunto jesuítico do Embu no ritmo das janelas e na sineira entre igreja e residência. Em Itaquaquecetuba, a igreja ficava do lado oposto e ainda conserva a torre em alvenaria de 1917. O triângulo frontão reto ganhou linhas curva em 1905.

Capela da Freguesia de Nossa Senhora da Escada, Guararema.

A verticalidade no conjunto se dá quando as paredes surgem repentinamente nas faldas do morro. Dos fundos, observando o compartimento por detrás da capela-mor, há apenas uma janela. Na lateral, tem-se a sensação de grandes volumes dispostos em ritmo crescente. Os grandes planos brancos deixam-se barrar pelas sombras e pelo alargamento do telhado, que se projeta em grande beiral. Do lado da residência e da sacristia, a linha na qual os volumes mostram-se mais visíveis é encontrada quando se vence a irregularidade do terreno. Amaina-se a horizontalidade e ganha-se em verticalidade na reentrância da parede lateral encimada por pequena janela no segundo piso.

A surpresa do conjunto só se descobre totalmente adentrando as paredes de taipa de pilão, que a todo instante revelam seu aspecto artesanal sobre o técnico. Essa exteriorização da obra como fruto de um sistema próprio de vida revela que não era fundamentada na inteligência, mas sim na prática. É o reflexo do exercício muscular.[3] A obra é uma decisão coletiva e revela-se orgânica, principalmente no telhado (mesmo reformado). Por instantes, faz lembrar o silvícola atônito diante da perenidade das telhas, diferenciando os seus conhecimentos daqueles dos colonizadores. Porém, não deixa de remeter aos madeiramentos internos, os quais, irregulares (em 2007 foram trocados e tornaram-se regulares), dão aspecto vivo à cobertura que se estende por todo o conjunto, sem ser preciso recorrer às linhas retas das cumeeiras. O telhado é ondulante e truncado apenas pelo triângulo curvilíneo que separa a capela-mor do compartimento dos fundos. Tudo cresce da terra e da consistência do barro. Tudo se entrelaça internamente, criando escadas que levam ao púlpito, à residência e ao coro. Nem a parte fronteira chega a ser racional; possui aspecto visual de algo a ser vivido, apalpado e sentido, orgânico.

Alguns dos aspectos mencionados são visíveis mesmo diante do esforço no restauro (feito por Luís Saia em 1947) para dar ao edifício danificado o aspecto de novo. As intervenções para sustentar a taipa de pilão foram ocultadas, e olhares despercebidos sequer as notariam. Essa linha de restauro, limpeza visual e retorno ao modelo luso-brasileiro foi ordem naqueles primeiros tempos do Iphan.

Internamente, impressiona o amplo arco triunfal e a armação do retábulo em madeira que, visto por detrás, destaca-se da taipa de pilão em toda a extensão da capela-mor. Mesmo em Portugal, esse tipo de retábulo nicho é raro. A imagem da Virgem é barroca do século XVIII, de tamanho retabular. A portinhola do sacrário tem uma pequena pintura de Cristo atado à coluna. Dois altares singelos no arco triunfal completam a ornamentação, e um púlpito, o coro e a pia batismal sugerem ainda o rigor inaciano.

Retábulo lateral da Igreja de Nossa Senhora do Carmo, Mogi das Cruzes.

Carmelitas, Mogi das Cruzes

Os carmelitas chegaram ao Brasil em 1580 e receberam terras de Brás Cubas, em Santos, no ano de 1599. Sua sesmaria chegava até Mogi das Cruzes, serra acima, local visitado pelo então governador Francisco de Sousa que, em 1601, procurava minas de ouro por aquelas bandas. Gaspar Vaz seguiu a trilha por São Miguel e Itaquaquecetuba e, em local onde o Paraíba faz o cotovelo e volta-se para o Vale Médio, em direção ao Rio de Janeiro, fundou Santana de Mogi das Cruzes, elevada a vila em 1611.

> *Por uma estatística oficial em 1798, e compilada de relações apresentadas nesse ano ao governador da capitania pelos exatores do fisco, sabe-se que nos quatro conventos da ordem carmelitana nesta província havia quatorze religiosos e um leigo, possuindo quatrocentos e trinta e um escravos, e pelo cadastro mandado formar pela presidência da província em 1855 computou-se o pessoal escravo dos conventos em setecentos e quatro indivíduos e como bens de sua propriedade vinte e duas fazendas, sessenta e sete prédios urbanos e onze terrenos por edificar.*
>
> *Aos conventos aduziu-se grande extensão de terras nas paragens mais afastadas para a indústria agrícola: a maior parte das terras das povoações acha-se alienada a título de foro e arrendamento, e as de fora serviram de assento a estabelecimentos rurais, lavrados por numerosa escravatura, oriunda das raças indígenas e africana e cujo produto é fruído pelos conventos.*[4]

Dentre os conventos dos carmelitas, o de Mogi das Cruzes data de 1629 e a igreja anexa da ordem terceira, de 1698. A reconstrução do convento e da igreja foi realizada entre 1753 e 1768, assim como a da capela dos terceiros. As reformas se sucederam, bem como a ornamentação do forro, realizada em 1816 por Antônio dos Santos. O frontispício da igreja terceira passou por reformas, à base de tijolo, no período de 1815. Foi construída outra torre, além da já existente, e em 1941, em restauro pelo Iphan, sob o comando de Luís Saia, o aspecto colonial foi restituído. No início do século XXI, passou por reformas internas e foi feito o restauro do altar-mor pela equipe do restaurador Júlio Moraes.

> *Às portas do Vale, os padres carmelitas receberam muitos núcleos e capelas em patrimônio, a saber: na comarca eclesiástica de Mogi das Cruzes, as fazendas Sabaúna, Santo Alberto e Santo Ângelo, além de outra em Jacareí; terras em direção à vila de Bertioga; uma pedreira perto do Rio Tietê; terrenos de vila e casas.*[5]

De núcleo de carmelitas, Sabaúna passou a distrito em 1895, quando foi adquirida pelo governo. Santo Alberto e Santo Ângelo não prosperaram, porém, legaram um patrimônio de valor artístico. Santo Alberto ostenta um belíssimo retábulo jesuítico e Santo Ângelo tem uma capela com um dos mais antigos alpendres da província de São Paulo. Os carmelitas de Mogi das Cruzes comunicavam-se com aqueles de Santos, no litoral, por caminhos que tangenciavam o Vale.

Capela de Santo Ângelo, Mogi das Cruzes.

A Capela de Santo Ângelo, para receber os romeiros, teria tido como modelo a Capela Jesuítica de São Miguel, o que resultou em um alpendre fronteiro do corpo principal que também se assemelha à residência do Sítio Mirim. A galeria lateral alpendrada tem ligação tanto com a nave como com o alpendre fronteiriço. Os cubículos para os peregrinos não se comunicam de modo direto com a nave, diferenciando-se possivelmente da primitiva Capela de Aparecida, onde eles dormiam nos cubículos da nave e à noite retiravam a imagem milagrosa do nicho. O alpendre da Capela de Nossa Senhora do Pilar (1714), em Ribeirão Pires, fica na lateral e se comunica com a sacristia.

Capela de Santo Ângelo

Na fachada da capela há uma reentrância, à maneira das casas bandeiristas, com telhado na altura da janela do triângulo frontão. Do lado esquerdo, o grande telheiro, à maneira daquele de São Miguel, amplia a fachada e domina toda a lateral, agora fechada, a abrigar os cubículos para os romeiros. Do lado direito, com uma janela, tem o telhado um pouco fora do alinhamento daquele do alpendre e também forma a largura dos dormitórios opostos. Na porta de entrada aparece a data da fundação: 1738.

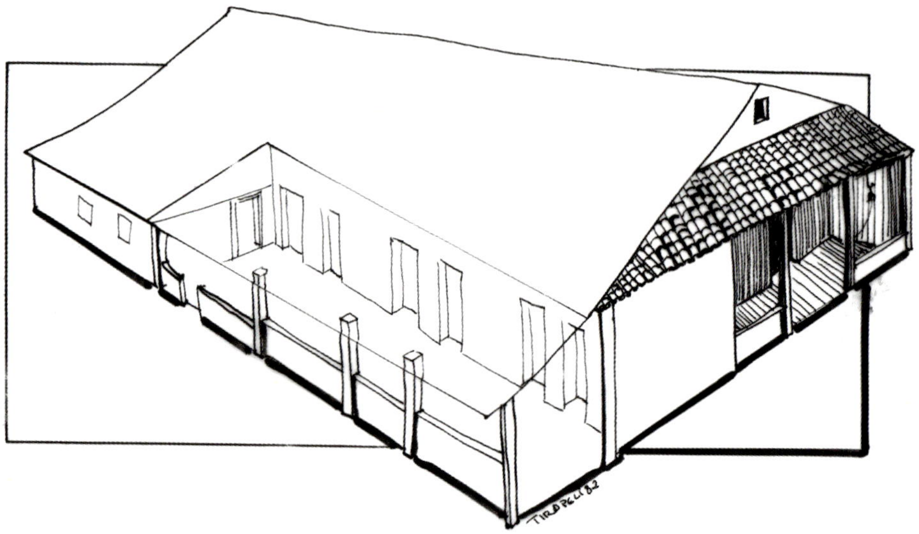

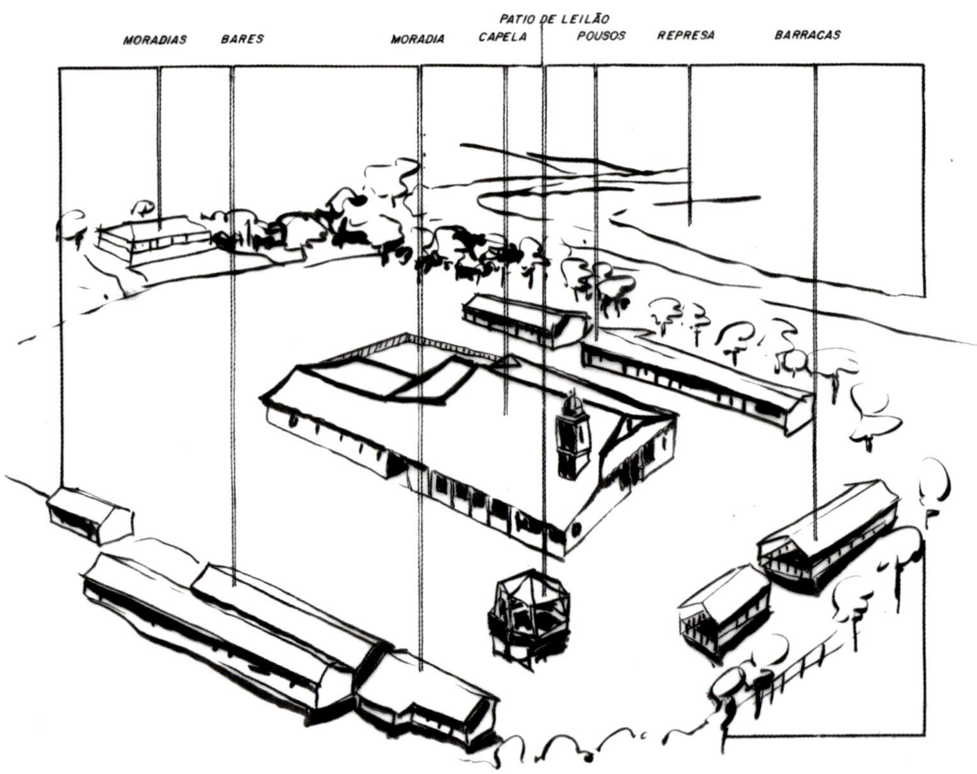

Esquema da espacialidade da Capela de Santo Ângelo, Mogi das Cruzes.

Os programas sociais e religiosos da Capela de Santo Ângelo permanecem vivos. Prova disto são as construções temporárias por ocasião das festas dos padroeiros: bares, pousos, barracas e habitação do ermitão. A ermida conta também com um aglomerado de cômodos com funções específicas: cozinha para o afogado, dependências da carne, dormitórios, refeitórios para homens e mulheres em separado, auditório de música, guarda-andores, local para a lenha, e até chiqueiro e galinheiro improvisados, formando o retângulo da construção. A festa é realizada em agosto.

A capela conserva características sociais e religiosas desde a sua fundação. Quanto ao posicionamento topográfico, seu principal acesso foi inundado pela represa e a entrada se dá pelos seus fundos. As águas tomaram conta do bosque e alteraram o trajeto da procissão; a frente da capela passou a ser secundária à primeira vista do visitante. Também os coqueiros da parte frontal foram sacrificados e as barracas se aproximam muito do frontispício, transferindo para a parte lateral da galeria alpendrada o foco das atenções. Na estrutura da capela, ocorreram aglomerações de dormitórios e ampliações da galeria lateral alpendrada e dos fundos. A torre felizmente não alterou a beleza do telhado. O acesso a ela e ao coro postiço se faz por uma escada no fundo da nave, a qual também foi ampliada. Em 2002, todo o complexo foi reformado para ações catequéticas dos carmelitas do convento de Mogi das Cruzes.

Thomas Ender. *Villa de Taubaté vista do átrio do convento franciscano*, 1817. Aquarela, Academia de Artes de Viena, Áustria.

Franciscano – Convento de Santa Clara, Taubaté

Os freis franciscanos foram providencialmente escolhidos para se instalar em Taubaté (1639). Esta é a cidade mais importante da região, posicionada virtualmente no centro do Vale, e nela instalou-se o Convento de Santa Clara (1674). Além de atuarem na educação e na assistência espiritual, os frades foram uma projeção dos anseios da sociedade local. Despojados do poder temporal e carismáticos na pobreza, relacionaram-se com os homens que haviam encontrado ouro em Minas Gerais (1692). Desse antagonismo surgiu um comportamento de tolerância entre os ideais espirituais e temporais. Da parte dos franciscanos, a assistência espiritual para a vila e para os nativos dos arredores. Da sociedade civil, o incremento para a construção do conjunto arquitetônico, firmando a posição da vila como a principal do Vale do ciclo taubateano de povoamento.

O conjunto de edifícios previsto no programa franciscano inclui o convento e a igreja, a capela dos terceiros; no espaço externo, o adro com o cruzeiro e, posteriormente, o cemitério. Todo esse complexo ficou distante da vila, como mostra o desenho de Pallière (1817). O isolamento topográfico, provocado pelo ribeirão, pelo terreno alagadiço e elevado, faz que o conjunto arquitetônico mais se constitua em reflexo dos ideais da classe dirigente da cidade do que em espaço vivenciado e a influenciar o traçado urbano. Quanto à arquitetura, a técnica da taipa de pilão é a mesma de outras construções e as vergas retas ou curvas dialogam com aquelas da Capela do Pilar, enquanto foi empregada a cantaria na galilé e na torre sineira, com os conventos franciscanos do litoral.

Jean-Baptiste Debret. *Taubaté,* 1827. Aquarela. Museus Castro Maya/Ibram/MinC.

Thomas Ender. *O convento franciscano em Taubaté*, 1817. Aquarela, 196 x 302 mm. Academia de Artes de Viena, Áustria.

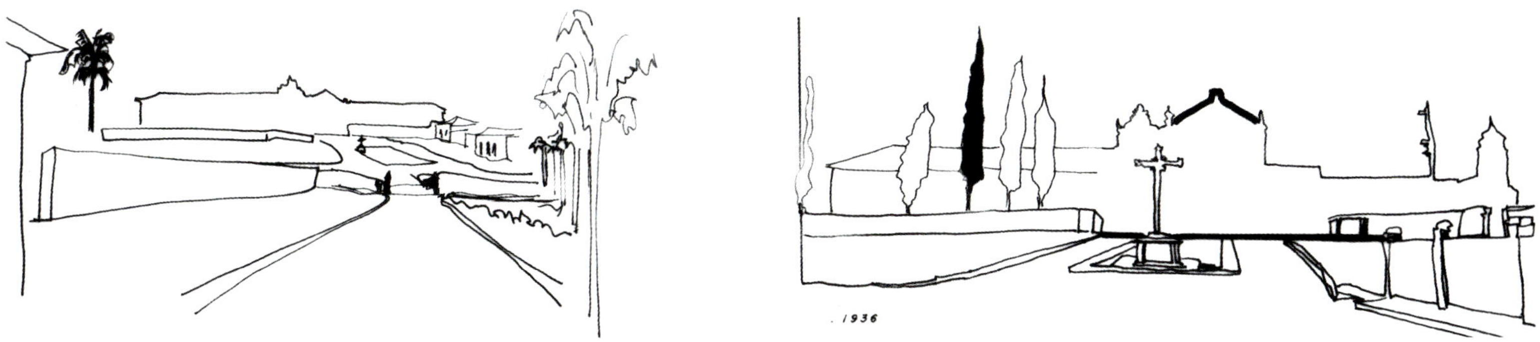

Espaço externo do Convento de Santa Clara, Taubaté.

O convento franciscano

O Convento de Santa Clara é uma obra concebida anteriormente, segundo as necessidades dos taubateanos,[6] e depois concretizada na construção pelos franciscanos. A preconcepção poderia explicar as intromissões futuras em um edifício religioso que decantaria entre os interesses religiosos e os sociais. O sistema de vida interferiu no espaço do conjunto até se chegar à solução atual: a simetria buscada pelas reformas na fachada é reflexo dos direcionamentos dos novos clérigos no desejo de voltar às funções religiosas, devido aos desvirtuamentos ocorridos, como se analisará adiante.

A escolha dos franciscanos para ali se instalarem reflete a postura intelectual do homem temeroso das ideias jesuíticas de libertação dos nativos e das brigas constantes com os bandeirantes. No dia 25 de março de 1674, foi feita a doação do terreno aos padres da Província Franciscana da Imaculada Conceição do Brasil, oriundos do Rio de Janeiro.[7] Toda a comunidade se propôs construir ali a materialização de suas crenças religiosas. A opção de terreno recaiu sobre uma colina. A frente da igreja, voltada para a cidade, lembrava o convento do Rio de Janeiro, erguido fora dos muros da cidade, sobre o morro da Carioca (1620), diferentemente do de São Paulo (1647), que se voltou para o centro da cidade.

Foi posto em ação o esquema de construção pelos franciscanos, que consistia na disposição da torre sineira entre o corpo da igreja e o convento. A entrada para o convento se fazia por uma porta na torre sineira e a fachada da igreja abria-se em três arcadas de cantaria, formando a galilé. A posição do conjunto no terreno permitia a construção da capela dos terceiros, fosse ela paralela ou perpendicular ao corpo da igreja. O cruzeiro no adro completa o conjunto.

Não se pode precisar a data de construção da fachada. Também a maneira de agrupar os seus elementos compositivos remete às construções das cidades do litoral paulista (São Sebastião, 1637, e Santos, 1640) e do carioca, de onde eram provenientes os frades. Em Taubaté, a fachada ficou intacta até 1926. Constituía uma construção ímpar para o interior de São Paulo, tão preciosa quanto aquela construída posteriormente pelo arquiteto Santo Antônio Galvão, no Convento da Luz (1780), na capital.

Já prevista, a ordem terceira foi fundada em 1757, e logo em seguida construiu-se a capela perpendicularmente ao corpo da igreja. O adro perdeu sua função em 1863, quando foi doado à municipalidade o atual Largo da Palmeira.[8] O cemitério da ordem terceira foi o último espaço que os civis reivindicaram, e o clero perdeu-o nos tribunais.[9]

No livro *Convento de Santa Clara*, Félix Guisard Filho relata toda a história da fundação dos franciscanos, ponto de partida para o estudo que serviu de base para este livro. Ao analisar a projeção da sociedade naquele espaço religioso e de prestígio social, nota-se que as aspirações da sociedade taubateana foram claras, ao se colocar à disposição dos frades, que ganharam, na colocação de sua obra, o isolamento, a acrópole e a ajuda financeira. Não bastasse o espaço físico privilegiado e privado, em 1768, estando em obras o convento, não tendo este matas suficientes, costumava o guardião abastecer-se com as madeiras dos vizinhos.[10] E a prática regulamentou-se, pois os frades também estavam prontos a socorrer espiritualmente o povo.

A extrapolação do espaço físico para a edificação de uma obra que representasse a importância da vila era comum no Brasil colônia, onde posse de terra e capela caminhavam juntas. Muito importante foi a construção do convento, pois as próprias autoridades pediram que, por doação do povo, se erguesse a igreja por invocação à Senhora Santa Clara, e a sociedade sempre incentivou seu uso.

Pallière denominou popularmente o Convento de Santa Clara de São Francisco, prática comum até hoje. O isolamento espacial foi visualmente fortalecido com a colocação da representação do córrego e do terreno alagado. No desenho executado (1821) por Pallière, ficava evidente o isolamento do edifício, pelo contraste entre seu posicionamento na colina e a trama urbana logo abaixo. Tais aspectos foram confirmados em desenho (1817) de Thomas Ender.

O distanciamento do traçado urbano e o posicionamento na colina fizeram que o convento não fosse enquadrado na aquarela de Debret (1827), ou que tenha ficado por detrás das ramagens à esquerda, em primeiro plano. Também Saint-Hilaire elogiou o traçado de Taubaté, sem nada dizer dos franciscanos:

> *Fica situada em terreno plano e tem a forma de um paralelogramo alongado. Consta de cinco ruas longitudinais, todas largas, mas muito limpas e cortadas por várias outras. As casas próximas umas das outras são pequenas, baixas, cobertas de telhas e só tem o rés do chão. Apresenta-se, a maioria, fachada caída e tem um quintalzinho plantado de bananeiras e cafeeiros.*[11]

Essa descrição contradiz, no que se refere às casas, os desenhos de Debret, os quais apresentam uma construção de "casonas" quadradas, com pátios internos.

Fotografias de 1856 mostram a ponte, muros de taipa e mais um grande vazio a proteger o conjunto. Até então, aquelas construções não tinham contribuído em nada para a área urbanística da cidade. Fato curioso, pois os espaços exteriores, com conventos e igrejas, costumam atuar como atrativo, surgindo casas ao seu redor. O próprio programa arquitetônico franciscano previa o convívio com os habitantes, e não o isolamento.

Vista essa primeira aparente contradição topográfica, surge o problema do formalismo do edifício. Não há dúvida de que houve um arquite-

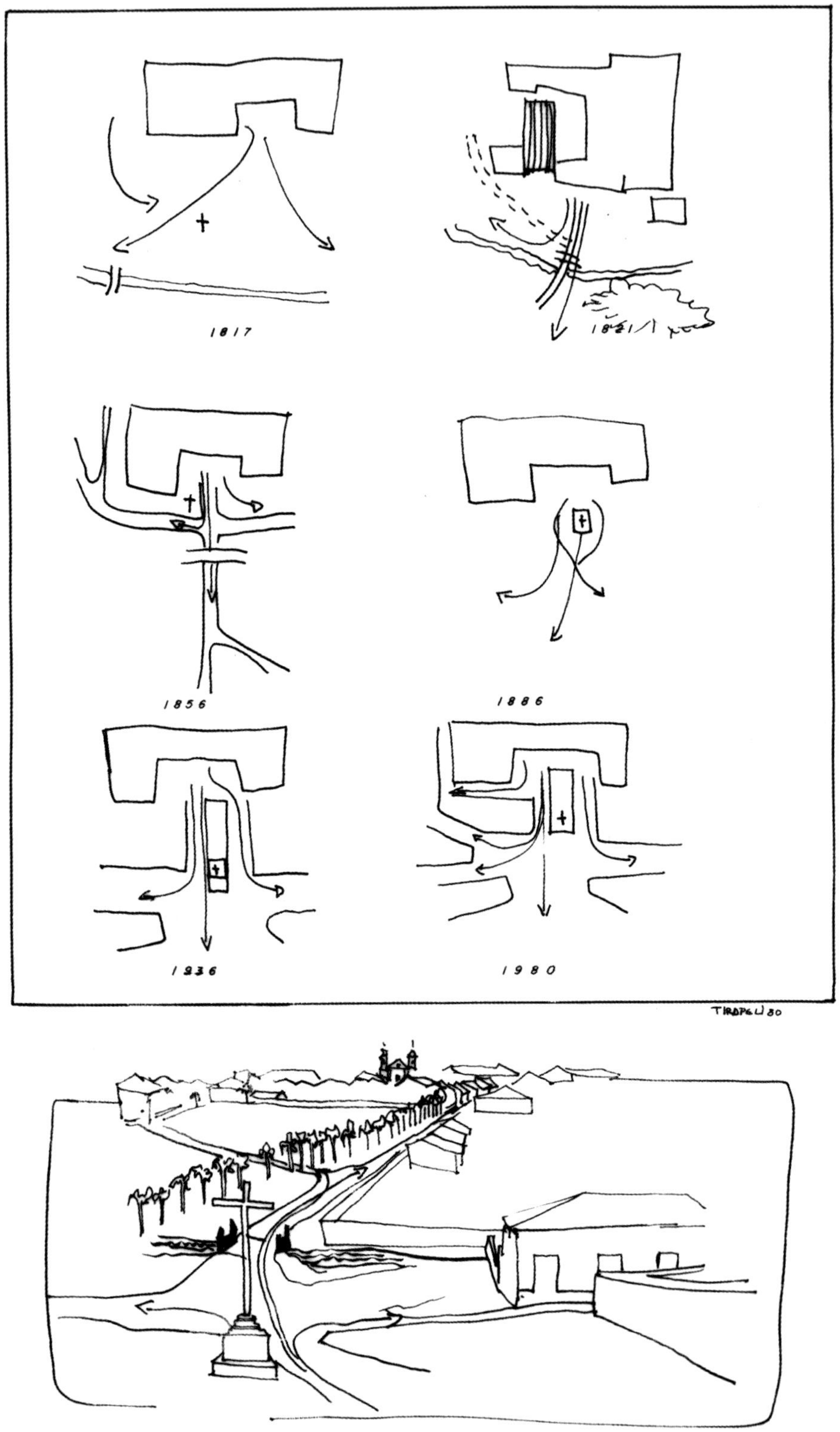

Circulação e isolamento do Convento de Santa Clara, Taubaté.

Fachada e cruzeiro do atual Santuário de Santa Clara, Taubaté.

to e uma traça para o frontispício da igreja e da torre sineira. Taubaté não se encontrava preparada para uma construção em cantaria no ano de 1674, porém, entre estar no papel e ser o desejo de uma comunidade, surgiu o frontispício, similar a outros já mencionados. A escritura de 1674 sugere que "assim mais se obrigarem a dar doze pessoas do gentio da terra e a fazerem o sítio escolhido bom e de paz pacífica para o dito Convento [...]".[12]

É essa paz que almeja o espírito do homem que constrói para si o convento onde um dia terá o descanso total do corpo. Nessa construção, não há necessidade de verticalidade ou mesmo de criar a ilusão para o alto. A topografia confere-lhe o envolvimento das linhas e a visão, fazendo imprimir no espaço a memória física de seu movimento, ao atingir o adro. Ali, vive-se e descansa-se o corpo: a vista tem o prazer de dominar a cidade. Talvez aqui esteja a solução para o problema do aparente isolamento da trama urbana. É lugar de refúgio e reflexo dos ideais sociais e culturais. Infelizmente, os aspectos de envolvimento e isolamento, tão preservados até 1926, não foram compreendidos, o que ficou evidente no momento em que foi levantada a cumeeira da igreja e o frontão, tirando-lhe a beleza assimétrica. A confirmação da mudança de programa modifica o edifício que o povo preservara – de convento colonial franciscano a missão para padres italianos voltados para a educação, na luta para não tornar a construção uma obstrução, mas um organismo vivo.

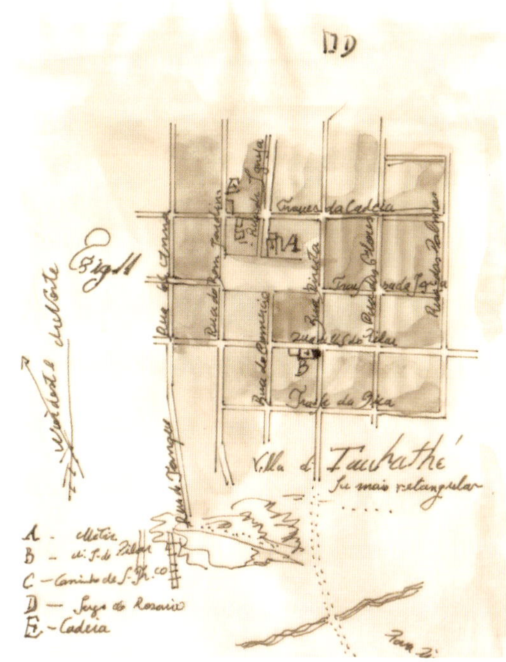

Elaborado a partir da obra de **Arnaud Julien Pallière.** *Villa de Taubathé.*

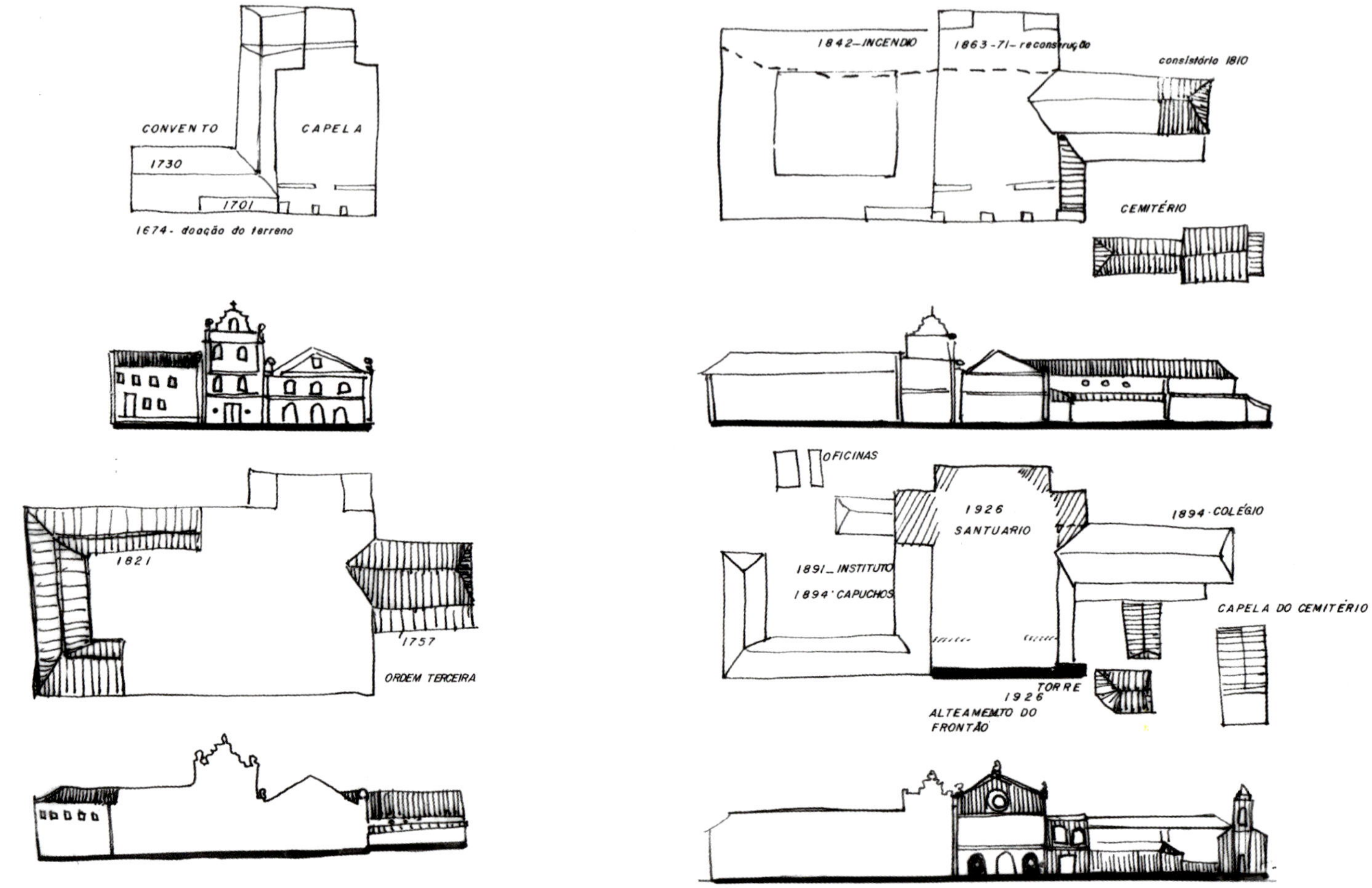

Reconstituição aproximada dos espaços internos do Convento de Santa Clara.

Transformações do conjunto

Apenas dois frades, os irmãos frei Jerônimo de São Brás e frei Manuel Leite, compuseram a primeira comunidade. Em 1677,

> *em razão da muita exploração que dos índios faziam os habitantes escravizando-os e deixando-os ignorantes da doutrina Cristã, o Capitão-Mor Martins Garça encarregou o P. Guardião, Frei Antônio da Purificação e aos seus sucessores, de aldear os ditos índios e dirigi-los no espiritual e tudo mais.*[13]

Foi assim determinado o destino do edifício que sempre se voltaria ao ensino, até os anos 1750, quando as sanções pombalinas fizeram cair o número de pessoas que ali viviam. A comunidade chegou a ter cinquenta religiosos e quarenta escravos da Guiné; em 1765, dezesseis frades, sete cantores coristas e seis leigos e, posteriormente, apenas dois frades.

Em 1757, foi fundada a ordem terceira, que em 1776 viu-se sacudida por uma reforma geral.[14] Em 1794, um grupo de 24 homens e 145 mulheres ali fez sua primeira profissão. Frei Caetano de Messina, em 1786, apregoou a reconstrução da parte incendiada da igreja e do convento (quando os altares em madeira queimaram), a qual foi levada a cabo pelo capitão-mor Vitoriano Moreira da Costa. Frei Luiz São Tiago reformou a capela da ordem terceira:

> *Na igreja havia uma capela lateral muito comprida e antiestética que chegava até o consistório, e que foi reduzida como está agora pelo primeiro guardião, Frei Luiz São Tiago. Nesta Capela, os Tercei-*

Modificações da fachada do Convento de Santa Clara, Taubaté.

ros faziam as suas funções, não faltando nelas, muitas vezes, a parte cômica, porque não havia sequer sombra do espírito franciscano, eram só exterioridades e nada mais.[15]

As modulações dos espaços continuaram em 1887 para a criação do Instituto de Agricultura, Artes e Ofícios.

> *Tratou-se então de fazer no prédio do Convento de Santa Clara as modificações e reparos precisos, e de dotar o Instituto com utensílios, ferramentas e instrumentos indispensáveis à instalação, no que foi gasta a soma de Rs 6 : 009$379, inclusa a despesa com a canalização d'água, gás e a montagem de duas oficinas.*[16]

Mais uma tentativa de transformar o convento em casa de educação: os padres salesianos foram convidados a se mudar para lá em 1887, porém recusaram, por encontrar-se o prédio em estado deplorável. Mas a grande mudança estaria por acontecer com os padres capuchinhos oriundos de Trento, que transformariam não só o programa de atendimento à comunidade, mas também a estrutura do edifício.

No dia 24 de abril de 1894, já no período republicano, quando as novas ordens religiosas de padres imigrantes foram chamadas, frei João do Amor Divino doou-o *in perpetuum* aos capuchinhos de Trento, mudando os rumos dos ideais do convento. O contrato de doação de 10 de abril de 1891 reza que:

> *[...] não só se trata de salvar o convento, hoje em completo abandono, como porque corre perigo de ser entregue, mais tarde, a uso profano porque virão prestar a esta populosa Paróquia dos Sacramentos às muitas colônias italianas já aqui estabelecidas e coadjuvar-se no ensino religioso aos meninos, infelizmente entregues ao ensino ateu das escolas públicas.*[17]

O convento teve o rumo alterado em 1942, quando a população, não deixando que caísse em ruínas, após o incêndio, decidiu criar o Liceu Público, que na realidade se tornou Liceu Provincial em 1952. Antes disso, porém, foi readequada a capela para abrigar o Externato do Coração de Maria.

Outras funções chegaram a ser projetadas para que o edifício não se transformasse em uma abstração, mas ainda havia o espírito regido segundo a escritura de doação de 1657, pelo qual deveria reinar a paz. Dois fatores iriam modificar a estrutura do edifício. Primeiro, a tendência para servir os filhos da colônia italiana, que mais tarde se refletiria na reforma da igreja em forma de cruz latina e na decoração italianizante, eliminando de vez o que fora a antiga capela colonial. Em segundo lugar, o expurgo na ordem terceira, sobre a qual o monsenhor Antônio do Nascimento Castro fala:

> *A verdadeira vida cristã nesta cidade (Taubaté), estava muito esmoreada por causa do protestantismo e maçonismo, infiltrados como estavam em todas as classes sociais da cidade, não poupando, como veremos, as irmandades católicas e em modo especial a Ordem Terceira de São Francisco de Assis.*[18]

Naquele instante em que duas ideias conflitavam debaixo do mesmo teto, os espaços foram destruídos e recompostos.

> *Havia um salão que era formado pelas duas últimas celas de agora, que são as que serviam de Loja Maçônica, e em uma parede existia ainda o velho emblema maçônico em relevo, que foi derrubado quando reconstruíram as celas daquele corredor.*[19]

Assim, simbolicamente, os capuchinhos de Trento apossaram-se do espaço internos, e a ordem terceira lutou para ficar com o externo.

Vista para o altar da igreja do Convento de Santa Clara, Taubaté.

Espaços internos e externos

As dificuldades para delimitação do espaço externo do convento iniciaram-se desde o instante em que não se distinguiu o poder temporal do espiritual, falta de balizamento que começou com a escolha do sítio, feita pelos frades. Em 1678, estando em obras o convento e não tendo matas suficientes, costumava o guardião, frei Antônio da Conceição, abastecer-se de madeira nas matas de moradores vizinhos. Encontrando neles, porém, má vontade e oposição, representou ao Senado da Câmara, pedindo sua interferência para que cessassem esses embaraços, pois os frades estavam sempre prontos a atender às necessidades espirituais do povo e era justo que este não lhes recusasse os auxílios de que careciam para a sua subsistência.[20]

Em 1720, frei Domingos do Rosário pediu 250 braças defronte do convento e, em 1798, ganhou mais 100. Essa questão da extensão de terras foi perfeitamente contornável até o instante em que apareceram as barreiras para o cumprimento dos desejos da população de ter um espaço *ad perpetuum* em torno da obra que lhe pertencia. Assim que os cemitérios saíram de dentro das igrejas e continuavam em coberturas – prolongamentos do desejo de ser enterrado debaixo do altar doado –, a ordem terceira sentiu-se dona total do novo espaço externo. Antes de constituir uma briga de tribunais, como chegou a acontecer em Taubaté, foi um conflito espiritual: estar junto com o elo que levaria ao paraíso, a igreja. A ordem terceira ganhou o espaço externo do cemitério e a municipalidade recebeu, em 1863, o Largo da Palmeira.

Como o convento estava diminuindo externamente, cresceu internamente, evocando os novos ideais para os quais os salesianos foram chamados. Sentiu-se a necessidade de exteriorizar o crescimento, e a mudança foi radical: remodelação da ordem terceira; mudança de pensamento, expressa na doação para os padres italianos; criação das escolas, diminuindo e destruindo a capela dos terceiros; combate à maçonaria e ao protestantismo. Esse entusiasmo religioso foi o mais desastroso para a estrutura física da igreja.

Na busca de retidão e altruísmo, a igreja conventual foi transformada em santuário. Era o conflito entre o espaço externo, mais importante, e o interno. O cemitério ganhou espaço ao lado da igreja, ocultando a capela da ordem terceira, transformada em escola. A necessidade de pujança aliou-se à de um espaço simétrico, o que se concretizou no desejo de colocação das duas torres sineiras e no alteamento da cumeeira. Assim, foi tirada a assimetria e a imponência da sineira. Os ditames da igreja foram mais importantes do que a arquitetura da capela conventual. Urbanizou-se a frente com escadas e rampas que levam ao cruzeiro do adro – traço típico dos santuários.

Estes conceitos normativos levaram à busca de uma beleza convencional na descaracterização de uma das mais belas fachadas de conventos franciscanos do século XVIII no interior de São Paulo.

1 Ribeiro, *Cronologia paulista ou relação histórica dos fatos mais importantes ocorridos em São Paulo desde a chegada de Martim Afonso de Souza a São Vicente até 1898*, v.II, p.130.
2 Toledo, *História do município de Taubaté*, p.38.
3 Saia, op. cit., p.39.
4 Ribeiro, op. cit., v.III, p.78.
5 Id., p.361.
6 Toledo, op. cit., p.12-3.
7 Guisard Filho, *Convento de Santa Clara, achegas à história de Taubaté*, p.22-3. Vide Anexo 2.
8 Ibid., p.76-7.
9 Ibid., p.119-21.
10 Ibid., p.32-3.
11 Saint-Hilaire, *Segunda viagem a São Paulo e quadro histórico da província de São Paulo*, p.77.
12 Guisard Filho, op. cit., p.24.
13 Ibid., p.34.
14 Ibid., p.115-21.
15 Ibid., p.116.
16 Ibid., p.83.
17 Ibid., p.96.
18 Ibid., p.108.
19 Ibid., p.115.
20 Ibid., p.33-4.

Capítulo VI

Fazenda Pau d´Alho. Terreiro visto desde a senzala com o antigo engenho de cachaça à esquerda e residência ao fundo. São José do Barreiro, 1818.

ESPAÇOS CIVIS: CIDADES DOS BARÕES DO CAFÉ

Solares e estações de estrada de ferro

O traçado dos primeiros núcleos urbanos no Vale não difere daquele final do século XVII, quando os bandeirantes partiam em busca de metais preciosos. Um rosário de pequenas povoações formava um caminho de entrada para os sertões. As travessias de um lado ou de outro do Rio Paraíba demarcavam os locais em pequenas elevações, encostas ou terras planas não alagadiças. Com as atividades dos tropeiros, as vilas que serviam de pouso foram crescendo sempre ao redor de pequenas capelas. Essa situação permanece praticamente até o século XVIII, quando outros edifícios que não os religiosos destacam-se na insípida paisagem urbana: Casa de Câmara e Cadeia, edifícios governamentais de controle de mercadorias e do ouro. Os estabelecimentos civis restringiam-se àqueles de profissionais como ferreiros e seleiros, e Zaluar enumera mais de setenta lojas em Lorena, incluindo a de um relojoeiro.[1] No século XIX, com a cultura do café, entra no Vale a ambivalência cidade-fazenda, com o binômio casa de fazenda e solar urbano de tradição da cultura da cana-de-açúcar. A esta experiência de domínio dos senhores latifundiários, que mantinham as vilas em suas propriedades, acrescenta-se a dos mineiros de origem tipicamente urbana do ciclo do ouro.

As fazendas eram autossuficientes economicamente e, por vezes, tão ou mais populosas do que as vilas, contados os escravos, que podiam chegar a mais de mil. O conjunto de edifícios era determinado pelas funções: em destaque, a sede com a capela agregada ou autônoma externa (construções mais sólidas, em taipa de pilão), os engenhos de fabrico de aguardente, limpeza e ensacamento do café, as tulhas, as estrebarias, os galpões para armazenamento e as senzalas. Todos os edifícios dispostos aos olhos do fazendeiro, que do alto da escadaria de acesso à sede dominava todo o quadrado do terreiro da secagem do café.

Nas vilas, o domínio visual era do edifício religioso, e o pároco de clero secular, que poderia guardar ou não parentesco com o fazendeiro, tinha em suas mãos tanto as atividades religiosas quanto as sociais, como as festas. Tais atividades, além de serem realizadas dentro da igreja, espalhavam-se pela praça principal e pelas ruas, denominadas de ruas da procissão. O fazendeiro, dono das terras, reservava para si e seus herdeiros os melhores lotes, em geral na praça principal. Segundo os desenhos de Pallière, as vilas de Taubaté, Pindamonhangaba, São José dos Campos e Lorena tinham ruas retas e o terreno plano auxiliava no quadriculado do urbanismo. Mesmo em terreno em declive como São Luiz do Paraitinga este tipo de implantação é válida. Aquelas de pouso ou passagem, como Cunha, Areias, Piquete e as vilas do Alto Paraíba, nas montanhas, tinham traçado mais irregular.

Arquitetura oficial

A Casa de Câmara e a Cadeia mostram-se semelhantes pela volumetria de grandes edifícios assobradados, implantados no terreno de tal maneira que permanecessem livres em todas as faces. Em geral, na praça era instalado o pelourinho, local denominado de Largo do Rossio. No térreo, funcionava a cadeia e, no piso superior, a Câmara. Na construção severa, quase sempre em forma de paralelepípedo, o telhado tinha quatro águas. Uma entrada principal levava a um hall e a uma escada que se comunicava com o piso superior, onde havia uma grande sala para as atividades dos vereadores e outras salas menores para as atividades administrativas. A partir da Constituição de 1824, passaram a constituir apenas paços municipais e outro edifício, como a Casa dos Vereadores e, por fim, as delegacias de polícia. Na República, passaram a se chamar simplesmente edifício da Prefeitura, e foram criados outros, como os fóruns. As Casas de Câmaras e Cadeias que se destacam são aquelas de São José do Barreiro, Queluz (1864), Areias (1883) e Pindamonhangaba em estilo colonial. Já os fóruns e prefeituras construídos no período republicano como os de São José dos Campos (1926) e Bananal são em estilo eclético e a de Guaratinguetá tem fachada neoclássica.

Câmara Municipal de São José dos Campos.

Casa de Câmara, Pindamonhangaba.

Casa de Câmara e Cadeia, Bananal.

Casa de Câmara e Cadeia, São José do Barreiro.

Fórum de Queluz.

Câmara Municipal, antiga residência do Ajudante Braga, Santa Branca.

Solar do Conde de Moreira Lima, Lorena.

Arquitetura civil

As técnicas construtivas das casas urbanas eram as mesmas usadas nas construções rurais: a taipa de pilão para as paredes mestras e a taipa de mão para as divisórias. Janelas de vergas retas e entrada com verga de arco pleno eram regra ditada pelo Rio de Janeiro neoclássico. Ao se entrar, se deparava com duas salas na frente, com portas que davam para as alcovas. Na parte posterior, ficavam os cômodos do convívio privado e, nos fundos, uma varanda servia de área de serviço. Bom exemplo é a Casa do Conselheiro Rodrigues Alves, em Guaratinguetá.[2]

Os solares urbanos, como dos barões e condes, a exemplo de Lorena (Moreira Lima), Jacareí (família Leitão), Santa Branca, Pindamonhangaba (barão de Lessa e Palmeira) e Cruzeiro (dos Novaes), destacam-se na paisagem urbana pela volumetria tanto por serem de dois pisos como pela implantação livre nos grandes terrenos. Em São Luiz do Paraitinga, os solares têm alinhamento mais correto, determinado pelo Morgado de Mateus. Criou-se um conjunto homogêneo de construções assobradadas, justapostas, com pequenos diferenciais apenas nas entradas dispostas no centro da construção, em arcos plenos. As demais portas do piso térreo seguem a tradição do uso comercial e, quando toda a construção era de uso doméstico, as janelas se dispõem simetricamente, o mesmo ocorrendo no piso superior, com as janelas ou portas-balcões com parapeitos de ferro. No caso das térreas, com porões elevados, as entradas têm degraus elevando o piso de acesso. Molduras e frisos buscam ritmar as janelas envidraçadas. Internamente, os solares urbanos romperam com a divisão das casas de fazenda, sendo neles introduzido um hall de entrada com escadaria em madeira, como o solar dos Vallim, em Bananal e Jacareí. Tais escadarias tinham um efeito cênico ou impressionavam pelos degraus em mármore e pelas esculturas alegóricas, como em Lorena (conde de Moreira Lima) e Pindamonhangaba (Lessa e Palmeira). Em ambos os casos, há amplos salões para recepções e bailes no piso superior. Também eram feitos acréscimos de cômodos envidraçados.

A construção civil, em geral casas urbanas, externamente em muito se diferenciava daquelas com sala fronteiriça e distribuição de cômodos no sentido longitudinal ao terreno até a metade do século XIX. A casa da Rua Frei Galvão, nº 48, em Guaratinguetá, tem alicerces de pedra e taipa, devido ao leve declive do terreno. O piso é de madeira tradicional pau-canela e guatambu. A entrada se faz por um dos lados, por degraus, e chega-se a um pequeno hall com acesso a uma grande sala iluminada por janelas que dão para os fundos da construção e outra que dá para a sala de visitas, na parte fronteiriça, com janelas na fachada seguindo o alinhamento da via pública. As paredes das salas são decoradas com papéis de parede.

Com as construções de tijolos, a partir da segunda metade do século XIX, ganharam uma localização mais livre no terreno, nas laterais, um alpendre mais alto e jardim interligado ao pomar dos fundos. Internamente, a sala continua com as janelas dando para a rua e os cômodos são mais arejados, abolindo-se as antigas alcovas e a cozinha nos fundos para os serviços. As coberturas em telhas francesas passaram a variar de duas ou mais águas, incluindo calhas e platibandas. Tais embelezamentos foram aplicados por imigrantes italianos, mais afeitos a esses detalhes das fachadas, como frisos e janelas com frontões interrompidos. Suas plantas baixas pouco variavam, estando a sala de visitas na fachada, com acesso próprio e outro para a sala de jantar e estar, que tomava toda a largura da construção. Um espaço lateral dava iluminação para os dormitórios e um corredor no lado oposto levava até a cozinha, com acesso direto a um pequeno banheiro. Nos fundos ficavam as dependências dos serviçais.

Grupo Escolar, arquiteto Capelache de Gusbert, Queluz, 1911.

E. E. Conselheiro Rodrigues Alves, Guaratinguetá.

Grupos escolares

No urbanismo colonial, todas as casas eram justapostas, formando um casario coeso. Diferente porém do final do período imperial, ondes são criados espaços livres entre elas, porém ainda mantendo-as alinhadas no meio-fio. No período republicano as construções ecléticas, em especial os estabelecimentos escolares, têm recuos e disposição no meio dos terrenos, quando possível. Todos exibem frisos em argamassa projetando colunas lisas e falsas.

O primeiro grupo escolar de Guaratinguetá, de 1896, foi construído na praça (atual Conselheiro Rodrigues Alves), nas imediações da antiga Igreja do Rosário (demolida). Ocupa todo o lote, e o declive do terreno, na parte posterior, possibilitou a colocação dos sanitários. A fachada é simétrica, com entradas nas duas extremidades, as quais têm corredores que levam às salas e ao fundo. A planta alta é similar à baixa, com seis salas, e o acesso a elas se dá pelos corredores laterais. O telhado é visível, apesar da platibanda encimada por curuchéus piramidais. O segundo grupo escolar, de 1911, projeto de João Bianchi, tem dois torreões laterais e a entrada é provida de escadaria com três direções, à maneira italiana das vilas venetas. Outra escadaria interna leva para a planta superior.

O grupo escolar de Queluz, projeto de Capelache de Gusbert, de 1911, devido ao terreno acidentado, que cria monumentalidade, continua no alinhamento e condiz com a praça. A planta baixa é em U, com varandas ao longo do pátio interno. Em Cunha, do mesmo arquiteto, o edifício foi solucionado em três blocos, dos quais o central é recuado e abriga a entrada. Em Lorena (1911), fica centralizado em um terreno amplo, tem duas entradas entre os corpos das salas de aula, e as fronteiriças são para os professores. Um pórtico curvo sustentado por colunas enaltece a construção. Em Cruzeiro, recua na frente e nas laterais. Essas construções educacionais foram projetadas em uma central na capital, em geral por engenheiros ligados ao Escritório Ramos de Azevedo, e em parte são de origem italiana.

Com a República, os edifícios escolares passaram a ostentar grandiosidade e modernidade construtiva, antes privilégio das igrejas. O país laico e de filosofia positivista impregnou sua marca em todo o território paulista. Os símbolos dessa filosofia foram estampados em fachadas nos frisos e relevos. O analfabetismo a ser erradicado ganhara adeptos e as construções mostravam uma face civilizatória, assim como as estações das estradas de ferro.

Grupo Escolar Ruy Barbosa, Caçapava.

Arquiteto Paulo de Frontin. Estação Ferroviária de Guaratinguetá.

Estação da Estrada de Ferro do Norte, Engenheiro Paulo de Frontin, Guaratinguetá, 1914.

Estações das estradas de ferro, teatros e fábrica de explosivos

As novidades na arquitetura, aderindo ao gosto eclético inglês, tiveram maior sucesso nas estações de estradas de ferro. O mais destacado exemplo é a estação de Guaratinguetá, que recebeu muitos elementos ornamentais ecléticos do Barroco e torreões com formas de pirâmides truncadas. Outras estações mais simples ganharam como novidade as estruturas de ferro, tijolos e algumas partes em madeira de pinho-de-riga. Em Bananal, constitui um caso raro uma estação feita com chapas de metal importadas da Bélgica e lá montadas em 1889. O piso é em pinho-de-riga e o acesso ao andar superior se faz por escada em caracol em ferro fundido. Em Cruzeiro e Cachoeira Paulista, as estações tiveram a função de entroncamento dos ramais, o que fez que se construíssem grandes edifícios e alongadas plataformas. O corpo das estações apresenta construções ecléticas, torreões nas extremidades e impressionantes plataformas com estruturas de ferro. Outros edifícios, como casas de funcionários, armazéns e caixas-d'água, também em metal, completam os conjuntos, que já se unem aos industriais, como em Jacareí. A eletricidade não tardaria a chegar, como ocorrera em 1872 na capital.

No período do final do século XIX e início do XX, as cidades de São José dos Campos, Cachoeira Paulista e Cruzeiro construíram seus teatros. Em São José do Barreiro ainda sobrevive um teatro antigo. Multiplicam-se os educandários de religiosos, dispostos em grandes terrenos, e residências ecléticas construídas com materiais importados, como em Lorena. Em Piquete, o complexo de construções da Fábrica de Pólvora sem fumaça engloba desde a antiga sede de fazenda a edifícios de cunho técnico, como para a implantação de turbinas, feitos com material importado da França.

Antigo Teatro São José, São José do Barreiro.

Antigo teatro de Cachoeira Paulista.

Mercado Municipal de São Luiz do Paraitinga.

Os mercados municipais

Os mercados do Vale apresentam uma tipologia semelhante nas cidades de São José dos Campos, Jambeiro e São Luiz do Paraitinga. Um portal de desenho neoclássico aparece centralizado no muro que fecha toda uma quadra. O pátio interno com arcos rima em parte com arcos plenos também na parte exterior. Em Cunha, o mercado destaca-se na paisagem pela forma elegante, telhado com telhas francesas e claraboia para iluminação. Em Paraibuna, a grande praça revela as atividades de tropeiros e dos mantimentos trazidos em lombo de mulas.

A ação dos arquitetos da Academia Imperial de Belas Artes (1826) do Rio de Janeiro é desconhecida na arquitetura rural do Vale. Na cidade de Vassouras, houve tentativas de implementar projetos daqueles mestres, mas sem sucesso. Charles Peyroton foi o arquiteto que desenhou a Basílica de São Benedito, em Lorena, e dois solares em Pindamonhangaba, o da Palmeira e o Dez de Julho (1850). Ramos de Azevedo projetou, no final do século XIX, a Matriz e Capela do Rosário, em Lorena. Mas os solares continuaram com a tradição de serem erigidos por hábeis mestres de obra versados na plástica eclética. Assim, foram construídas, na virada daquele século, casas de teatro em Cachoeira Paulista, São José do Barreiro, Cruzeiro, Guaratinguetá, Jacareí e o Teatro Santa Cecília em Bananal, que tinha uma pintura alegórica do Inferno de Dante. A sociedade, aburguesada, buscou novas formas de instrução e diversão, apoiando formas artísticas diversas.

Bananal

Bananal surgiu no Caminho Novo, ponto de ligação entre o porto de Guaipacaré (Lorena) e o Colégio dos Jesuítas, na Baixada Fluminense, a caminho de Minas Gerais.[3] Fracionada a região em treze sesmarias, na de João Barbosa Camargo foi erigida a Capela (1811) de São Bom Jesus do Livramento.[4]

O patrimônio foi arrematado por oito pessoas, entre elas, o alferes Francisco de Aguiar Vallim, em 1837. Duas proeminentes famílias se destacaram em Bananal, por onde entrara o cultivo do café na província: a descendência do comendador Luciano José de Almeida e Marina Joaquim Sampaio e a família Aguiar Vallim.

Duas fazendas, Resgate (1828), da família Aguiar Vallim, e Boa Vista (1780), do comendador Luciano José de Almeida (1840), contribuíram para a economia e o urbanismo de Bananal. Construíram palacetes citadinos, transformando o espaço colonial em imperial. Da posse total na praça da matriz passou-se para o Largo do Rosário, a Santa Casa (1851) e a Estação da Estrada de Ferro (1880).

Fazenda Boa Vista, Bananal, 1780.

Aspectos urbanos

O desenho (1817) de Thomas Ender mostra o aspecto da cidade de pouso e passagem. Casas são postas longitudinalmente, acompanhando o curso do Rio Bananal, em uma estreita faixa que determina a divisão dos lotes com maior dimensão e profundidade. As casas têm fachada pequena, porém o desnível do terreno possibilita dois pisos nos fundos decorrentes do acompanhamento das curvas de nível. Duas ruas longitudinais levam à praça da matriz, que se posiciona em terreno mais elevado.

Thomas Ender destaca o sobrado, na extremidade da praça, de dona Laurinha (1811); a praça, assim como a igreja que há nela, não está visível. Em outro desenho, certamente feito a partir da Igreja da Boa Morte, Bananal aparece cercada pelas matas, um vilarejo colonial que não crescera para o grande terreno plano. A partir de 1850, com o dinheiro do café, construiu-se uma vila voltada para o grande terreno da Praça do Rosário.

Emílio Zaluar, do alto do morro, descreveu a cidade situada no terreno baixo, entre as dobras dos morros, sem horizontes. Sobre as ruas, assim observou:

> *A nomenclatura de suas ruas, as quais são felizmente planas e alinhadas, nada oferece também de curioso, pois não se liberta das eternas variantes da Rua do Rosário, Direita, Lavapés, que se encontram em todas as nossas povoações, concorrendo para a monotonia e uniformidade em que se moldaram quase todos os núcleos do interior [...].*[5]

Thomas Ender. *Entrada em Bananal*, 1817. Desenho, Academia de Artes de Viena, Áustria.

Vista lateral do Sobrado de Dona Laurinha, Bananal, 1811.

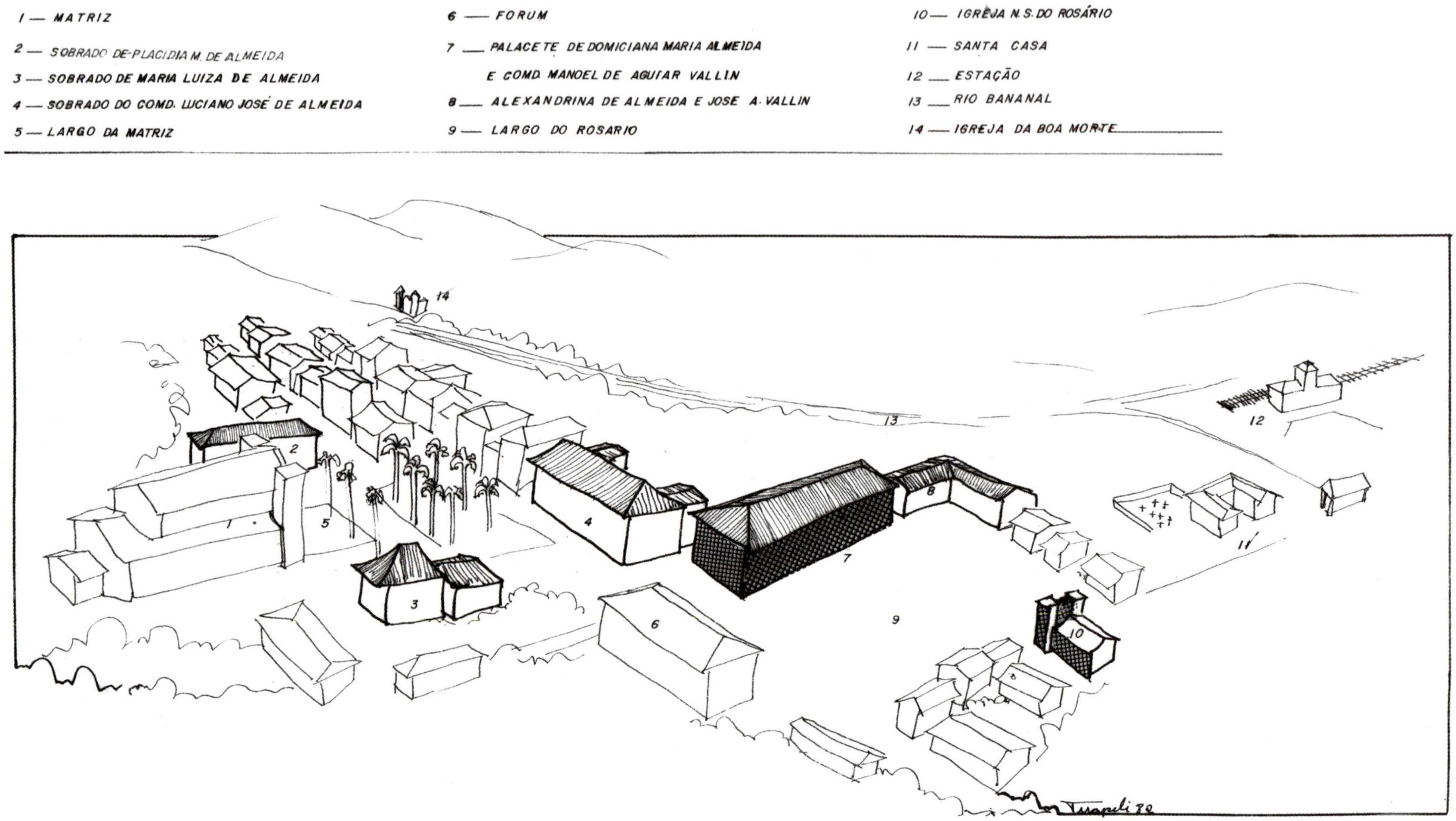

Esquema da cidade de Bananal.

Famílias Almeida e Aguiar Vallim

Data de 1847 o sobrado do comendador Luciano José de Almeida, que domina a Praça da Matriz Nossa Senhora do Livramento. Construções de famílias demarcam a praça. O major José Ramos Nogueira e Maria Luísa de Almeida ali construíram os sobrados. Não mais comportando construções, dada a topografia e ocupação dos espaços, a saída foi o terreno plano do Largo do Rosário. Domiciana Maria de Almeida e seu marido, Manoel de Aguiar Vallim, construíram o palacete, assim como sua irmã, Alexandrina de Almeida, casada com José de Aguiar Vallim.

Formaram um bloco, determinando o Largo do Rosário. Mudaram a direção do crescimento da cidade. Valorizaram terrenos não comerciais e barraram ruas que adentrariam os fundos dos quintais, atingindo as margens do Rio Bananal, e, por fim, intimidaram a pequena Igreja do Rosário no canto oposto às suas casas.

Maria Joaquina de Almeida foi a mantenedora da Santa Casa, situada logo adiante, a caminho da estação férrea. Visto que as cidades comportavam construções ligadas à igreja e às irmandades, a Santa Casa de Bananal situa-se na saída da cidade. Não havia em mente o posicionamento da estação da estrada de ferro. Com esta última, o percurso urbanístico que defino como espaço imperial divide a cidade em dois momentos vividos pela sua sociedade: a estabilização comercial (colonial) e o prestígio e triunfo econômico bem vistos pela corte (imperial).

No período colonial e até o Segundo Império, os edifícios rodeiam o poder religioso e reverenciam-no com adornos, permitindo limitadas intromissões de características do poder temporal: chafarizes de ferro fundido e palmeiras imperiais. Local dos maiores espetáculos, precedidos pelo *Te Deum,* na praça da matriz foram realizadas as mais importantes atividades cívicas e homenagens aos seus heróis da Guerra do Paraguai (1864-70), já no Império.

No segundo instante urbanístico, imperial, mesmo com seus solares construídos no Largo do Rosário, o mais importante local das reuniões e acontecimentos foi a praça da estação férrea. Os interesses eram outros, os ideais mais mundanos, e sua concretização foi o progresso auxiliado pela era industrial: a estação férrea e a locomotiva. Moedas foram cunhadas com o nome de Domingos Moitinho antes de a estrada de ferro ser chamada José de Aguiar Vallim e Companhia. O que importava não era mais um objeto particular, mas a estrutura metálica de uma construção a serviço da comunidade. Primeiro, visou-se à exportação das safras e depois à comunidade; porém, sob o pensamento da ação comunitária, o benefício próprio foi a importação do sistema. Pensamento político dos estadistas do Império, para o qual a família Aguiar Vallim prestou tantos serviços.

O novo espetáculo da cidade, a estação da estrada de ferro, leva não mais o nome religioso, mas aquele de quem a construiu. O convite expressa o desejo de que acorressem à praça Dona Domiciana (Largo da Estação).

> *Câmara Municipal – Edital – O Barão de Almeida Vallim, Presidente da Câmara Municipal de Bananal, convida a todos os seus conterrâneos a compareceram, hoje, ao meio-dia, na praça D. Domiciana, para assistirem a inauguração do tráfego provisório da Estrada de Ferro Bananal. Bananal, 1º de janeiro de 1889. Barão de Almeida Vallim.*[6]

Estação ferroviária de Bananal.

A estação da estrada de ferro fora motivo de pinturas nos afrescos da Fazenda Rialto (1842).[7] A concretização da imagem de uma vida de progresso chegou e não medrou. A estação, posicionada contra as matas, é o foco visual da praça trapezoidal. Formando linhas perspépticas, os canteiros acentuam a grandiosidade da praça, que se fecha no encontro dos trilhos.[8]

Solar do Comendador Luciano José de Almeida, Bananal, 1847.

Histórico do Largo do Rosário

O posicionamento das capelas da irmandade do Rosário, por serem irmandades de negros, era um tanto afastado do núcleo central da cidade. Tinha-se o cuidado de que não suplantasse a matriz, tanto em importância como em posicionamento urbanístico e topográfico.

Em Bananal, a Capela do Rosário localiza-se em um canto do tablado das cavalhadas, tendo o lado esquerdo livre das construções para evitar umidade, uma das precauções das leis eclesiásticas. Não há documentação da Capela de Nossa Senhora do Rosário, porém, um documento de 1843, assinado pelos senhores Ovídio de Carvalho e Silva e José Eloi Machado, declara:

Igreja Nossa Senhora do Rosário, Bananal.

> *Sobre a Igreja de N. S. do Rosário, não temos em mão qualquer documento, mas podemos afirmar que está construída há mais de um século, como passamos a demonstrar. Existe na Câmara Municipal desta cidade um relatório assinado pelos srs. Ovídio de Carvalho e Silva e José Eloi Machado e que está assim redigido: "A vila: tem-se estendido para um dos seus lados. O terreno plano e enxuto que aí se encontre, pertencente outrora a proprietário, foi vendido por este em braças a cidadãos diversos, os quais vão edificar seus prédios naquele lugar.*
> *A pequena Igreja de Nossa Senhora do Rosário, aí ereta, formará um dos lados do paralelogramo em que se converterá aquele novo acréscimo da Vila, sendo formados os três números de edifícios particulares. Essa edificação e lugar se tornarão elegância, e constituirão a parte mais aprazível e desafogada da Vila, liberta do peso das montanhas, e apresentando ao expectador um horizonte extenso e dilatado. Para o tal complemento desta obra só falta uma ponte sobre o córrego Lavapés que corre pelas faldas deste trecho, a fim de unir esse terreno a que compõe a estrada geral para esta Vila (1843)".*[9]

Mas as notícias, segundo Zaluar, teriam sido o baixo terreno e o cemitério dos indígenas. Como segunda função, conforme o próprio nome diz: Largo das Cavalhadas. Em 1845, foi o terreno foreiro, fronteiro à cadeia e Igreja do Rosário, comprado pela municipalidade. Venâncio Campos da Paz totalizou Rs. 1.940$00.[10]

O uso do grande logradouro foi direcionado para festividades e recreação da população, como local para homenagear uma das festividades caso o casal imperial visitasse a cidade em 1845 e 1849. A prática da cavalhada estendeu-se até as primeiras décadas do século XX.

É de estranhar que o grande terreno não tenha servido de local de comércio ou mercado. Exata função ficou reservada, até 1867, para a Praça da Matriz, que também já foi denominada Praça do Mercado. Tal proposta contraria as leis eclesiásticas e se particulariza, visto que as outras cidades do Vale do Paraíba têm seus mercados devidamente posicionados. Mesmo em Cunha, de topografia mais acidentada, solucionou-se seu posicionamento entre as duas ruas paralelas no sentido longitudinal do espigão do morro. A existência do edifício do mercado nas imediações do Rio Bananal é confirmada por Pedro Chaves, do Instituto Histórico e Geográfico de São Paulo.

No Largo do Rosário estava localizado o edifício que abrigava juntas a cadeia e Câmara, cujo poder era dominado pela influência das famílias.[11] O pequeno templo teve funções de matriz durante a reforma da Igreja do Bom Jesus do Livramento.

Uso e dinâmica

As capelas, fundadas em largos e até em rocios, eram elos na trama da cidade que se articulava entre as vias de acesso, de comércio e suas estradas. Esses espaços, irregulares, iam se formando conforme a disposição dos edifícios públicos e religiosos e das casas.

A analogia entre os largos do Rosário de Guaratinguetá, Lorena e Bananal esclarece o uso do espaço comum e também o modo pelo qual a dinâmica de mudança de pensamentos leva a uma remodelação da forma física do espaço.

O espaço da Igreja de Nossa Senhora do Rosário dos Pretos de Guaratinguetá, em 1935, era inoportuno para uma cidade em progresso. Plasticamente, concorria com a matriz. A localização desta, privilegiada pela elevação, viu-se frustrada na movimentação e no incremento comercial que gozava o terreno plano e largo da frente da Igreja do Rosário. A destruição física e a mudança do cenário da praça foram a solução encontrada para satisfazer autoridades civis e eclesiásticas: a praça para o comércio sem a sombra da igreja dos pretos. A igreja recebeu auxílio para embelezar a matriz dos brancos.[12]

A formação dos espaços comuns deve-se a diversas naturezas: comerciais, religiosas, políticas, locais de estadia, passagem ou rocio. As praças acolhiam as principais atividades do núcleo urbano.[13] No caso de Lorena, o espaço comum do Largo do Rosário estava ligado ao posicionamento à beira do Paraíba e às construções que o formavam. Esse espaço tornou-se mais importante que o comum da matriz. O pelourinho garantiu-lhe a preferência dos senhores, e a cadeia e a Câmara, o poder oficial. A Igreja do Rosário por muito tempo teve a função de matriz. E, por fim, a ponte, a passagem obrigatória, parada para as últimas recomendações de viagem para as minas auríferas. Espaço vivo, dinâmico, irregular.[14] Em Bananal, o espaço é retangular, retilíneo, delimitado pelos sobrados, pela Câmara e pela capela.

Na atual Lorena, conservou-se o traçado dinâmico do Largo do Rosário: desapareceram os traços dos poderes civis (pelourinho, Casa de Câmara e Cadeia, que se defrontavam) e reconstruiu-se o poder religioso com uma capela eclética. A luta dos poderes se reflete na irregularidade do traçado.[15]

Esse espaço, certamente mais vivo, dinamizou-se e perdeu suas funções. O foco de interesse da cidade deixou de ser o rio e seguiu a modernização trazida pelos trilhos de ferro. O Largo da Matriz, imperial com o solar do conde de Moreira Lima, constituiu o espaço racional, quadrangular. A expressão urbanística da cidade concretizou-se com a inauguração da nova matriz (1890) de uma só torre, projeto de Ramos de Azevedo, criando nova tendência, influenciando templos de cidades vizinhas, como a Igreja de Santa Cecília, em Cruzeiro, a Igreja de Santo Antônio, em Cachoeira Paulista, e a Matriz de Paraibuna.

Solar Aguiar Vallim na Praça Praça Rubião Junior, Bananal.

Conjunto arquitetônico

Solar Aguiar Vallim, na Praça Rubião Júnior, Bananal.

Em oposição ao espaço aberto e dinâmico das pessoas ligadas à aventura do ouro, Bananal foi o inverso. O poder da família Aguiar Vallim modelou o conjunto urbanístico. Ato quase inconsciente, porém visível. As famílias do comendador Luciano José de Almeida e de Aguiar Vallim, depois de construírem suas casas na Praça da Matriz (a maior delas depois transformada no Hotel Brasil), percorreram o vazio do Largo do Rosário até a estação do trem. Construções sólidas, espaço horizontal intensificando a posse. Zaluar afirma:

> *No entanto, a povoação tem prédios dignos de uma capital, entre eles avulta o do sr. Comendador Manuel D'Aguiar Vallim, no Largo do Rosário, com dezesseis janelas, de gradil na frente, e primorosamente acabado, segundo me dizem, interiormente; a casa do sr. Manuel Venâncio da Paz, no mesmo largo, espaçosa e de elegante arquitetura; a da sra. D. Maria Joaquina d'Almeida [...].*[16]

No Largo do Rosário, local de cavalhadas, festas do Divino, da Irmandade do Rosário, o foco visual não é a igreja, mas o solar. Na grande praça plana, o edifício de residência do comendador Vallim tem 56 metros de horizontalidade. O palacete do Visconde de Ariró, desaparecido, completava a muralha de taipa de pilão, fechando em L o canto da praça.

Construção de caráter privado, lutando contra o espaço do social. Na parte posterior, nos fundos, por detrás das paredes da privacidade, os muros dos quintais se interligavam, em uma intimidade e individualidade semelhantes ou iguais aos limites dos edifícios agregados nos espaços da fazenda. Aqui, no espaço urbano, essa conquista de união por nomes e casamentos continua e se expressa nessa massa construtiva.

Não se conhece a data exata da construção dos palacetes e da igreja. O palacete do comendador Vallim teria sido construído nos anos 1850 a 1860, e para a época já se mostrava retrógrado. A plasticidade do edifício impõe-se pela serenidade e ritmo lento das janelas e portas térreas. Apresenta mutação de ritmo nos três arcos de volta inteira. Ali se concentra inovação. Concretizar-se-ia se as arcadas se apresentassem em cantaria. Portas sociais, plasticamente diferentes, sugerem a presença de informados mestres de obras. Não há um arquiteto especializado, mais uma razão para mais uma vez dizer que a arquitetura do Vale é sem arquiteto. Na parte de cima, a social, abrem-se os balcões, em ritmo lento, formando cinco conjuntos simétricos de janelas.

A ocupação do terreno do palacete se dá como se este fosse construído em zona rural. Comparando o palacete do comendador Vallim com a Fazenda Resgate, de sua família, notam-se as diferenças. As portas da entrada social destacam-se pelos arcos. O salão de entrada faz as vezes das escadarias externas da casa de fazenda, cujo acesso direto à parte social da casa é externo. Do alpendre se tem a visão do domínio. Na cidade, este se dá pelos balcões, porém, na intimidade, restringindo o acesso pela interiorização das escadas que convidam para o lance superior. O vestíbulo com arco de volta inteira amplia o espaço, antecedendo a visão contemplativa dos cômodos sociais. A sala de concertos, centro da nova vida social, toma em importância o papel da capela. Os balcões conduzem a uma apreciação e contemplação do Largo do Rosário. O telhado de quatro águas acentua o sentido de individualidade da construção. A taipa de pilão, técnica elaborada artesanalmente, dá a solidez. A privacidade atrás dos muros que se fecham cria o particular a ser exibido ocasionalmente.

A Casa de Câmara e Cadeia ali se encontrava. Atualmente, o edifício do fórum se esforça para não trair a beleza da praça: a Igreja de Nossa Senhora do Rosário passou por reformas e o palacete do Visconde de Ariró ruiu.

Igreja Nossa Senhora do Rosário, Bananal.

Estação ferroviária de Bananal.

Análise

O Largo do Rosário de Bananal é o inverso de espaços ocupados por edifícios religiosos ou civis que se posicionam no terreno, deixando um vazio circundante, imprimindo-lhes importância como foco visual. Tais edifícios tornam-se irradiadores de pensamentos ou ordens, sejam elas civis, militares ou religiosas. Não há um espaço escultórico ou modelado que tire o retilíneo do largo. Escada, arcos, chafariz ou palmeiras imperiais, nenhum elemento nesse vazio que possa nos levar a um interesse estético. No grande espaço livre há um silêncio que me levou à sua contemplação sutil, buscando o inconsciente de quem ali habitou. É de pensar que não há outro gênero artístico ali em evidência. Apenas a forma modelada da matéria disposta em volume: barro-matéria e forma-construtividade.

Não há o cênico acrescido, mas, no vazio, a ocorrência da cena, o espetáculo na praça. Também, no vazio, o chão batido, e à sua volta erguem-se as estruturas das paredes de taipa de pilão. A mesma matéria na horizontal e na vertical, formando barreiras, abrindo o vazio para o espaço. É o espaço livre e comum. As reformas no século XX e o acréscimo de um pequeno obelisco não perturbam a praça.

A presença da classe dirigente em um largo, comumente relegado, no Brasil, a segundo plano, determinou seu traçado. A coerência dessa afirmação evidencia-se pela coexistência de elementos psicológicos e comportamentos da época. Senhores e escravos conviveram no mesmo espaço. A cidade sofreu a paralisação urbanística no instante da libertação dos escravos. Também o Largo do Rosário parou, assim como a distinção das duas classes: sociedade titulada e escravos. O monumento arquitetônico cristalizou-se e ficou vivo para estudo.

Solar Aguiar Vallim, Bananal.

Nesse espaço amplo e dominado pelo poder exteriorizado nos palacetes das famílias Almeida e Aguiar Vallim, hoje não mais se vive, só se vê. O espaço livre e comum para a liberdade do homem é intimidado pelos balcões de onde se vê a cena. O sentido da libertação do homem, nas festas, tem caráter excepcional para o negro. Além da libertação espiritual, pode-se sentir a liberdade corporal nos atos, que são regidos pela coreografia da manifestação. No íntimo, há a satisfação de ser o foco das atenções e inovar atitudes, expondo as experiências anteriores.

O posicionamento dos palacetes torna o espaço não inteiramente livre. É a família senhora da terra e da cidade que reafirma essa privacidade na ocupação dos espaços. Os palacetes com funções ocasionais tomam o espaço vazio que antes pertencia à Igreja do Rosário. Esta se intimida em um canto da praça e as construções de família e a Casa da Câmara dominam as extensões ao redor.

O de Lorena, novamente comparando com outros largos do Rosário, apesar de estar abalizado pelos poderes vigentes, Igreja e Estado, é mais dinâmico, o que se reflete no próprio traçado irregular. Atualmente, há apenas a Capela do Rosário. Em Guaratinguetá, a presença da igreja já completara o ciclo de função religiosa e de divisão de classes e cedeu a valores comerciais e urbanísticos.

Bananal criou seu espaço e, demonstrando o poder dos barões do Segundo Império, paralisou-se. A forma fechada, elaborada pela sociedade e ideologias escravocratas, permaneceu inalterada. Esse palco da classe dirigente, em linguagem de sincronia entre matéria, tempo e técnica, legou o seu perfil. Hoje, ele esbarra no metafísico, livre de seu conteúdo.

São Luiz do Paraitinga

São Luiz do Paraitinga teve seu traçado urbano incrementado com a construção de solares a partir da segunda metade do século XIX. A cidade nascera pouco acima da praça principal, com ruas retas, segundo a proposição do Morgado de Mateus de refletir no urbanismo os ideais de civilidade, dentre os quais os de limpeza e progresso.[17] Fundada em ponto estratégico entre Taubaté e o porto de Ubatuba, experimentou crescimento lento e descontínuo mesmo no século XX. Tal estagnação conferiu-lhe o símbolo de cidade preservada, com sua grandiosa praça com solares construídos à maneira pombalina, mesmo que fora de época. A matriz completava o cenário de fausto, com sua fachada romanizada, duas torres e interior italianizado, com altares em mármore. Sobrevivente do período colonial, a pequena Capela das Mercês, em taipa, não resistiu às enchentes do início de 2010. Mais acima, a Capela do Rosário, em estilo neogótico, estreita a cidade de taipa, triangulando assim épocas diferentes, técnicas construtivas diversas naquele que é considerado o maior patrimônio urbano do ciclo do café do Vale paulista, valendo-lhe o título de patrimônio nacional pelo Iphan e estadual pelo Condephaat.

Vista geral da cidade de São Luiz do Paraitinga.

Vista do centro histórico de São Luiz do Paraitinga.

Pindamonhangaba

Em Pindamonhangaba há dois palacetes dignos de menção. O primeiro é o Dez de Julho (1850), projetado por Charles Peyroton para o barão de Itapeva, Inácio Bicudo de Siqueira Salgado. Sua posição é tradicional ao longo da via, com entrada voltada para um jardim fechado com rica grade de ferro fundido. Os ornamentos dos frisos foram elaborados pelos mestres italianos e os materiais de acabamento são franceses. O segundo, mais portentoso é o palacete Palmeira, do barão de Lessa, Antônio Salgado Silva. Trata-se de tradicional solar urbano do período do café, construído pelo arquiteto português Francisco A. P. de Carvalho, durante os anos 1840 a 1860. A grandiosa construção é em taipa de pilão em suas paredes estruturais, e de sopapo nas divisórias, com oito janelas em arco pleno, ao nível da rua e da porta de entrada, e o dobro de janelas na lateral em declive. Para simular solidez, os blocos imitando pedra são em argamassa. O segundo piso é todo envolto por grades e sacadas em mármore italiano; sobre a platibanda há esculturas em louça, provenientes de Santo Antônio do Porto, Portugal. Ambos são exemplares do Neoclássico e Ecletismo no Vale.

Palacete Palmeira, Pindamonhangaba.

Fachada posterior do Palacete Palmeira, Pindamonhangaba.

Palacete Dez de Julho, Pindamonhangaba.

Jacareí e Cruzeiro

Em Jacareí, o solar que abriga o Museu de Antropologia do Vale do Paraíba foi construído por João da Costa Gomes Leitão em 1857, com três corpos na fachada da Rua XV de Novembro, divididos por relevos de argamassa imitando colunas. O corpo central abriga porta e janelas com arcos plenos e três portas-balcões no piso superior. Como último elo do rural-urbano, ali foram construídas residências na segunda metade do século XIX com o uso de técnicas das antigas fazendas – taipa de pilão – e a contribuição da experiência mineira, com alicerces de pedra, aliadas a pequenas inovações, como entradas em arco pleno e janelas com guilhotinas com vidros.

O Solar dos Novaes, em Cruzeiro, encaixa-se no segmento da arquitetura rural neoclássica, que assume monumentalidade. No interior dessas residências, a presença europeia se fazia sentir nas pinturas de paredes – papel, tecido ou estêncil –, no mobiliário refinado, nos objetos, na louçaria. O piano ganhou destaque, e os oratórios com os santos recolheram-se às antigas alcovas.

Solar dos Leitão, atual Museu de Antropologia do Vale do Paraíba, Jacareí.

Teatro Capitólio, Cruzeiro, 1929.

Ramos de Azevedo. Cúpula da Capela do Rosário, Lorena.

Ramos de Azevedo. Fachada da Capela do Rosário, Lorena.

Lorena

Lorena ostenta significativas mudanças.[18] Ali, a Capela de Nossa Senhora do Rosário, projeto de Ramos de Azevedo, transformou-se na mais historicista das capelas de planta centralizada em cruz grega: ao centro, a cúpula de pendentes, com base circular, sobre as abóbadas semicirculares que formam os quatro arcos e os braços simétricos. Frisos marcam os arcos plenos, os da cúpula, bem como a calota da abside, à maneira tardo-renascentista. O braço que abriga o altar-mor tem uma abside demarcada por duas colunas circulares, lisas, livres das paredes, segundo o maneirismo, pintadas em falso mármore, como o pequeno altar neogótico. A calota é visível na parte posterior externa, malgrado o muro que a cinge. Entre dois braços, ainda na parte posterior que forma a pequena sacristia, do lado direito, há um pequeno campanário na altura do telhado, raridade na arquitetura sacra brasileira, que praticamente sempre mostra os sinos. Colunas dóricas guarnecem as portas, justapostas às paredes que imitam pedra. Não há espaço circundante. O pequeno templo limita-se a uma citação clássica fora de contexto.

O urbanismo desenvolveu-se em direção oposta à do rio. A estrada de ferro determinou o desenvolvimento da cidade, e assim se formou um novo espaço que une o progresso da estrada de ferro à construção de um espaço saudosista europeu, próprio do Romantismo. O templo neogótico, dedicado a São Benedito, foi encomendado pela irmandade homônima, financiado em parte pelo conde de Moreira Lima e concebido pelo arquiteto francês Peyroton. Sua inauguração, em 1884, trouxe de trem os estadistas do Império.[19]

A fachada é dividida em três tramos verticais. O central define a nave principal e os laterais, os corredores rebaixados e galerias, acima, na largura das torres. As janelas e portas são em arco de volta completa e suas molduras, ogivais. O frontão é híbrido: triangular e reto na parte superior, com molduras ogivais a guarnecer o óculo circular. As pequenas torres são pontiagudas e as platibandas laterais, bem elaboradas.

A nave central coberta por uma cúpula curva com ornamentos apenas pintados. As galerias laterais são fechadas por balaustrada de mármore, com desenho gótico na parte inferior; na superior, os arcos góticos deixam entrar a luz, filtrada por vitrais de desenhos modernos. A abside é curva, com abóbada pouco mais baixa que a da nave e divisões com arcos romanos a formar nichos para as esculturas e arcos ogivais acima, para as pinturas. O altar é em mármore e em sua parte posterior encontra-se o túmulo do conde de Moreira Lima e sua esposa.

Analisada a presença neogótica do passado, surgem as construções ecléticas das estações das estradas de ferro, dinâmica daquele presente industrial. Dois valores que se defrontam e, assim, criam um espaço novo, expressão de um tempo de mudanças de ideais. O pensamento de uma Igreja que se voltava a ideais arquitetônicos medievais, para adquirir o espaço perdido na sociedade, alia-se por vezes aos homens, e ideais tão distintos se materializam na arquitetura.[20]

O novo templo distanciou-se do centro urbano, ao se deslocar para perto da estação da estrada de ferro. A igreja, que fora encomendada pela Irmandade de São Benedito, tradicionalmente mais popular, apresentou-se de maneira inédita não apenas no estilo, mas também no posicionamento do terreno. Muros cercam o adro e a parte lateral onde ocorre a continuidade dos atos litúrgicos. Estátuas em ferro fundido sustentam postes sobre pedestais enfeitados de guirlandas neoclássicas. Estátuas de louça representando as estações do ano espalham-se pelo jardim. A estrada de ferro trunca a rua fronteiriça e divide em espaços distintos o local onde se encontra o templo ligado ao colégio dos padres salesianos.

Charles Peyroton. Basílica de São Benedito, Lorena.

1 Zaluar, *Peregrinação pela província de São Paulo*, (1860-1861), p.75.
2 Lemos, *Patrimônio: 70 anos em São Paulo*, p.119.
3 Ramos, *Pequena história do Bananal*, p.61-2.
4 Ibid., p.55-6.
5 Zaluar, op. cit., p.41-5.
6 Ramos, op. cit., p.244.
7 Pinturas do artista espanhol Villaronga que são motivos de estudos do sr. Luiz Nogueira Porto.
8 No *Levantamento das técnicas e sistemas construtivos da região do Vale do Paraíba*, o arquiteto Antônio Luiz Dias de Andrade, e equipe, assim destacam a construção da Estação da estrada de Ferro, de Bananal: "É importante destacar, na obra da Estação da Estrada de Ferro, na cidade de Bananal, a pré-fabricação de seus elementos e também o partido estrutural.
Sua estrutura compõe-se de montantes formados por duas vigas 'H', unidas por uma chapa ondulada, definindo assim a série de esteios de suporte do edifício.
Os vedos – estruturais – são de chapas de flandres, moldadas de maneira a aumentar sua resistência e a disposição do conjunto. O trabalho no contraventamento de seus elementos importantes.
No interior das paredes de chapas moduladas, existem longarinas perfuradas dispostas horizontalmente, articuladas com os montantes verticais. O piso de madeira é apoiado sobre trilhos, bem como o forro, feito com as mesmas chapas prensadas. As placas, das paredes, são dimensionadas segundo três módulos diferentes, necessários ao preenchimento dos intervalos deixados pela colocação dos vãos" (v.6).
9 Ramos, op. cit., p.62.
10 Ibid., p.238.
11 As ocorrências, festas e vida social no largo, se encontram em Freitas, *Bananal: cidade histórica, berço do café*. Também, a genealogia das famílias Almeida e Aguiar Vallim, bem como sua influência na cidade.
12 Breve relato da Igreja de Nossa Senhora do Rosário dos Pretos de Guaratinguetá e algumas de suas principais obras de estatuárias podem ser vistas no Museu Frei Galvão de Guaratinguetá. Freire, *A igreja de Nossa Senhora do Rosário dos Pretos de Guaratinguetá*.
13 Reis Filho, *Evolução urbana do Brasil*, p.133.
14 "Nem sempre nossas câmaras municipais ou nossas sedes de governo tiveram prédios próprios; [...] era pouco provável que se situasse num ponto condigno, como uma praça que acolhesse os cidadãos, valorizasse o significado do prédio ou tirasse partido do seu projeto arquitetônico mais elaborado", em Marx, *Cidade brasileira*, p.50.
15 Evangelista, em *Lorena no século XIX*, traz mapas esquemáticos e discute os espaços urbanos de Lorena.
16 Zaluar, *Peregrinação pela província de São Paulo (1860-1861)*, p.44-5.
17 Silva Telles aponta ideias do Iluminismo francês no traçado de São Luiz do Paraitinga na obra *O Vale do Paraíba e a arquitetura do café*.
18 Evangelista, op. cit.
19 Sobre o projeto da Igreja de São Benedito de Lorena pode-se confirmar se é de autoria do arquiteto francês Carlos Peyroton. De acordo com informações, seu nome está gravado no mármore que suporta a escultura de São Benedito no altar-mor. A grande reforma da Matriz de Lorena, em 1884, segundo desenhos originais carimbados com o nome do escritório do referido arquiteto e datados de 1º/8/1884. Certo, também, é que o projeto da atual Igreja do Rosário é de Ramos de Azevedo. É de se admirar que Lorena tenha tido condições financeiras de levar adiante os três projetos. Eles se encontram no setor de plantas da Biblioteca da Faculdade de Arquitetura e Urbanismo da Universidade de São Paulo (FAU-USP). Pasta: Igrejas de Lorena – originais. Uma cópia dos projetos está na Biblioteca do Instituto de Estudos Vale-Paraibanos (IEV) na Unisal, Trabalho de Conclusão de Curso de Maria Regina Karps do curso de pós-graduação *lato sensu* do Instituto de Artes da Unesp, 2010.
20 "Ministros do Império, presidentes de províncias, titulares e conselheiros, em 1884, vieram à Lorena, na oportunidade das inaugurações da obra-prima de arte religiosa e do gótico francês, que o conde de Moreira Lima fizera erguer, a Igreja de São Benedito, e da arrojada empresa industrial, que, também, ele ajudara a tornar realidade: O Engenho Central."
"No dia seguinte, o casal de herdeiros do trono visitou a bonita Igreja de São Benedito, cuja capela-mor, com altar de mármore e mais peças, fora importada da Europa e montada em Lorena. (*Breve Notícia do Santuário de São Benedito*, Lorena, 1918, Conde de Moreira Lima.) A Galeria de estátuas da capela-mor pelo simbolismo com os casais da família Moreira Lima, efetuados em mármore branco, para agasalharem, no futuro, os restos mortais de sua figura central, o Conde, impressionou, fortemente, a Princesa", em Motta Sobrinho, *A civilização do café (1820-1929)*, p.101-4.

Vista da Basílica Nova de Aparecida.

Capítulo VII

Thomas Ender. *Vista da Igreja e Capela de Nossa Senhora Aparecida,* 1817. Aquarela, Academia de Artes de Viena, Áustria.

CONFLITO NO ESPAÇO RELIGIOSO DE APARECIDA

A Capela d'Aparecida, pertencente a Guaratinguetá, desenvolveu-se ao redor do patrimônio religioso. O nome Nossa Senhora da Conceição está ligado ao orago oficial, bem como à aparição da imagem na estadia do conde de Assumar, em Guaratinguetá, em 1717.[1] De oratório portátil, certamente a imagem caiu no rio ou, quebrada na viagem, foi atirada nas águas do Rio Paraíba. Encontrada, foi posta em oratório fixo por Atanásio Pedroso. A imagem, que esteve certo tempo na Matriz de Santo Antônio de Guaratinguetá, foi trasladada para a Capela d'Aparecida, que recebera autonomia religiosa, mas não política.

Nota-se a normalidade com que o núcleo surgiu: imagem – oratório – capela – patrimônio – capela curada – povoado. As terras doadas em patrimônio pertenciam a Guaratinguetá, e a matriz não poderia ser suplantada pela capela. Com a transferência da imagem de Nossa Senhora para a capela, o local tornou-se lucrativo e iniciou-se o movimento de emancipação da capela.

Topo: Elaborado a partir da obra de **Arnaud Julien Pallière.** *Nossa Senhora Aparecida*, 1821.
Acima: **Jean-Baptiste Debret.** *Capela de Aparecida*, 1827. Aquarela. Museus Castro Maya/Ibram/MinC.

Morro dos Coqueiros

A escolha do local, o Morro dos Coqueiros, foi certamente determinada pelo costume da época: a igreja sobre o morro, polo visual e irradiador dos ideais religiosos. Local de difícil acesso, porém uma necessidade religiosa. Com a determinação do local de caráter totalmente religioso, os elementos básicos para o incremento do patrimônio voltaram-se para os seguintes aspectos: a grande praça fronteira à capela, a rua em linha reta, a rua detrás do morro para levar as pedras e a rua lateral para subir em romarias.

Não há dúvida de que o melhor que se fez até hoje em Aparecida foi a escolha do local. Max e Spix, Thomas Ender, Jean-Baptiste Debret, Emílio Zaluar, Augusto de Saint-Hilaire e outros cientistas e artistas são unânimes em enfatizar o aspecto exterior da colina, a visão idealizada da natureza. O espaço externo só não é o mais importante para Zaluar, que se atém à manifestação da pintura popular, histórica, das obras sociais. Porém, é romântico e até arcádico ao remeter à colocação dos templos gregos sobre acrópoles, à majestade da natureza que a rodeia e serve de pedestal. O silêncio, as nuvens em formas fantásticas, o rio murmurante e a mata segredando frases misteriosas "são parte dos remédios que o homem da metrópole vê para animar o transe das amarguras supremas que se resolve com os céus".[2]

Thomas Ender explorou o aspecto pictórico. Árvores em primeiro plano, a várzea e depois a serra. Ou, ainda, volumes curvos de morros e as retas nas amplidões. A transparência atmosférica e a luz dominam os intervalos gráficos, sugerindo as curvas do rio e a serra. Cinco desenhos são dedicados à Aparecida; três deles mostram o aspecto físico da natureza dos arredores, outro, o interior da casa e a capela.[3]

Diante da necessidade de dar à imagem esplendor, os primeiros homens souberam conciliar religião e natureza. Essa natureza em estado primitivo, envolvente, foi destruída nos duzentos anos que se seguiram.

O patrimônio da capela foi formado pelas doações de Margarida Nunes Rangel, Fabiana Fernandes Telles e Lourenço Sá Carneiro.[4] O espaço organizou-se, dando à capela o centro do patamar nivelado em 1741 pelo capitão Antônio Raposo Leme.

No desenho de Thomas Ender, a horizontalidade toma conta do espaço, e se tem a impressão de a capela não estar sobre o morro. Quando, porém, desenha olhando para a Serra da Mantiqueira, o terreno mostra-se em um plano inclinado, revelando a situação topográfica.

No espaço secundário do patrimônio, o Caminho da Ladeira recebeu as primeiras casas em 1748, de propriedade de Miguel Martins de Araújo. Até 1850, havia apenas esses dois espaços: pátio e ladeira.

Mas o espaço físico não comportou a projeção religiosa de Aparecida. A fama da imagem ultrapassou a colina, e surgiram os primeiros choques de interesses. A proporção de terras da igreja entrou em conflito com os interesses de direito à exploração pelos aforeados. Os juízes da municipalidade de Guaratinguetá tiraram proveito dos cofres. O comércio e a exploração da hospedagem dividiram com a capela as necessidades básicas de locomoção do homem e geraram o início do consumismo e da religiosidade juntos.

A transformação do perfil da colina é a expressão da troca de interesses que se exterio-

rizou na materialização da arquitetura. O desenvolvimento social e econômico da região e a ligação entre política e religião fizeram de Aparecida um caso ímpar. Não se pode dizer que haja uma evolução na arquitetura nem no espaço urbano sobre a colina, há apenas mais construções. Não existe evolução da arquitetura no sentido de nova organização de espaço, pois não há espaço.[5]

As trocas de interesses se relacionam nesse povoado, onde os padres jesuítas, em 1748, já encontraram os habitantes consumindo-se em ódio e inimizades. Cuidou-se também para que não se instalassem ali pessoas de má reputação, como prostitutas. As primeiras casas de peregrinos foram construídas para impedir a prática de dormir dentro dos cubículos da nave, ocasião em que os romeiros andavam pela capela com a imagem na mão. Em 1805, relacionadas em inventário, seis casas funcionavam como pousada. Citando outros santuários, membros da Mesa de 1858 apresentaram uma petição à Assembleia Provincial para amainar a amortização de alguns imóveis destinados à acomodação.

Nas administrações, podem-se notar os interesses religiosos, políticos e administrativos que beneficiam ora um grupo, ora outro. Assim, é possível resumi-las em Administração Eclesiástica, de 1745 a 1805; Secular, de 1805 a 1890; e Administração Eclesiástica, de 1890 até hoje.

Na primeira Administração Eclesiástica, contou-se com o auxílio da Irmandade Nossa Senhora da Conceição Aparecida, quando se construiu a primeira Capela do Padre Villela; reformou-se a fachada, transformando parte dela em alvenaria; e instituiu-se o primeiro capelão.

A fase secular começou com a intromissão do governo na irmandade e na capela. Em 1805, criou-se a Mesa Protetória por ordem do governo provincial, até 1884. Nessa ocasião, formou-se a Mesa Administrativa, desligando a capela dos interesses da Igreja até 1890. Também aí, as obras da reconstrução da capela foram barradas, mas prosseguiram sob a mão de Monte Carmelo; abriu-se a Rua Oliveira Braga e outra atrás do morro para passar os carros de bois com as pedras para a reforma; outras melhorias foram feitas com os cofres da capela, como o calçamento da ladeira, o cemitério, o chafariz, contribuindo com a Santa Casa de Guaratinguetá e a matriz.

A última fase, eclesiástica, iniciou-se com os termos expressos na Pastoral Coletiva de 19 de março de 1890. Desapareceu o trono. E o altar? O altar está em pé, amparado pela fé do povo e pelo poder de Deus. O decreto de liberdade de culto e o desligamento da tutela do Império trouxeram benefícios de ordem religiosa e política. A capela passou a ser santuário nacional em 1900 e, quatro anos mais tarde, a imagem foi coroada como padroeira do Brasil. A construção de nova igreja começou a ser realizada em 1939, quando dom José Gaspar pôs-se contra os interesses dos comerciantes instalados atrás da igreja, que recusaram ceder o terreno, logicamente, a melhor opção para a construção do conjunto religioso. A segunda opção não vingou: a construção no Morro do Cruzeiro, em 1940.[6] Não desanimando, optou-se pelo Morro das Pitas, a terceira opção, com o objetivo, entre outros, de promover o homem do campo.[7] Em 1946, dom Carlos Carmelo de Vasconcelos Motta lançou a pedra da Basílica Nova, projeto do arquiteto Benedito Calixto Jesus Neto, apresentado à imprensa em 1951 pelo cardeal Motta.[8]

Basílica Nova no Morro das Pitas, Aparecida.

Capela de Aparecida

A capela, atual Basílica Velha, foi assim descrita pelo padre dr. João de Morais e Aguiar, vigário de Guaratinguetá, em 1757:

> *Está situada esta capela uma légua, pouco menos da Matriz, em lugar alto, aprazível e naturalmente alegre. É a igreja de taipa de pilão: tem o altar-mor com tribuna em que está a imagem da Senhora, com dois altares colaterais, todos pintados e o teto da capela-mor; é forrada a igreja e por baixo assoalhado de madeira com campas; tem coro, dois púlpitos, sacristias com duas vias-sacras, corredores assobradados e ambas as partes com casas, a igreja tem uma torre, a sacristia pintada e ornamentos de todas as cores, os quais e os mais móveis constam do inventário.*[9]

De 1760 a 1780, recebeu a capela a estrutura de taipa de pilão, parte de alvenaria, para a ampliação e a colocação das duas torres. Nesse estágio, a capela foi retratada em desenho de Thomas Ender, em 1817, e por Arnaud Pallière, em 1821. Outra reforma, de 1824, não alterou as estruturas, apenas foram feitos reparos no telhado, no presbitério e nas paredes.

A última reforma teve as seguintes etapas: construção das duas torres (1845-62), construção das naves (1878-80), construção da capela-mor em 1882 e chegada do altar-mor (da Itália) em 1888.[10]

Esquema das diversas igrejas de Nossa Senhora Aparecida.

Basílica Velha de Nossa Senhora Aparecida.

A capela no perfil da colina

O perfil da colina começou a ser alterado em 1741, com a construção do patamar para o início da primeira capela. De 1750 a 1805, havia, rodeando-a, casas para romeiros e outras que já se posicionavam na ladeira. Em 1836, o marechal Daniel Pedro Müller afirmava ter cinco quarteirões o distrito, cerca de 66 fogos e 350 habitantes.[11] Certamente, esses quarteirões referem-se à parte baixa da cidade, pois na colina o quarteirão só surgiu depois de 1845 a 1852, quando se abriram as ruas na sua borda. Fotos de 1876, de Robin & Favreau, mostram que na colina nada rivalizava com as novas torres da capela.

Nas fotos por ocasião da coroação da imagem, em 1904, nota-se a presença de dois sobrados na praça; em 1910, três sobrados e mais um na parte dos fundos ainda não haviam tirado a visão das torres desde o início da rua de calçada. Em foto de 1910, feita a partir do Morro do Cruzeiro, vê-se a aglomeração ao longo da Rua Nova. São sobrados com telhados de duas águas, transversais, aproveitando a profundidade do terreno. Na parte da frente, instalações para o comércio. Na praça e na Rua da Calçada, ocupam a parte fronteira do terreno, devido à inclinação na parte posterior. É difícil conceber a concepção de quarteirões, pois a irregularidade topográfica não permite simetria ou ideia de blocos que se resumem a apenas dois ao longo do espigão.

Topo: Morro dos Coqueiros com a Basílica Velha, espaço orgânico do setor comercial e hoteleiro e passarela interligando com a Basílica Nova.
Acima: Edifícios Hoteleiros no Morro dos Coqueiros, Basílica Velha, Aparecida.

A primeira construção a rivalizar com as torres da capela foi a caixa-d'água, construída por volta de 1950. Nessa ocasião, toda a praça já possuía sobrados. A parte de trás do morro já estava completamente ocupada com construções e em 1956 erguia-se o primeiro grande hotel vertical na praça. Zaluar não mais diria:

> *Entre todos estes templos que temos visto no interior do país , nenhum achamos tão bem colocado, tão poético, e mesmo, permita-se-nos a expressão, tão artisticamente pitoresco, como a solitária capelinha da milagrosa Senhora da Aparecida.*[12]

Ainda vendo a cidade do Morro do Cruzeiro, na década de 1960 surgiu o imenso perfil da Basílica Nova. As lutas de interesses ganharam forma na expressão arquitetônica. O caos sobre a colina, destruído o patrimônio visual, foi concretizado na década de 1970, onde edifícios mais altos do que a torre da Basílica Velha horizontalizaram o declive da colina.[13] Nesse início de século, a cidade apresenta-se caótica, sem nenhum planejamento urbano, um amontoado de edifícios sem a mínima classificação arquitetônica.

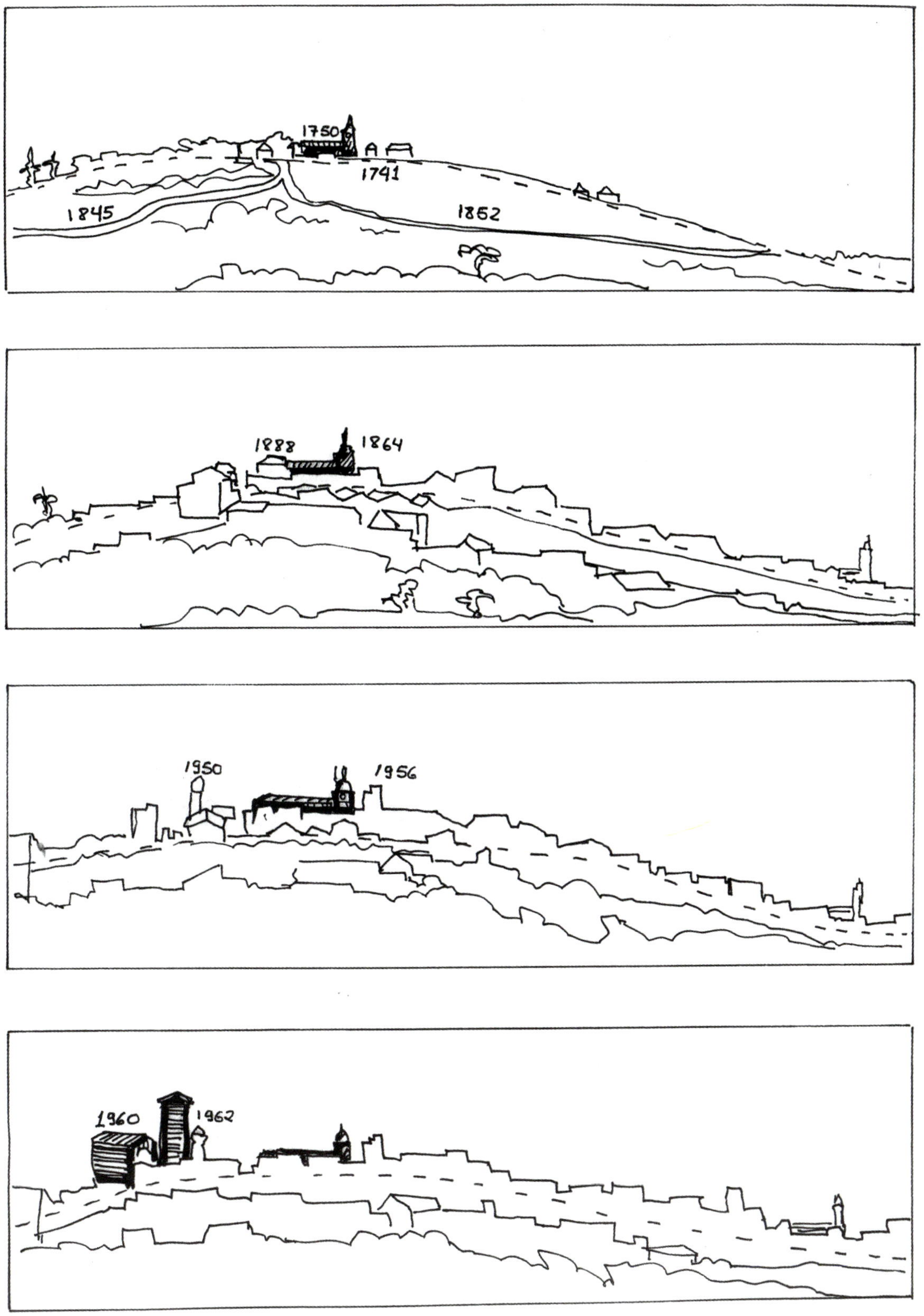

Perfil do Morro dos Coqueiros e o desaparecimento visual da Basílica Velha.

Análise – O perfil

A análise do conjunto arquitetônico da cidade revela, de imediato, dois pontos distintos: a cidade crescendo sobre a colina e, no outro, a racionalização do espaço para a construção da Basílica Nova. As funções são iguais, porém distintas na concepção de construção e conjunto.

Para melhor compreensão, divido a análise em duas partes: o perfil da colina e as massas arquitetônicas, que rivalizam em importância comercial e religiosa; e o traçado orgânico e dinâmico da colina, em contraposição ao geometrismo que circunda a Basílica Nova.

No espaço acidentado, comprime-se o casario. A colina, cortada por duas paralelas, determina o conjunto maciço central. Dos lados, os edifícios comprimem-se longitudinalmente. Características das aglomerações coloniais mineiras aí se encontram. A posição sobre o morro, a igreja como ponto central, o casario colado, formando uma sequência de portas e janelas, a parte inferior do sobrado com função comercial. O que difere é a função da cidade: ser santuário. O objetivo principal dela é a imagem da Aparecida,[14] e à sua volta tudo deveria girar. A exteriorização de sua importância é o templo religioso dominando a paisagem, irradiando a fé.

Não se pode falar em evolução arquitetônica, mas sim em uma troca de edifícios que se plantam no mesmo local da acidentada topografia. Os edifícios erguem-se e transformam o perfil da colina em caótico. Visualmente, a diversidade desagrada em todos os sentidos, tanto na variedade de espaço em que aparecem, de modo concomitante, o colonial e o pseudomoderno, como também o simples. O colonial, na colocação topográfica, encimado pela construção sacra; o pseudomoderno, em busca da adaptação de andares que se distribuem ao longo dos corredores; o simples, que atualmente domina a parte baixa da cidade, distribuída em ruas que obedecem à topografia. Essa transformação leva-me a afirmar o oposto ao que Zaluar encontrou na colina em 1860:

> *O sentimento religioso, fervor da crença em sua primitiva pureza, que o ceticismo do século de dia para dia destrói nas nossas grandes cidades civilizadas, tem entre as povoações centrais um sentido mais elevado, um influxo mais grandioso e sublime, porque o requinte da corrupção ainda lhe não faz gerar a dúvida, nem o egoísmo fanático mercadejar com a consciência, como acontece aos filhos degenerados das sociedades que se dizem polidas.*[15]

Na divisão das terras do patrimônio em porções, a Igreja teve a natural vantagem. A compensação na verticalidade dos edifícios ocorreu duzentos anos depois. Tem-se certeza agora de que os ideais religiosos e comerciais atingiram os mesmos níveis tanto na colina da Basílica Velha como nos intramuros da nova.

Perdida a beleza natural, dessacralizada a colina, horizontalizados os níveis da cidade, articulando-se os interesses comerciais, surgiu no Morro das Pitas o dantesco perfil da Basílica Nova (início de 1955; torre e cúpula em 1972).

> *É a exteriorização dos ideais religiosos da cidade que devem ser mantidos, o domínio por meio da massa arquitetônica da nova basílica. Surgiu, então, um desequilíbrio visual, pois uma só construção equivale a toda uma cidade. O equilíbrio da força religiosa foi reconquistado. Para que esta nova força não seja vencida, a Basílica nova isolou-se da cidade, formando dois traçados distintos no urbanismo.*

Massa arquitetônica desproporcional da Basílica Nova no Morro das Pitas, Aparecida.

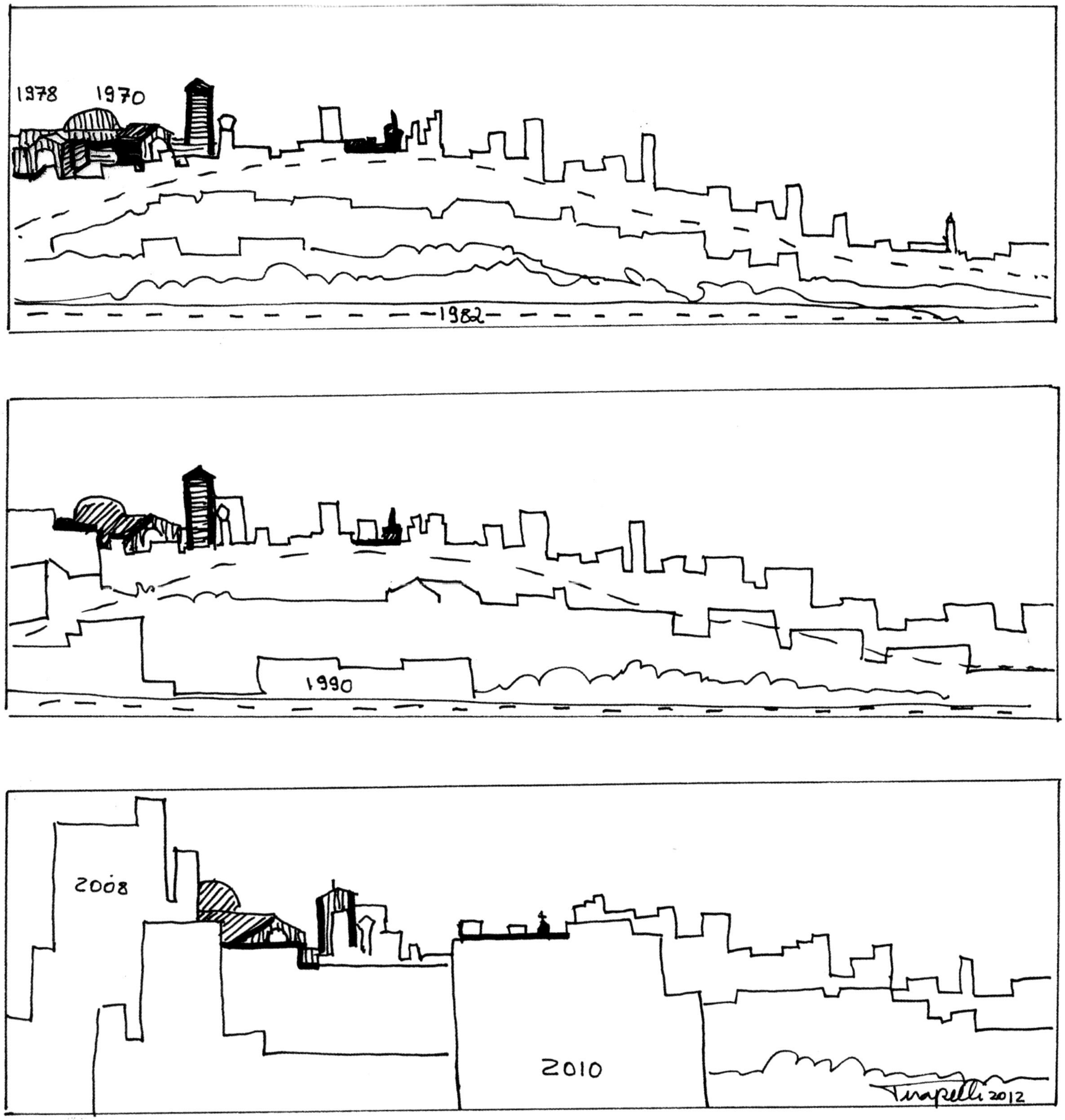

Perfil do Morro dos Coqueiros e o desaparecimento visual da Basílica Velha.

Traçado urbano

A segunda análise refere-se aos traçados diferentes da cidade. O perfil dinâmico e vivo no Morro dos Coqueiros é palco de lutas de interesses. No Morro das Pitas, surgiu o perfil que exterioriza os ideais religiosos. Os dois perfis estão em traçados diferentes: a Basílica Velha, no traçado livre espontâneo, e a Basílica Nova tencionando geometrizar o plano urbanístico da cidade.

O espaço que se formou ao redor da capela, ou Basílica Velha, é diversificado. Foi conquistado pelas construções e está para ser reconquistado pelo homem. Subidas e descidas tortuosas, escadas e becos, corredores de circulação e atalhos, passagens privativas e espaços de vendedores ambulantes.

No outro morro, a racionalização geométrica é o conceito básico da Basílica Nova, que se ergue como arquitetura monumental. A consciência sobre qual deve ser a mais importante das igrejas brasileiras pode tê-la levado a uma conceituação de domínio. Contudo, tal domínio foi resolvido por meio de massas dantescas de conceito medieval aplicadas em forma românico-bizantina. A opção da forma estereotipada da igreja foi direcionada pelo clero, ciente de que este tipo arquitetônico cairia no gosto popular.

Não há dúvida de que ambas as basílicas tiveram os seus planos de construção visando a suas funções. Na colocação topográfica, são similares, porém, na vivência do espaço, as diferenças vêm se acentuando.

A geometrização do espaço da Basílica Nova isolou-a da vivência mais intensa. Ela só se transforma em organismo vivo por ocasião das festas religiosas ou no dia do Senhor. O excesso de planejamento determinativo para funções específicas tirou o sabor do informal. São dois conjuntos: um informal, que se aglomera na ladeira, e o outro formal, que ocupa espaço racional e geométrico. A cidade se revela em ambos. Um orgânico, constituído de diversidade, formas que surgem espontaneamente ao redor da Basílica Velha, fazendo que as linhas tortuosas constituam o sabor de sua beleza. Do outro lado, um espaço construído por linhas retas, fruto do pensamento científico direcionado para os aspectos visados. Facilitar, racionalizar ou mesmo eliminar esses elementos do plano urbanístico são ações que poderiam criar um novo tipo de romeiro, um elemento intermediário entre o visitante e o turista. A cidade não mais seria vivida, e sim vista. Portanto, uma passarela da fé facilita a perda dessa prática e endossa a ideia de que só poderia ter sido concebida por um visitante, e não por um romeiro.

Quais seriam os indícios que aclarariam a confirmação desse novo visitante-turista, e não romeiro? O traçado da cidade volta-se cada vez mais e com exclusividade aos veículos motorizados. A natureza é violada e os morros, devastados, sem a mínima integração com o homem. A grande praça defronte da Basílica Nova, com imensa cruz projetada com palmeiras, não tem outra função senão a de estacionamento. Poder-se-ia dizer que uma visita mais confortável

à Basílica Nova está sendo oferecida, longe do sentido de romaria ou de descoberta da cidade-santuário. Os estacionamentos multiplicam-se na nova praça, por detrás da Basílica, junto a um *shopping center* e a outro centro de convenções.

E no traçado urbano, onde se evidenciaria que os ângulos retos e grandes linhas perspécticas procuram favorecer a monumentalidade, minimizando o homem? Não há dúvida de que as multidões devam ter um lugar cativo na cidade-santuário e que aí floresça um comércio. A ladeira da Basílica Velha é um exemplo de envolvimento, tanto material quanto espiritual. O olhar segue as torres e ganha o adro. Justifica-se por completo a grande linha contínua e curva que esconde e revela o templo. Isto não acontece, entretanto, com a Basílica Nova, monumental em si para acolher multidões em seu interior. Dadas as suas formas e a sua beleza, dispensaria a solução da avenida monumental-comércio que se abre do portão monumental à linha férrea. Há nesse falso geometrismo a arrogância de quem olha do morro para baixo. Essa linha reta, plana, que rasga o casario, não colabora para uma visão mais envolvente da Basílica Nova. A grande linha da colina justifica-se pela posição da Basílica, bem como as rampas monumentais da Basílica Nova. Estão, porém, praticamente desativadas, devido à confusão de acessos criados, com a frente e o fundo da Basílica a se confundir.

O mais perigoso nesse geometrismo que quer civilizar a cidade é que ele poderá isolar ainda mais a Basílica Nova. O templo poderá ser vivido apenas aos domingos e dias de festas. Seria este o único objetivo da cidade-santuário?

Praça Nossa Senhora Aparecida e a Basílica Velha ao fundo.

Massa arquitetônica desproporcional da Basílica Nova no Morro das Pitas, Aparecida.

Basílica Nova de Aparecida.

Em resumo, a escolha da colina foi a que melhor se fez ainda naquele período da capela, elogiada a localidade por todos que a visitaram. Foi, porém, descaracterizada pela luta dos interesses comerciais e religiosos. A Basílica Nova surgiu cercada de racionalismo e vontade isolar os interesses religiosos e confirmar a administração eclesiástica. Duas massas arquitetônicas distintas passaram a conviver na cidade, ambas desequilibradas, sequer se poderia dizer em unidade visual, menos ainda em termos arquitetônicos. Perdeu-se o sentido de cidade-santuário tirando da primeira colina o perfil das torres da Basílica Velha perdida em meio a edifícios que a horizontalizaram. A Basílica Nova, com imensa praça fronteiriça, simbolicamente desenhada em cruz, rasgou a cidade até o rio, isolou-se por detrás dos murros, agigantou-se sobre o Morro das Pitas e criou uma zona comercial na fachada posterior. O espaço da Basílica Nova pretende conquistar para si toda a ação do romeiro, direcionando seu tempo em espaços circunscritos ao culto e àqueles devocionais e comerciais, sob a ótica da facilidade. Não se vai à Aparecida, se vai à Basílica Nova e de lá se admira a colina onde está a antiga Basílica, perdida entre edifícios apinhados no morro. O conflito é evidente, os espaços não se integram, apesar da passarela que facilita a visita desses dois polos distintos que não se conjuminam sequer na visualidade. O espaço orgânico ao redor da Basílica Velha, a subida da colina, convite ao antigo romeiro.

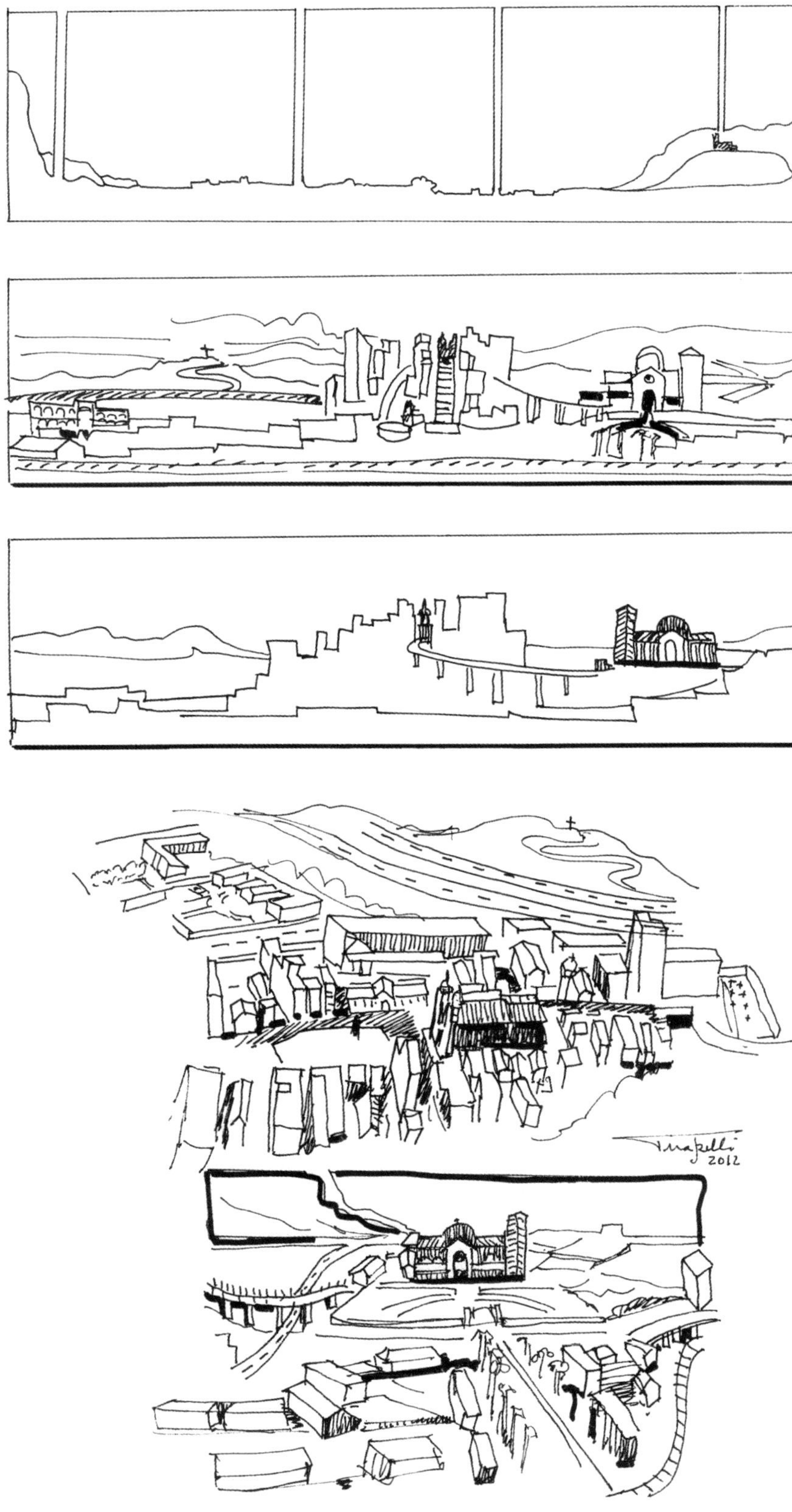

Esquema dos espaços das duas basílicas.

1 Ribeiro, op. cit., v.III, p.359-60.

2 Zaluar, op. cit., p.85-9.

3 Ferrez, op. cit., desenhos 202-6.

4 Brustoloni, *A Senhora da Conceição Aparecida: história da imagem da capela de romarias*, p.69.

5 Conheço dois exemplos na Rua Oliveira Braga que fogem à regra: o antigo sobrado de dona Maria da Costa, com jardim e chafariz fronteiros, escada para o alpendre, salas para o comércio na parte debaixo, bem como local para guardar a lenha. O outro exemplo é pitoresco: criou-se uma alameda ligando a casa térrea no plano à Rua Oliveira Braga. O jardim francês leva à parte principal do chalé em estilo inglês, de cobertura de duas águas. No fundo, mangueiras e árvores.

6 Sobre a questão administrativa e os projetos das novas igrejas, há documentos e plantas no Arquivo da Cúria de Aparecida.

7 Brustoloni, op. cit., p.136.

8 Ibid., p.197.

9 Cópias do Livro do Tombo, fols. 97. Museu Frei Galvão. Guaratinguetá.

10 Brustoloni, op. cit., p.120-6.

11 Müller, *Ensaio d'um quadro estatístico da província de São Paulo*.

12 Zaluar, op. cit., p.86.

13 O início do comércio ao redor da capela é estudado em Moura, *O visconde de Guaratinguetá: um titular do café no Vale do Paraíba*.

14 A imagem de Nossa Senhora da Conceição Aparecida não é analisada aqui, devido aos exaustivos estudos feitos por Pedro de Oliveira R. Neto em *A Imagem de Nossa Senhora Aparecida, Jubileu de Ouro e Rosa de Ouro*, 1970, p.173; e outros trabalhos de dom Clemente Maria Silva Migra, dom Paulo Lachenmayer, Pietro Maria Bardi, Maria Helena Chartuni e dr. João Marino. Em aspectos mais abrangentes a imaginária paulista deve ser vista em "Notas sobre a imaginária", especialmente a de Carlos Lemos; *As imagens religiosas de São Paulo* e outros trabalhos de Eduardo Etzel.

15 Zaluar, op. cit., p.85.

PARTE 3

Vista do centro histórico de São Luiz do Paraitinga.

Capítulo VIII

Considerações Finais

Este estudo, que teve como base minha dissertação de mestrado (ECA/USP, 1984), nasceu do pressuposto de que o templo religioso foi, no período colonial, o principal centro religioso e cultural ao redor do qual as vilas cresceram. A igreja matriz tornou-se desde então o foco visual na praça principal. Esta praça ou terreiro em geral era a mais ampla, e a sociedade de então não mediu esforços para torná-la o centro das atividades religiosas e sociais, de forma que a escolha da localização sempre privilegiou a visualidade da igreja. Sua grandiosidade e posicionamento na praça sem a interferência sequer de edifícios oficiais distinguiram-na no urbanismo até o período republicano. A realização das festas religiosas dentro e fora dos templos criou um circuito de religiosidade que se convencionou chamar de ruas de procissão, para as quais as sacadas das casas senhoriais se debruçavam e se abriam aos domingos festivos – quando as famílias dos fazendeiros para lá acorriam. Santas Casas e hospitais eram gerenciados por irmandades religiosas, assim como as capelas das ordens terceiras e das irmandades profissionais. Fossem elas compostas por brancos, pardos ou negros como as do Rosário e de Santa Ifigênia, criavam a ambiência desta sociedade escravocrata baseada na economia do café.

Este cenário se altera apenas no período republicano, com novas ordens religiosas direcionadas para o ensino e ação missionárias voltadas agora não mais para a catequese, mas para o ensino e a evangelização dos imigrantes. Assim, surgem no final do século XIX os educandários, seminários e mosteiros femininos acrescendo àquela paisagem as raras residências jesuíticas (Freguesia da Escada em Guararema, p.149), conventos franciscanos (Taubaté, p.155) e vilas santuários tais como Tremembé (p.92) e em Aparecida (p.195).

Assim, o objetivo desta publicação é aprofundar o conhecimento e valorizar a arquitetura religiosa circunstanciada pelo urbanismo, relacionado às diversas fases do desenvolvimento econômico do Vale do Paraíba, que ganha destaque na economia brasileira com a produção de café. As construções religiosas passaram por reformas de atualização estilística, na maioria das vezes sobre as estruturas construtivas de taipa de pilão, presentes até o final do século XIX. Iniciaram-se as construções historicistas no século XX acompanhando a independência da Igreja (que até então era regida ainda pelas leis do Padroado do período colonial ao imperial), a reabertura dos seminários e a chegada de novas ordens religiosas ao Brasil.

Urbanismo

A urbanização do Vale do Paraíba foi direcionada para se criar um rosário de vilas no caminho entre as serras do Mar e da Mantiqueira, ao longo do Rio Paraíba do Sul, em busca das minas de ouro, com a consequente ocupação territorial serra acima em trilhas indígenas. As vilas foram fundadas a partir das terras de Mogi das Cruzes, com primitivos aldeamentos jesuíticos como na Freguesia da Escada em Guararema (p.147), e os jesuítas que foram barrados no início do Vale para que não avançassem até as minas auríferas atravessaram o Rio Paraíba do Sul em á e chegando até São José dos Campo. Taubaté, o principal núcleo primitivo, ocupa o centro geográfico do Vale; Guaratinguetá aproxima-se do porto de Guaipacaré (Lorena), subindo para a passagem da garganta do Embau no alto da Mantiqueira (hoje município de Cruzeiro) que serviria para a abertura dos antigos caminhos, o Geral do Sertão e a Estrada Real desde Paraty, passando por Cunha em direção às Minas Gerais.

As incipientes vilas desenvolveram-se ao redor de pequenas capelas oriundas de patrimônios religiosos doados por senhores de extensas terras da Capitania de Itanhaém do legado da condessa de Vimieiro, neta de Martim Afonso de Souza. A agricultura era de subsistência, com plantações de cana-de-açúcar, mandioca para prover os engenhos e o comércio de feijão, milho, além de raros profissionais ligados ao tropeirismo de muares entre o litoral e o planalto. Assim nasciam vilas, como pousos de tropeiros (Cunha, na subida da serra desde Paraty), como travessias de rio (Jacareí e Lorena), como marco de posse da terra (Taubaté) e as cidades intermediárias nestas distâncias, como Pindamonhangaba e Guaratinguetá, caminhos fluviais no Vale ao longo do rio. A localização influenciou no traçado das vilas, com ruas retas e quadriculado tal como em Taubaté (p.48). e Pindamonhangaba, ambas em terrenos planos, assim como São José dos Campos (p.43). As quadras não obedeciam a tamanhos regulares, apenas vias ortogonais, como em Lorena (p.45). O traçado espontâneo que caracteriza a vila portuguesa foi utilizado em Guaratinguetá com a capela em um promontório que ligava ao porto do rio (p.46). Este traçado irregular orienta também Jacareí como uma vila de passagem (p.44). Em Cunha, no dorso da montanha, a vila resumia-se a uma longa rua passando diante das duas igrejas e outra de menor dimensão na parte posterior da matriz, caracterizando assim uma vila de pouso e passagem (p.29). Também o rio em Bananal orientou o urbanismo com duas vias ao longo de seu leito, abrindo uma praça diante da matriz e outra no rocio, posteriormente chamado de Largo do Rosário (p.178)

Vista do centro histórico de São Luiz do Paraitinga.

Assim as vilas foram desenhadas pelo austríaco Thomas Ender (desenho do casario e igrejas) e os artistas franceses Arnaud Julien Pallière (traçado urbanístico) e Jean-Baptiste Debret (aquarelas mais livres), todos no início do século XIX, quando ainda o Vale se ressentia da população que fora para Minas Gerais. Parte dele ainda perdera importância com a abertura do Caminho Novo desde o Rio de Janeiro para Ouro Preto, passando pela Zona da Mata mineira. Na iconografia pertinente, as imagens nem sempre são animadoras e as igrejas estão apenas estruturadas com suas paredes de taipa de pilão, como mostra o desenho de Ender em Areias (p.62). O casario em Bananal é mais interessante já que por lá entrara a cultura do café no início do século XIX, que em 1836 já suplantara a economia açucareira, cultura esta que animaria o Vale, tornando a região mais importante para a economia do Império depois do esgotamento das zonas auríferas de Minas Gerais.

Fazendas

Naquele novo clima as fazendas, outrora apenas com incipientes engenhos de cana-de--açúcar, aguardente e farinha de mandioca, passaram a receber escravos para a cultura do café, enriquecendo assim os senhores fazendeiros. Tanto as sedes de fazendas foram ampliadas e embelezadas, quanto o foram as antigas capelas em taipa de pilão, que passaram a receber raros ornamentos estruturas. O binômio fazenda *versus* cidade permanece naquele século do império com sistemas construtivos similares (taipa de pilão e de mão), seja nas casas e solares urbanos, seja nas imensas sedes de fazendas. As construções constituíam-se verdadeiras cidadelas autossuficientes, como a fazenda Santana em Lagoinha com a sede, casa das máquinas, terreiro e senzala. As sedes de fazendas em geral eram construídas em terrenos em declive, aproveitando a parte inferior para guardar utensílios e a superior para moradia, caso da Boa Vista em Bananal (p.176). A água era utilizada para lavagem do café; rodas d'água para os engenhos de açúcar. A casa conservava os antigos modos bandeiristas, com telhados em quatro águas abrigando a capela e quarto para viajantes, no alpendre entalado, e ainda sala, alcovas, quartos e varanda posterior que dava para a cozinha, arquitetura esta que em Portugal é denominada *chã*.

A enorme fazenda Pau d'Alho em São José do Barreiro tem a frente voltada para o grande terreiro e senzala, e entrada por um flanco do alpendre lateral com capela ao fundo (p.27). Algumas destas soluções são denominadas *arquitetura de torna-viagem*, paulistas que retornavam das minas auríferas para se instalarem em fazendas de cafeicultura como a do Serrote, em Santa Branca, com amplos muros de arrimo transformando a moradia em sobrado. Fazendas dos barões do café ampliavam-se e renovavam-se com cômodos mais amplos, como sala para receber visitas, capelas internas, salas de jantar ornamentadas com pinturas em paredes, a exemplo da fazenda Resgate em Bananal (p.142). As paredes invariavelmente eram brancas – pintadas com o barro tabatinga – e as madeiras recebiam coloração azul anil, várias tonalidades de verdes e avermelhados. Raros ornamentos eram executados sobre a madeira, a não ser losangos como almofadas para porta e uma forma semicircular imitando um leque.

Fazenda Vargem Grande, 1837. Serra da Bocaina.

Solares urbanos

Na cidade, muitos palacetes continuaram a ser construídos com a técnica da taipa de pilão, apesar de receberem modismos como escadas em mármore, janelas com vidros coloridos ao invés de treliças e, sobre a estrutura, por vezes a aplicação de elementos neoclássicos seguindo as novas normas da capital imperial contaminada pelos modismos franceses. Os solares dos senhores, com o advento da estrada de ferro, apresentaram ainda mais novações construtivas, tais como pilastras e grades de ferro fundido, telhas francesas, janelas envidraçadas de guilhotina e calhas de folhas de flandres. Raros são os palacetes projetados por arquitetos, como o foram o Dez de Julho (p.187) e o Palmeira (p.186), ambos em Pindamonhangaba. Nos solares do conde de Moreira Lima em Lorena, do comendador João da Costa Gomes Leitão (atual Museu de Antropologia do Vale do Paraíba, em Jacareí) (p.188), dos Novaes em Cruzeiro e o da família Aguiar Vallim (p.181), em Bananal, apesar de terem sido construídos na segunda metade do século XIX, a técnica empregada é a da taipa de pilão, e taipa de mão para as divisórias. A disposição dos cômodos porem foi feita para novas funções urbanas: escadaria grandiosa disposta diante das três portas em arcos plenos, salões para festas e amplas salas para banquetes, enfim, uma convivência com a nova riqueza produzida pela cultura cafeeira.

Escadarias do palacete Palmeira, Pindamonhangaba.

Edifícios oficiais e estações de estrada de ferro

As cidades também tiveram como destaque os edifícios governamentais como a Casa de Câmara e Cadeia. São grandes edifícios executados em taipa de pilão, verdadeiros blocos rígidos sob telhados de quatro águas, isolados nos terrenos. Mantiveram-se assim as casas de câmara e cadeia de Areias, São José do Barreiro e Pindamonhangaba, com a parte inferior utilizada como cadeia e a superior abrigando a casa dos vereadores (p.166). Em Paraibuna, no Alto Vale do Paraíba, o edifício está ao longo da rua, sem a visibilidade previsível. Já na passagem do século XIX para o XX as fachadas daqueles edifícios ganharam elementos ecléticos, caso de Guaratinguetá e do Fórum de Queluz (p.167). Em São José dos Campos os elementos neoclássicos, como o triângulo frontão reto, colunas maneiristas em pares, torreão para o relógio e platibandas ornamentam a Câmara Municipal de 1926, o mais eclético dos edifícios oficiais do período republicano (p.166).

Os mercados sempre tiveram destaque nas vilas, pois ali acontecia a comercialização dos produtos rurais e atendimento às necessidades dos habitantes das cidades, tornando-os locais de encontro. Quando existiam apenas as feiras, em geral elas eram coincidentes com festas religiosas e missas dominicais. Estruturados os mercados, ganharam destaque no espaço urbano como ainda ocorre em São Luiz do Paraitinga, São José dos Campos, Paraibuna e Jambeiro (p.175). Ainda conservam suas organizações espaciais, ocupando quadra inteira, fechados por altas paredes de alvenaria e portais cenográficos como em São Luiz do Paraitinga.

As estações, ao longo dos trilhos da Estrada de Ferro Dom Pedro II (1877) posteriormente denominada de Estrada de Ferro Central do Brasil, seguiram padrões de funcionalidade com uma tipologia de arquitetura industrial baseada em estruturas de ferro fundido e tijolos vermelhos. Algumas, porém, fogem deste padrão industrial por terem funções específicas como as dos entroncamentos em Cruzeiro e Cachoeira Paulista, com imensa *gare* para comportar toda a composição e depósitos (p.212). Em Guaratinguetá encontra-se verdadeira joia da arquitetura eclética, inspirada em traços europeus, ostentando torreão com relógio e telhados com mansardas. A cidade de Bananal, mesmo distante do tronco principal, aspirou a ter sua estação que se mantém como exemplo de construção importada integralmente da Bélgica. Vale destacar que as cidades que não se interligaram aos novos caminhos férreos e rodovias, estagnaram: são as chamdas cidades mortas, expressão cunhada e divulgada por Monteiro Lobato.

Pequenos teatros animaram a vida cultural do Vale, mas poucos deles restaram, como em São José do Barreiro e Cachoeira Paulista. Pouco se distinguiram na paisagem com apenas pequenos frontões que indicavam seus nomes.

Já os estabelecimentos públicos de educação – grupos escolares – seguiram esta linha de embelezamento de fachadas e de funcionalidade para o ensino. Seguindo os novos ditames republicanos de difusão do ensino público oficial, as cidades do Vale ganharam importantes construções de arquitetos do círculo de Ramos de Azevedo. Destacam-se os edifícios escolares de Guaratinguetá, Lorena, Queluz, Cruzeiro e Caçapava (p.171).

A Estação Ferroviária de Cachoeira Paulista foi o ponto de ligação da Estrada de Ferro D. Pedro II, que uniu as cidades do Rio de Janeiro e Cachoeira Paulista, e a Estrada de Ferro São Paulo-Rio, 1877.

Construção e reformas das igrejas

A técnica construtiva das primeiras capelas e igrejas também foi a da taipa de pilão, herança dos bandeirantes, fato comum até a metade do século XIX. O modo de viver era simples, praticamente a subsistência na economia que refletia as formas singelas das capelas sem ornamentação. Externa e internamente apenas um altar acomodado na capela-mor. A taipa resistente revelou-se apropriada para as igrejas com torres de grandes alturas, cujas bases correspondiam aos corredores laterais ao longo das amplas naves, abrigados sob os telhados de duas ou três águas – quando se incluía a capela-mor e a sacristia na parte posterior. Com o desenvolvimento econômico do ciclo do café, durante todo o século XIX e o início do XX, não faltaram esforços para as reformas. Esse longo período não pôde gerar uma arquitetura ou mesmo inovações próprias, tal como ocorrera no ciclo do ouro em Minas Gerais. Seguiu-se no Vale o padrão luso das igrejas coloniais de uma nave, corredores laterais, capela-mor e sacristia. Na fachada apenas o triângulo frontão retilíneo da empena do telhado, e por vezes duas torres (Cunha, p.105). Frontões com linhas sinuosas foram aplicados posteriormente.

No Vale, as reformas das igrejas geraram ampliações sempre que possível, bem como reformas internas a partir das espessas paredes de taipa. Assim que foram abertos arcos entre os corredores e nave única, ganharam os templos luminosidade e espacialidade, imitando três naves e até forma de cruz latina com transepto, como a Catedral de Guaratinguetá (p.107) e o Santuário em Tremembé (p.92). Suas fachadas receberam paredes de alvenaria, assim como algumas laterais, para poderem suportar os pesos das platibandas; nas fachadas, os frontões e torres com arremates bulbosos privilegiaram o fachadismo, caso da Matriz de Pindamonhangaba (p.100).

Internamente as reformas foram além de criar nova espacialidade e luminosidade: os forros planos foram substituídos por abóbadas, ganhando suntuosidade, e ficaram mais próximos à plástica de igrejas romanas, aqui designadas de igrejas romanizadas, tal como ocorreu nas matrizes de Pindamonhangaba (p.213), Paraibuna (p.140) e os santuários do Bom Jesus em Tremembé e Santa Clara em Taubaté (p.162).

Altar da nave da Igreja Matriz de Nossa Senhora do Bom Sucesso, Pindamonhangaba.

Ornamentação

A ornamentação dos retábulos seguiu a tendência barroca ainda existente nas igrejas mais próximas aos referenciais oriundos da cidade litorânea de Paraty. A partir da igreja de Cunha e Guaratinguetá, os retábulos barrocos com coroamento, com os resplendores envolvendo o símbolo do Espírito Santo, foram os mais utilizados. As mísulas e volutas que sustentam as pilastras – torsas em Cunha e estriadas na maioria das igrejas – ainda podem ser vistas em Guaratinguetá e Taubaté (reestruturadas no retábulo-mor). Em geral os retábulos foram mais simplificados, recebendo apenas apliques rococós sobre suas estruturas. Os de tendência neoclássica optaram por colunas estriadas, que sustentam os triângulos frontões retos nos coroamentos.

Dos santos retabulares, antes de argila queimada, ainda restam o santo Antônio de Guaratinguetá, a Nossa Senhora do Bom Sucesso de Pindamonhangaba e da Ajuda de Guararema. Foram eles substituídos no século XVIII por imagens de madeira ao gosto barroco. As virgens padroeiras da Freguesia da Escada, a da Conceição de Cunha e a Piedade de Lorena são das imagens retabulares mais significativas do Barroco no Vale, juntamente com o conjunto dos Passos da Paixão dos terceiros franciscanos de Taubaté. Nos oratórios das fazendas e solares urbanos, os santos mais comuns foram os denominados *paulistinhas*, de grande difusão em todo o Vale. São de feitura popular, para o culto doméstico, daí suas pequenas dimensões.

Retábulo da Catedral de São Francisco das Chagas, Taubaté.

Historicismo

Capela de São Pedro Apóstolo, Palácio Boa Vista, Campos do Jordão.

Outro fator de mudança foi a vinda de clérigos europeus no final do século XIX, gerando duas práticas diversas. Uma foi a continuidade do embelezamento das estruturas coloniais, de forma que pouco delas permaneceu visível. A segunda, mais radical, foi a substituição das antigas igrejas por novas construções historicistas, caso do neogótico. A Basílica de São Benedito, inaugurada em 1884, em Lorena, construída pela irmandade do mesmo nome e financiada em grande parte pelo conde de Moreira Lima, foi reflexo da vontade de mudar: a igreja neogótica passou a fazer parte da paisagem do Vale. A partir da construção desse templo, o Vale não apenas ganha um arquiteto, Charles Peyroton, mas também entra em nova dinâmica construtiva, que agregaria novos valores artísticos àqueles de renovação da Igreja, com o que chamamos de romanização da fé.

Durante o Segundo Império, fatores como a importação de materiais de construção, a via férrea, o fim da mão de obra escrava e o início da imigração, especificamente a italiana, aceleraram o processo de mudança tanto da política como do gosto artístico. O ensino da arte acadêmica e sua expressão, que antes estivera a serviço do enaltecimento do Império, veria seu rompimento só na Semana de Arte Moderna de 22. O crescente número de pintores italianos e espanhóis dedicados ao ofício da pintura decorativa nas igrejas manteve-os ativos até a segunda metade do século modernista. Muitas das igrejas do Vale receberam pinturas padronizadas nas abóbadas, tanto da nave como da capela-mor, com pequenas cenas alusivas aos santos padroeiros.

As relações de poder entre Igreja e Estado, tal como no período colonial com o estilo barroco, foram determinantes para a construção dos inúmeros templos. Assim, ao recorrer ao historicismo – Neogótico e Neorromânico, ambos expressão arquitetônica medieval –, distanciam-se daqueles padrões estéticos do Barroco. Sem forças para impor uma nova estética, quando na Europa daquele período contavam-se os estados totalitários, depois, no século XIX, retornam a uma aparência historicista, resgatando os tempos áureos, quando a arquitetura religiosa da Igreja chegou à expressão máxima com as imensas catedrais medievais. Enquanto na Europa a Igreja já se libertara do Estado, no Brasil essa ligação continuou com o Império, até o final do século XIX.

Vencida aqui a etapa de submissão ao Estado, a Igreja se apressa em trazer um clero europeu preparado para a nova realidade da missão católica, adequada a novos ideais religiosos. Em Aparecida, os padres redentoristas chegaram em 1892 com a missão de administrar aquele santuário. A eles se seguiram outras congregações, cada qual com seus ideais religiosos de missionários, de ensino – a exemplo dos salesianos em Lorena –, e as instituições femininas assistenciais presentes no Vale, além daquelas dedicadas às práticas religiosas nas zonas urbanas e rurais. Para o cumprimento de seus programas, reformaram-se antigas igrejas, como a do Convento de Santa Clara em Taubaté (1926) ou construíram-se novas, esquecendo o passado colonial. Assim, a Igreja tentou se impor mediante novas construções de igrejas historicistas, introduzindo as torres neogóticas que passariam a conviver com aquelas coloniais. As formas historicistas romperam totalmente com as tradicionais, e logo se criou uma estrutura de combate às antigas práticas religiosas, como as das ordens terceiras e irmandades. Aos poucos, a religiosidade popular passou a ser vista e combatida como resquício da religiosidade colonial. O último elo entre o passado e o presente arquitetônico foi o estilo neocolonial. Foi prontamente acolhido pelas reformas da Catedral de Taubaté (1940), remodelou-se diante da impossibilidade de conservação da Matriz de São José dos Campos (1934) e espalhou-se por capelas, seminários masculinos e conventos femininos até a década de 1950.

Assim, também o patrimônio colonial construído remanescente passa a ser reverenciado e tombado pelo Estado, para que não se perca a ligação com o passado, sem o qual não se pode viver – em especial nessa região que se autoproclama o Vale da Fé.

ANEXOS

Anexo 1
Comarcas religiosas

1847 – É, por Acto do Governo do Bispado, sede vaccanti, dada nova organização à divisão das Comarcas ecclesiasticas.

Em 16 de Agosto de 1855 era esta a divisão, com relação aos Conventos, Confrarias, Recolhimentos, Capellas e seus bens vinculados, rendimentos e provimentos.

1ª COMARCA ECCLESIASTICA

Cidade do Bananal, (Cabeça da Comarca). O orago de sua Matriz é o Bom Jesus do Livramento. No recinto da Cidade há a Igreja de N. S. do Rozario, e a Capella de Santa Cruz. Nella se acham instituidas as Confrarias do Bom Jesus do Livramento, N. S. do Rozario, e Misericordia, que manda edificar um hospital para os enfermos pobres e desvalidos.

Freguesia de S. José do Barreiro. Tem igreja parochial, que é servida pella Confraria do SS. Sacramento.

Villa de Arêas. Sua Matriz tem por orago Sant'Anna. São-lhe sujeitas as Igrejas de N. S. do Amparo, e Santa Cruz, possuindo a primeira uma chacara: as quaes tem para seu serviço as confrarias do SS> Sacramento, N. S. do Rozario dos pretos, e Boa-morte.

Villa de Queluz. Serve-lhe de Matriz a Igreja de N. S. do Rozario, na qual se acham instituidas as Confrarias do SS. Sacramento e N. S. do Rozario, tendo esta, rendimentos muito escassos, provindos de um pequeno terreno.

Freguesia de São Francisco de Paula dos Pinheiros. Serve-lhe de Parochia a Igreja do mesmo nome.

2ª COMARCA

Cidade de Guaratinguetá, (Cabeça da Comarca). O padroeiro de sua Matriz é santo Antonio. São-lhes sujeitas as Igrejas de N. S. do Rozario dos Pretos, S. Gonçalo, Santa Rita, S. José, Sant'Anna, e Bom Jesus, todas dentro da Cidade. Há para o serviço das Igrejas as Confrarias do SS. Sacramento, Santo Antonio, S. Benedicto, São Miguel e Almas, N. S. do Rozario dos pretos, Santa Luzia, e N. S. do Rozario dos brancos. As Igrejas, excepto a de Sant'Anna, possuem terras que não dão rendimento algum.

Curato de N. S. da Conceição de Apparecida. Sua Igreja parochial com a mesma invocação.

Villa de Lorena. Sua Igreja Matriz é dedicada a N. S. do Rozario, tendo por orago N. S. da Piedade, e é servida pelas Confrarias do SS. Sacramento. N. S. do Rozario. Comprehendem-se em seu districto ecclesiastico as Capellas do Bom Jezus da Cachoira que possue uma sorte de terras, e as Pitas.

Freguesia de N. S. da Conceição de Embahu. Tem igreja parochial com a mesma invocação.

Villa de Silveiras. Sua Matriz é dedicada a N. S. da Conceição, a cuja Igreja serve a Confraria do SS. Sacramento.

3ª COMARCA

Cidade de Taubaté, (Cabeça da Comarca) O orago de sua Matriz é S. Franciscano das Chagas, e n'ella há um Convento da mesma invocação cuja Igreja é dedicada a S.Benedicto, e bem assim as Igrejas de N. S. do Pillar, de N. S. do Rozario, e de N. S. da Piedade ainda em construcção. Achão-se instituidas n'esta cidade as Confrarias seguintes: Ordem Terceira de S. Francisco, SS. do Sacramento, Senhor dos Passos, N. S. da Boa-Morte, N. S. das Dores. N. S. do Rozario e S. Benedicto, que serve a Igreja de N. S. da Piedade tem os juros da quantia de 8:000$ rs., de que se lhes fez doação.

Capella de Tremembé. Sua Igreja é dedicada ao Bom Jesus, servida por uma Confraria da mesma invocação, e tem para sua fruição algumas terras.

Freguezia de Caçapava, seu orago é N. S. da Ajuda, e suas funcções parochiaes são celebradas na Igreja de S. João Baptista.

Villa de Santo Antonio da Parahibuna. Celebrão-se as funcções parocchiaes na Igreja de N. S. do Rozario dos pretos à qual servem as Confrarias do SS. Sacramento e N. S. do Rozario dos pretos.

Freguesia do Bairro Alto. Sua Igreja parochial é dedicada a N. S. da Conceição da Apparecida, e possue uma sorte de terras e mais cem braças.

Villa da Cunha. Tem a Igreja Matriz da qual é Padroeira N. S. da Conceição. São-lhe sujeitas as Igrejas da Lapa, que possue um prédio de N. S. do rozario, de S. José, que possue terras, e de Sant'Anna. Achão-se nella instituidas as Confrarias do SS. Sacramento, de S. Miguel, de S. Benedicto, de N. S. do Rozario, e de N. S. das Dores.

Cidade de Pindamonhangaba. Sua Igreja Parochial é consagrada a N. S. do Bom-Sucesso. São-lhe sujeitas, dentro da Cidade, as Igrejas de N. S. do Rozario que tem rendimento de 100$ rs. por anno, e de S. José que possue um terreno de 15 a 30 braças; e fóra da Cidade, a Capella dos Corrêas, e mais outra, de que não há informação. Servem as Igrejas mencionadas as Confrarias do SS. Sacramento, de N. S. do Rosário, e de S. Benedicto.

Villa de S. Luiz. Sua Matriz tem por orago o Santo d'este nome. São-lhe sujeitas a Igreja de N. S. do Rozario, servida por uma Confraria da mesma invocação, e a de N. S. das Mercês.

Freguesia de São Bento de Sapucahy-mirim. Sua Igreja parochial tem a invocação de N. S. do Rozario, que é servida por uma Confraria do mesmo nome.

Freguesia de Santa Branca. Serve-lhe de Parochia a Igreja da mesma invocação, e n'ella se achão instituidas as Confrarias do SS. Sacramento. N. S. do Rozario, e de S. Benedicto.

Freguesia de S. José do Parahitinga. Sua igreja parochial é consagrada ao patrocinio de S. José, e lhe é sujeita a Capella de S. João. Achão-se n'ella instituidas a Confrarias do SS. Sacramento e N. S. do Rozario.

Villa de S. José. Sua Matriz tem por padroeiro o santo d'este nome; e a ella são sujeitas as Igrejas de N. S. do Rozario, e de S. Benedicto, servidas por Confrarias da mesma invocação.

Cidade de Jacarehy. N. S. da Conceição, é a titular de Sua Matriz. Contém a Cidade as Igrejas de N. S. do Rozario, de S. Benedicto e de N. S. do Bom Sucesso. Servem nas parochias as Confrarias do SS. Sacramento, da Misericordia, de N. S. do Rozario, e de S. Benedicto. Edifica-se nesta cidade um hospital de caridade sob o titulo de Santa Casa de Misericordia.[1]

1 Ribeiro, op. cit., v.III, p.359-60.

Anexo 2
Viajantes e iconografia do século XIX

As primeiras referências ao Vale do Paraíba datam de 1531, e tanto o padre José Anchieta como Hans Staden a ele se referem sem terem passado pelo Vale. Com a corrida em busca dos metais preciosos, os viajantes passaram a referir-se às vilas apenas como pontos de pouso e limitavam-se a dizer o nome da povoação e que as casas enfileiravam-se, como acontecia em toda a colônia lusitana.

No século XVIII, as anotações aumentaram em volume, e para este estudo, referente ao encontro da imagem de Nossa Senhora Aparecida, em 1817, constituem um documento tão importante quanto aqueles do século XVII, sobre a fundação dos povoados.

No século XIX, eram comuns dois tipos de estrangeiros viajantes: os desenhistas e os cientistas propriamente ditos. Cada expedição possuía uma prioridade: o estudo da etnografia, da mineralogia, da botânica. Os desenhistas acompanhavam o trabalho científico desenvolvido e sobrava-lhes tempo para fazer esboços, os quais, enviados à Europa, se transformariam em gravuras ou telas. Outros estudiosos não acompanharam expedições e, em consequência, não possuíam desenhistas. É o caso de Saint-Hilaire e Augusto Emílio Zaluar, que deixaram descrições nas cidades, casas e templos religiosos.

Não se pode deixar de mencionar a importância dos fotógrafos estrangeiros, que já em 1869 atuavam como comerciantes na Capela de Aparecida. Robin & Favreau foram os primeiros fotógrafos de Aparecida. Esta tradição permanece até hoje na cidade, com os lambe-lambes.[1]

A primeira expedição a passar pelo Vale do Paraíba foi a austríaca, que acompanhou a arquiduquesa Maria Leopoldina Josefa Carolina, em 1817. Dessa expedição, entre outros, participaram os cientistas Johann Baptist Von Spix e Carl Friedrich Phillipp von Martius, o botânico Pohe e o pintor Thomas Ender. Em 1823, quando já saía em fascículos a obra monumental *Reise in Brasilien*, as primeiras iconografias do Vale do Paraíba já podiam ser vistas. Porém, a grande contribuição ainda estava para ser descoberta: Thomas Ender. O artista, ao não poder acompanhar a expedição, por motivo de saúde, voltou à Europa carregando magistrais aquarelas e desenhos. As obras não foram buriladas por gravadores profissionais, mas chegou a nós a sensibilidade do artista, que se deslumbrou com a paisagem e trabalhou incansavelmente. Sem dúvida é a melhor e a mais exata documentação iconográfica das povoações, vilas, ranchos da referida região paulista.[2]

Os desenhos do artista austríaco assemelham-se às paisagens holandesas do século XVIII, no que se refere à ocupação espacial. O interesse visual foca pouco abaixo do meio do papel, comprimido pela atmosfera cheia de luz e os largos espaços do primeiro plano, que se abrem, suportando a paisagem. Desenhando mais com os olhos e a mente, o artista alarga espaços em vistas perspécticas, modernas, que conferem à paisagem majestade e grandeza. As mesmas sensações dos botânicos, ao vislumbrarem a paisagem, são expressas por Ender.

A veracidade da obra de Thomas Ender foi posta em dúvida por Luís Saia, quando este contesta a colocação do alpendre afastado do corpo da Igreja de São Miguel.[3]

Percorri o caminho de Ender e procurei ser o mais exato possível quanto aos locais que ele desenhou. O compositivo e o uso dos elementos para dar clima, emoção e veracidade ao visto revelam uma mente rápida, livre de encargos científicos.

Em 1821, Arnaud Pallière, arquiteto francês, passou pelo Vale e deixou os primeiros esboços referentes ao urbanismo das cidades de Guaratinguetá, Lorena, Pindamonhangaba, São José dos Campos, Taubaté, Jacareí, além do desenho da Capela de Aparecida.[4]

A obra de Debret, não gravada, chegou até hoje em forma de aquarelas de grandes efeitos plásticos do artista envolvido pela atmosfera e com tonalidades azuladas nas montanhas do Vale. Alguns detalhes, certamente acrescidos ao término do trabalho, fazem que a obra não seja rigorosamente a captação da realidade.[5]

Das obras escritas, tiram-se conclusões ou as primeiras impressões que os viajantes tiveram ao entrar nas ruas das vilas ou cidades ou percorrê-las. Poucos visitaram os templos. Alguns entraram neles, mas deve-se considerar que não admiravam a arquitetura desenvolvida no Brasil colônia.[6]

Aparecida foi sempre atração. Vale ressaltar que o exterior do templo, a paisagem circundante e o posicionamento sobre a colina mereceram referências. Mais que o templo, a religiosidade já era a tônica das observações. Zaluar foi até onde conservavam os ex-votos e reconheceu o valor, ao mesmo tempo que os padres e bispos se constrangiam diante da manifestação da pintura popular.

Iconografia – Desenhos de café: Guilherme Themerin, Maria Graham, Adriano Taunay, Johann Moritz Rugendas, Emeric Essex Vidal, Benjamim Mary, José de Christs Moreira, Carl Wilhelm Theremin, Thomas Ender, Alfredo Martinet, João Henrique Elliot, Jean Baptiste Debret, Victor Frond, E. de Kreschmar, Johannes Steinmann.

Fotos das casas: G. Leuzinger. Em álbuns: *Brazil pitoresco*, de Charles Ribeyrolles; *Pequeno álbum*, de Rugendas; *O Brasil de Thomas Ender; Pioneiros da cultura do café na era da Independência*, de Gilberto Ferrez.

1 Pesquisa da fotografia do Vale do Paraíba e em especial de Aparecida e Guaratinguetá está sendo conduzida por José Luis de Souza e Carlos Eugênio Marcondes de Moura.

2 Com texto de apresentação de Gilberto Ferrez, o livro *O Brasil de Thomas Ender*, ilustra o artista austríaco à caminhada feita em 1817 entre a cidade do Rio de Janeiro e São Paulo. Em 2000 foi editada a obra completa de Ender referente ao Brasil, em três volumes, contendo as aquarelas coloridas do Vale, por Robert Wagner e Júlio Bandeira, *Viagem ao Brasil nas aquarelas de Thomas Ender 1817-1818*.

3 Saia, op. cit., p.18.

4 Essa obra inédita se encontra no Instituto de Estudos Brasileiros da Universidade de São Paulo (IEB-USP). Arnaud Julien Pallière residiu no Rio de Janeiro de 1817 a 1830 e realizou a viagem pelo Vale do Paraíba em 1822. (*Dicionário de Artes Plásticas*, p.402.)

5 Principais viajantes que deixaram relatos: Johann E. Pohe; Alcide d'Orbigny; Johann M. Rugendas; August Saint-Hilaire; Augusto E. Zaluar.

6 Zaluar, op. cit., p.85-90.

Anexo 3
Bens tombados

Relação de bens tombados, região de São José dos Campos, Condephaat, SEC/SP. Conselho de Defesa do Patrimônio Histórico, Artístico, Arqueológico e Turístico

Resolução	Data	Situação	Edificação	Cidade	Classificação	Observação
22002/82	1982	T	Basílica de Nossa Senhora Aparecida (atual 025/82)	Aparecida	Religioso	
21699/81	1981	T	Casa do Capitão-Mor (casas n.4 e n.5)	Areias	Residencial	
21700/81	1981	T	Sobrado à Rua da Mercês, n.6	Areias	Residencial	
21701/81	1981	T	Sobrado à Rua João Pessoa, n.8	Areias	Residencial	
21702/81	1981	T	Casa de Câmara e Cadeia	Areias	Institucional	
15465/69 SCET	1969	T	Estação ferroviária	Bananal	Ferroviário	
17256/70 SCET	1970	T	Núcleo urbano	Bananal	Diversos	
17261/70 SCET	1970	T	Sobrado Vallim	Bananal	Residencial	
20316/77	1977	T	Estação Ferroviária	Cachoeira Paulista	Ferroviário	Apenso 02645/77
13227/69	1969	T	Solar do Major Novaes	Cruzeiro	Residencial	Apenso SCET 12484/69
25566/87	1987	T	Rotunda	Cruzeiro	Ferroviário	
20546/78	1978	T	Solar Gomes Leitão	Jacareí	Residencial	
22150/82	1982	T	Capela de Nossa Senhora dos Remédios	Jacareí	Religioso	
24090/85	1985	T	Edifício da Manufatura de Tapetes Santa Helena	Jacareí	Industrial	
00526/75	1975	T	Sobrado do Conde de Moreira Lima	Lorena	Residencial	
24441/86	1986	T	Solar dos Azevedo	Lorena	Residencial	
07855/69 SCET	1969	T	Palacete Palmeira	Pindamonhangaba	Residencial	
07864/69 SCET	1969	T	Palácio Dez de Julho	Pindamonhangaba	Residencial	
20042/76	1976	T	Casa de Câmara e Cadeia	Pindamonhangaba	Institucional	
20059/76	1976	T	Igreja de São José da Vila Real	Pindamonhangaba	Religioso	
22088/82	1982	T	Igreja Matriz e Antiga Sede da Prefeitura	Redenção da Serra	Religioso Institucional	
15789/69 SCET	1969	T	Casa do Ajudante Braga	Santa Branca	Residencial	
00496/74	1974	T	Cemitério dos Escravos	São José do Barreiro	Cemitério	
20993/79	1979	T	Igreja de São Benedito	São José dos Campos	Religioso	
23370/85	1985	T	Sanatório Vicentina Aranha	São José dos Campos	Assistência e Saúde	
21603/81	1981	T	Sobrado	São Luiz do Paraitinga	Residencial	antigo 0001/81
21731/81	1981	T	Capela Nossa Senhora das Mercês	São Luiz do Paraitinga	Religioso	antigo 00014/81
22066/82	1982	T	Centro Histórico	São Luiz do Paraitinga	Diversos	ver SCET 014149
20224/77	1977	T	Sobrado do Capitão Silveira	Silveiras	Residencial	
08575/69 SCET	1969	T	Convento de Santa Clara	Taubaté	Religioso	
00445/74 SC	1974	T	Sede da Fazenda Pasto Grande	Taubaté	Rural	

Prédios escolares

Processo	Data	Situação	Edificação	Cidade	Classificação
SC60	2010	T	Escola Estadual Chagas Pereira	Aparecida	Institucional
SC60	2010	T	Escola Estadual Ruy Barbosa	Caçapava	Institucional
SC60	2010	T	Escola Estadual Dr. Evangelista Rodrigues	Cunha	Institucional
SC60	2010	T	Escola Estadual Dr. Flamínio Lessa	Guaratinguetá	Institucional
SC60	2010	T	Escola Estadual Conselheiro Rodrigues Alves	Guaratinguetá	Institucional
28397	1991	T	Seminário Bom Jesus e Imagem de Nossa Senhora Aparecida, seu manto e coroa	Aparecida	Institucional/religioso
38970	1995	T	Catedral de Santo Antônio	Guaratinguetá	Religioso
01050	2010	T	Basílica de São Benedito	Lorena	Religioso
27095	1989	T	Igreja Matriz de São Bento	São Bento do Sapucaí	Religioso

Bens tombados pelo Iphan – Instituto do Patrimônio Histórico e Artístico Nacional

Processo	Data	Situação	Edificação	Cidade	Classificação
0529-T-65	1965	T	Casa da Fazenda Resgate	Bananal	Rural
0221-T-39	1939	T	Igreja de Nossa Senhora da Escada e residência anexa	Guararema	Religioso
0738-T-64	1964	T	Casa do Conselheiro Rodrigues Alves	Guaratinguetá	Residencial
0909-T-74	1974	T	Fazenda Ponte Alta	Natividade da Serra	Rural
0577-T-58	1958	T	Fazenda Pau d'Alho	São José do Barreiro	Rural
0452-T-52	1952	T	Casa Natal de Oswaldo Cruz	São Luiz do Paraitinga	Residencial
0452- T	2010	T	Centro Histórico – 450 imóveis	São Luiz do Paraitinga	Residencial
0343-T-44	1944	T	Capela de Nossa Senhora do Pilar	Taubaté	Religioso
0681-T-60	1960	T	Casa de Monteiro Lobato	Taubaté	Religioso

Referências bibliográficas

Geral

ABREU, J. Capistrano de. *Caminhos antigos e povoamentos do Brasil*. Rio de Janeiro: Ed. Sociedade Capistrano de Abreu, 1960.

AB'SABER, Aziz Nacib. A terra paulista. *Boletim Paulista de Geografia*, São Paulo, n.3, 1956, p.5-38.

ALVIM, Sandra. *Arquitetura religiosa colonial no Rio de Janeiro*. Rio de Janeiro: Editora UFRJ: Minc – Iphan: Prefeitura da Cidade do Rio de Janeiro, 1999.

AMARAL, Aracy A. *A hispanidade em São Paulo*: da casa rural à Capela de Santo Antônio. São Paulo: Nobel: Edusp, 1981.

ANTONIL, André João. Cultura e opulência do Brasil pelas minas de ouro. *Cadernos de História*, n.5, São Paulo, 1964.

ARGAN, Giulio Carlo. *Imagem e persuasão. Ensaios sobre o barroco*. São Paulo: Companhia das Letras, 2004.

BAZIN, Germain. A decoração interior em esculturas de madeira (talha). In: ________. *A arquitetura religiosa barroca no Brasil*. Rio de Janeiro: Record, 1983.

CARNEIRO, Laura. *Altares paulistas*, resgate de um barroco. São Paulo: MAS/SP, 2004.

CHOAY, Françoise. *A alegoria do patrimônio*. São Paulo: Editora Unesp, 2001.

COSTA, Lúcio. A arquitetura dos jesuítas no Brasil. In: ________. *Arquitetura religiosa*. São Paulo: MEC: Sphan, 1978.

D'ABBEVILLE, Claude. *História da missão dos padres capuchinhos na Ilha do Maranhão e terras circunvizinhas*. São Paulo: Itatiaia: Edusp, 1979.

FABRIS, Annateresa (Org.). *Ecletismo na arquitetura brasileira*. São Paulo: Nobel: Edusp, 1987.

FERREIRA, Jurandyr Pires. *Enciclopédia dos municípios brasileiros*. Rio de Janeiro: Instituto Brasileiro de Geografia e Estatística, 1957.

FREIRE, Luiz Alberto Ribeiro. *A talha neoclássica na Bahia*. Rio de Janeiro: Versal, 2006.

HOLLANDA, Sérgio Buarque de. Caminhos do Sertão. *Revista Histórica*, n.57, São Paulo, 1964.

________. Capelas antigas de São Paulo. *Revista do Serviço do Patrimônio Histórico e Artístico Nacional*, n.5, Rio de Janeiro, 1941.

HÜHL, Beatriz Mugayar. *Arquitetura de ferro e a arquitetura ferroviária em São Paulo – Reflexões sobre a sua presença*. São Paulo: Ateliê Editorial: Fapesp: Secretaria da Cultura, 1998.

KRÜGER, Kristina. *Ordenes religiosas y monasterios. 2.000 Años de arte y cultura cristianos*. Barcelona: Tandem, 2008.

KUBLER, George. *A arquitectura portuguesa chã. Entre as especiarias e os diamantes (1521-1706)*. Tradução de José Eduardo Horta Correia. Lisboa: Veja, 2005.

LAMEIRA, Francisco. *O retábulo em Portugal. Das origens ao declínio*. Faro: Universidade do Algarve, 2005.

________. *O retábulo da Companhia de Jesus em Portugal*: 1619-1759. Faro: Universidade do Algarve, 2006.

LEMOS, Carlos Alberto Cerqueira. Notas sobre a arquitetura tradicional de São Paulo: capelas alpendradas de São Paulo. (Documento datilografado da FAU-USP.)

________. *Cozinhas, etc*. São Paulo: Perspectiva, 1976.

________. *Escultura colonial brasileira. Panorama da imaginária paulista no século XVII*. Bergamo: Gorbach, 1979.

MACHADO, Lourival Gomes. *Barroco mineiro*. São Paulo: Perspectiva, 1978.

MACHADO, Regina C. A. *O local de celebração. Arquitetura e liturgia*. São Paulo: Paulinas, 2001.

MARAVALL, José Antonio. *A cultura do barroco*. São Paulo: Edusp: Imprensa Oficial, 1997.

MATOS, Odilon Nogueira. *Café e ferrovias. A evolução ferroviária de São Paulo e o desenvolvimento da cultura cafeeira*. São Paulo: Arquivo do Estado, 1981.

MILLIET, Sérgio. *Roteiro do café e outros ensaios*. São Paulo: Bipa, 1946.

MAYUMI, Lia. *Taipa – Canela-preta e concreto. Estudo sobre o restauro de casas bandeiristas*. São Paulo: Romano Guerra Editora, 2008.

MARCONI, Marina de Andrade. *Folclore do café*. São Paulo: Secretaria da Cultura, Ciência e Tecnologia: Conselho Estadual de Cultura, 1976.

MARX, Murilo. *Cidade brasileira*. São Paulo: Melhoramentos: Edusp, 1980.

MONTEIRO LOBATO, José Bento. *Cidades mortas*. 13.ed. São Paulo: Brasiliense, 1969.

________. *As ideias de Jeca Tatu*. São Paulo: Globo, 2008.

________. *Urupês*. São Paulo: Globo, 2007.

MOTTA SOBRINHO, Alves. *A civilização do café (1820-1920)*. São Paulo: Brasiliense, 1968.

MOURA, Américo Brasiliense Antunes de. Governo do Morgado de Mateus. *Revista do Arquivo Municipal*, n.52, v.LII, São Paulo, 1938.

MÜLLER, Daniel Pedro. *Ensaio d'um quadro estatístico da província de São Paulo*. São Paulo: Governo do Estado de São Paulo, 1978. (Coleção Paulista, v.9.)

ORTMANN, Adalberto frei O. F. M. *História da antiga capela da ordem terceira da Penitenciária de São Francisco em São Paulo*. Rio de Janeiro: Sphan (16), 1951.

PENTEADO, Helio de Maria et al. *Três praças tradicionais*: um estudo de preservação. Arquivo Iphan, [s.d.]. (Documento datilografado.)

PETRONE, Maria Thereza Shore. *A lavoura canavieira em São Paulo*: expansão e declínio; 1765-1851. São Paulo: Difusão Europeia do Livro, 1968.

PRADO, Paulo. *Província & nação paulística, retrato do Brasil*. 2.ed. Rio de Janeiro: José Olympio, 1972. (Coleção Documentos Brasileiros, 52.)

REIMÃO, Rubens Nelson Amaral de Assis. *Velhas fazendas do Vale do Paraíba.* São Paulo: Secretaria de Estado da Cultura, 1981.

REIS FILHO, Nestor Goulart. *Evolução urbana do Brasil.* São Paulo: Pioneira: Edusp, 1968.

________. *Quadro da arquitetura no Brasil.* São Paulo: Perspectiva, 1973.

________. *Imagens de vilas e cidades do Brasil colonial.* São Paulo: Imprensa Oficial do Estado: Edusp, 2000.

RIBEIRO, José Jacintho. *Cronologia paulista ou relação histórica dos fatos mais importantes ocorridos em São Paulo desde a chegada de Martim Afonso de Sousa a São Vicente até 1898.* São Paulo: Impressa nas oficinas do Diário Oficial, Governo de São Paulo, 1901. 3v.

RIBEYROLLES, Charles. *Brasil pitoresco*: história, descrições, colonizações, instituições. São Paulo: Martins Fontes, 1941.

ROCHA-PEIXOTO, Gustavo. A arquitetura do café. In: _______. *Arquitetura na formação do Brasil.* Brasília: Iphan: Minc, 2006.

SANTA MARIA, Frei Agostinho. *Santuário mariano e histórias das imagens milagrosas de Nossa Senhora.* Rio de Janeiro: Inepac, 2007. (Edição fac-similar coordenada por Marcus Monteiro.)

SANTOS, Paulo F. *O Barroco e o Jesuítico na arquitetura do Brasil.* Rio de Janeiro: Kosmos, 1951.

SHIRLEY, Robert W. *O fim de uma tradição.* São Paulo: Perspectiva, 1977.

SMITH, Robert C. *Arquitetura colonial.* Salvador: [s. n.], 1955.

TELLES, Augusto C. da Silva. Vassouras, estudo da construção residencial urbana. In: *Arquitetura civil II.* São Paulo: MEC: Iphan, 1975.

________. *O Vale do Paraíba e a arquitetura do café.* Rio de Janeiro: Capivara, 2006.

TIRAPELI, Percival. *Festas de fé/Festivals of Faith.* São Paulo: Metalivros, 2003.

TOLEDO, Benedito Lima de. Do século XVI ao início do século XIX: Maneirismo, Barroco e Rococó. In: ZANINI, Walter (Org.). *História geral da arte no Brasil.* São Paulo: Instituto Moreira Salles: Fundação Djalma Guimarães, 1983. v.I.

VASCONCELLOS, Sylvio de. *Arquitetura no Brasil*: sistemas construtivos. Belo Horizonte: Universidade Federal de Minas Gerais, 1979.

VELOSO, João J. Oliveira. *A história de Cunha, 1600 – 2010.* Freguesia do Facão. Cunha: Centro de Cultura e Tradição de Cunha, 2010.

ZAGHENI, Guido. *A Idade Contemporânea. Curso de história da Igreja IV.* São Paulo: Paulus, 1999.

Específica

ANDRADE, Antônio Luiz Dias. Técnicas construtivas e sistemas estruturais no Vale do Paraíba. *Casa e Jardim Arquitetura*, n.19, Rio de Janeiro, 1978.

ANDRADE, Antônio Luiz Dias et al. *Mogi das Cruzes, Santa Isabel, Guararema, igrejas e capelas, Vale do Paraíba.* São Paulo: Condephaat (11), 1978.

BANDEIRA, Julio; CORRÊA DO LAGO, Pedro. *Debret e o Brasil*: obra completa. Rio de Janeiro: Capivara, 2007.

BELLOTTO, Heloísa Liberalli. *Autoridade e conflito no Brasil colonial*: o governo do Morgado de Mateus em São Paulo (1765-1775). São Paulo: Conselho Estadual de Artes e Ciências Humanas, 1979.

BRUSTOLONI, Júlio J. *A Senhora da Conceição Aparecida*: história da imagem da capela de romarias. Aparecida: Santuário, 1981.

CAMARGO, Paulo Florêncio da Silveira. *A igreja na história de São Paulo.* São Paulo: Instituto Paulista de História e Arte Religiosa, 1953. 9v.

CARACTERIZAÇÃO e avaliação dos conhecimentos existentes sobre a região do Vale do Paraíba e diagnósticos resultantes. Pindamonhangaba: Codivap, 1972.

COELHO NETO, José Teixeira. *A construção do sentido na arquitetura.* São Paulo: Perspectiva, 1980.

CORRÊA, Maria E. P. *Arquitetura escolar paulista*: 1890-1920. São Paulo: FDE Diretoria de Obras e Serviços, 1991.

COUPÉ, Benedito Dubsky. *A matriz de Santo Antônio de Guaratinguetá*, n.14, Guaratinguetá: Instituto de Estudos Vale-Paraibanos, 1978.

COUTINHO, Evaldo. *O espaço da arquitetura.* São Paulo: Perspectiva, 1977.

DE FONTAINES, Pierre. *Como se construir no Brasil a rede de cidades.* Rio de Janeiro: Conselho Regional de Geografia: IBGE, 1944.

DEBRET, Jean-Baptiste. *Viagem pitoresca e histórica ao Brasil*: aquarelas e desenhos que não foram reproduzidos na edição de Firmin Didot – 1834. Paris: Castro Maya Editor, 1944.

ELLIS, Myriam. *O café*: literatura e história. São Paulo: Melhoramentos: Edusp, 1977.

ETZEL, Eduardo. *O Barroco no Brasil*: psicologia – remanescentes. 2 ed. São Paulo: Melhoramentos, 1974.

________. *Imagens religiosas de São Paulo – apreciação histórica.* São Paulo: Melhoramentos: Edusp, 1971.

________. *Arte sacra popular brasileira.* São Paulo: Melhoramentos: Edusp, 1979.

EVANGELISTA, José Geraldo. *Lorena no século XIX.* São Paulo: Governo do Estado de São Paulo, 1978. (Coleção Paulistana, 5, 7.)

FERREZ, Gilberto. *O Brasil de Thomas Ender – 1817.* Rio de Janeiro: Instituto Histórico e Geográfico Brasileiro: Fundação Moreira Salles, 1976.

FERREZ, Gilberto. *Pioneiros da cultura do café na era da Independência.* Rio de Janeiro: Conselho Federal de Cultura: Departamento de Assuntos Culturais, 1978. v.2.

FREIRE, M. Heloísa Guimarães. *A Igreja de Nossa Senhora do Rosário dos Pretos de Guaratinguetá*, n.24, Guaratinguetá: Instituto de Estudos Vale-Paraibanos, 1980.

FREITAS, Maria Aparecida Rezende Gouveia de. *Bananal*: cidade histórica, berço do café. São Paulo: Massao Ohno, 1981.

GRUPO ESCOLAR Nogueira Cobra. São Paulo: Condephaat, Bananal (5), fev. 1980.

GUISARD FILHO, Félix. *Convento de Santa Clara, achegas à história de Taubaté*. São Paulo: Athena, 1938. (Biblioteca Tombamento da Cultura).

HERRMANN, Lucilla. Evolução da estrutura social de Guaratinguetá num período de trezentos anos. *Revista Administração*, n.5-5. São Paulo, 1948.

KAMIDE, Edna Hiroe Miguita (Org.) et al. *Patrimônio cultural paulista*: Condephaat, Bens tombados - 1968-1998. São Paulo: Imprensa Oficial do Estado, 1998.

LEVANTAMENTO das técnicas e sistemas construtivos da região do Vale do Paraíba. São Paulo: Condephaat (6), 1978.

MAIA, Thereza Regina de Camargo. *O bairro e a Igreja de Santa Rita*. *Guaratinguetá*, n.4, Guaratinguetá: Instituto de Estudos Vale-paraibanos (4), 1978.

________. *Centenário da chegada do trem de ferro a Guaratinguetá*, n.5, Guaratinguetá: Instituto de Estudos Vale-paraibanos, 1978.

MARCONI, Marina de Andrade. *Folclore do café*. São Paulo: Secretaria da Cultura, Ciência e Tecnologia: Conselho Estadual de Cultura, 1976.

MOURA, Carlos Eugênio Marcondes de. *O visconde de Guaratinguetá*: um titular do café no Vale do Paraíba. São Paulo: Secretaria da Cultura, Ciência e Tecnologia, 1976.

MÜLLER, Nice Lecocq. *Contribuição ao estudo do fato urbano e da organização do espaço no Vale do Paraíba - Estado de São Paulo*. São Paulo: [s.n.], 1967.

________. *O fato urbano da Bacia do Rio Paraíba*. São Paulo: Fundação IBGE, 1969.

MUSEU FREI GALVÃO. *Livro de Tombo da Matriz de Santo Antônio de Guaratinguetá*. Guaratinguetá.

PALLIÈRE, Arnaud Julien. Mon Voyage dans les mines générales de la capitania de Rio de Janeiro en 1821 le 16 Juillet de 1821. *Manuscritos da coleção de Yan de Almeida Prado*. Instituto de Estudos Brasileiros da Universidade de São Paulo.

PASIN, José Luiz. *Algumas notas para a história do Vale do Paraíba*: desbravamento e povoamento. São Paulo: Conselho Estadual de Cultura, 1977.

________. *Vale do Paraíba. A Estrada Real. Caminhos e roteiros*. Lorena: Unisal, 2004.

PINTO, Pedro da Cunha. *Mestre da capela da matriz de Jacareí*. Biblioteca do Departamento do Arquivo do Estado de São Paulo. (Documento datilografado).

PORTO, Luiz de Almeida Nogueira. Bananal, cidade dos barões. *O Estado de S.Paulo*. 2 fev. 1975. Suplemento de Turismo.

QUEIROZ, Maria Isaura Pereira de. A estratificação e a mobilidade social nas comunidades agrárias do Vale do Paraíba, entre 1850 – 1888. *Revista de História*, n.2, São Paulo, 1950.

RAMOS, Agostinho Vicente de Freitas. *Pequena história do Bananal*. São Paulo: Conselho Estadual de Artes e Ciências Humanas, 1978.

REPÚBLICA Guarani. Direção de Silvio Back. Produção de Silvio Back e Embrafilme. Roteiro de Silvio Back e Deonisio da Silva. Pesquisa fonográfica de Antônio Carlos Moraes. Fotografia e câmara de José Medeiros. Montagem e edição de Laércio Silva. (100 min) 1978/1979.

RESTAURAÇÃO da Matriz-Basílica. Entrevista com Cláudia Rangel. Aparecida: *Cidades da Fé*, n.78, jun. 2009. p.10-1.

SAIA, Luís. *Igreja e residência de Nossa Senhora da Escada*. São Paulo: Arquivo Iphan. (Documento datilografado.)

________. *São Luiz do Paraitinga*. São Paulo: Condephaat (2), 1977.

________. *Morada paulista*. São Paulo: Perspectiva, 1978.

SAINT-HILAIRE, Auguste de. *Segunda viagem a São Paulo e quadro histórico da província de São Paulo*. São Paulo: Martins Fontes, 1953.

________. *Viagem pelas províncias do Rio de Janeiro e Minas Gerais*. Belo Horizonte: Itatiaia, 1975.

TIRAPELI, Percival. Aparecida, um espaço a ser vivido. *Revista Ângulo*, n.12, Lorena/Santo André, nov.-dez. 1981.

________ *A construção religiosa no contexto urbano do Vale do Paraíba - Estado de São Paulo*. São Paulo, Dissertação de Mestrado, Escola de Comunicações e Artes, Universidade de São Paulo (ECA-USP), 1983.

________. *Igrejas paulistas*: Barroco e Rococó. São Paulo: Imprensa Oficial: Editora Unesp, 2003.

________. Patrimônio religioso na formação das cidades do Vale do Paraíba, São Paulo. In:________. *Arte sacra colonial*: Barroco memória viva. São Paulo: Imprensa Oficial: Editora Unesp, 2000.

TOLEDO, Francisco Sodero et al. *Estrada Real. O caminho do ouro*. Lorena: Santuário, 2006.

TOLEDO, Francisco de Paula. *História do município de Taubaté*. v.6. Taubaté: Taubateana, 1976.

VASCONCELLOS, Bernardo Pereira. *Carta ao Governo Provisório de São Paulo*. Arquivo do Estado de São Paulo, jan. 1822.

VELOSO, João José de Oliveira. *As irmandades religiosas de Cunha*. Cunha: Centro de Cultura e Tradição de Cunha, 1980.

________. *A Matriz de Nossa Senhora da Conceição de Cunha*. Cunha: Centro de Cultura e Tradição de Cunha, 1980.

VELOSO, João José de Oliveira. *A história de Cunha. 1600-2010. Freguesia do Facão. A rota da exploração das minas e abastecimento de tropas*. Cunha: Centro de Cultura e Tradição de Cunha, 2010.

VENDRAMINI, Maria do Carmo. Sobre o sino nas igrejas brasileiras. In: *Musices Aptatio*: Collectanea Musicae Sacrae Brasiliensis. Roma: CIMS, 1981.

VIDE, Sebastião Monteiro da. *Constituições primeiras do arcebispado da Bahia feitas e ordenadas pelo senhor Dom Sebastião Monteiro da Vide [...] propostas e aceitas em o sínodo diocesano* [sic] *que o dito senhor celebrou em 12 de junho do ano de 1707*. São Paulo: Tipografia 2 de dezembro, 1853.

VIOTTI, Hélio Abranches Pe. No cinquentenário de morte de monsenhor Claro Monteiro. *Revista do Arquivo Municipal*. São Paulo, v.14, 1951, p.141

WAGNER, Robert; BANDEIRA, Júlio. *Viagem ao Brasil nas aquarelas de Thomas Ender – 1817-1818*. Petrópolis: Kapa Editorial, 2000. 3v.

ZALUAR, Augusto Emílio. *Peregrinação pela província de São Paulo (1860-1861)*. São Paulo: Itatiaia: Edusp, 1975.

ZEVI, Bruno. *Saber ver a arquitetura*. São Paulo: Martins Fontes, 1978.

Teses, dissertações, dicionários e guias

ÁVILA, Affonso et al. *Barroco mineiro*: glossário de arquitetura e ornamentação. São Paulo: Nacional: Fundação Roberto Marinho, 1980.

BECKER, Udo. *Enciclopedia de los simbolos*. Barcelona: Robin Book, 1996.

CIDADES da fé. Guaratinguetá: Expedições Editora, 2009. n.7, p.10-1.

CORONA & LEMOS. *Dicionário da arquitetura brasileira*. São Paulo: Edart, 1970.

CUNHA, Antônio Geraldo da. *Dicionário histórico das palavras portuguesas de origem tupi*. São Paulo: Ed. UNB: Melhoramentos, 1999.

FAGGIN, Carlos Augusto Mattei. *Arquitetos de São Paulo*: Dicionário de artífices, carpinteiros, mestres de obras, engenheiros militares, engenheiros civis e arquitetos nos primeiros 350 anos contados da fundação da cidade. São Paulo: FAU-USP, 2009.

FRADE, Gabriel dos Santos. *A influência do movimento litúrgico na arquitetura das igrejas paulistanas da época pré-Vaticano II*: Igreja N. Sa. da Paz, Capela de Cristo Operário e Igreja de São Domingos. São Paulo, Dissertação de Mestrado, Pontifícia Faculdade de Teologia Nossa Senhora da Assunção, 2005.

KOCH, Wilfried. *Dicionário dos estilos arquitetônicos*. São Paulo: Martins Fontes, 2008.

LEMOS, Carlos A. C. *A imaginária paulista*. São Paulo: Pinacoteca do Estado, 1999-2000.

LEMOS, Carlos A. C.; MORI, Victor Hugo; ALAMBERT, Clara Correia. *Patrimônio*: 70 anos em São Paulo. São Paulo: Iphan, 2008.

LEMOS, Carlos S.C. *Casa Paulista*, São Paulo: EDUSP, 1999.

MAIA, Thereza; MAIA, Tom. *O vale paulista do Rio Paraíba* – Guia cultural. Aparecida: Editora Santuário, 2000.

________. *Vale do Paraíba*: velhas cidades. São Paulo: Companhia Editora Nacional, 1977.

MONTANHEIRO, Fábio César. *Signum, sinos e toques*: da magia do som metálico aos campanários ouro-pretanos. Ouro Preto, Monografia, Instituto de Filosofia, Artes e Cultura, Universidade Federal de Outro Preto (Ufop), 2001.

PATRIMÔNIO Cultural Paulista Condephaat. *Bens tombados – 1968-1988*. São Paulo: Imesp, 1988.

PONTUAL, Roberto. *Dicionário das artes plásticas*. Rio de Janeiro: Civilização Brasileira, 1969.

REIS FILHO, Nestor Goulart. *Guia dos bens tombados – São Paulo*. Rio de Janeiro: Expressão e Cultura, 1986.

SANTOS, Angelo Oswaldo de Araújo. Uma arte fundadora de culturas. In: *Brasil barroco – entre o céu ae terra*. Paris: União Latina, 1999.

VAINFAS, Ronaldo (Org.). *Dicionário do Brasil imperial (1822-1889)*. Rio de Janeiro: Objetiva, 2002.

GLOSSÁRIO

Glossário aplicado

Abóbada – cobertura de seção curva, arredondada.
Matrizes de Pindamonhangaba, Paraibuna, Caçapava, Catedral de Lorena, Basílicas Nova de Aparecida e São Benedito em Lorena, e Santuários de santa Teresinha e santa Clara em Taubaté.

Abside – recinto abobadado com planta semicircular.
Capela do Rosário e Basílica de São Benedito em Lorena; matrizes de Caçapava e Salesópolis; santuários de santa Teresinha e santa Clara em Taubaté, e construções neogóticas como Natividade da Serra.

Adro – pátio à frente ou em torno das igrejas.
Fechado, na Basílica Velha de Aparecida.

Alvenaria – parede feita com tijolos de muro contínuo ou pedras, ligados com argamassa. Se constituída de adobe, estes são emboçados com barro e rebocados com areia e cal.
Maioria dos edifícios (tijolos) depois de 1870.

Arcada – série de arcos contíguos; abertura em forma de arco.
Fachada do antigo Convento Franciscano de Taubaté. Basílica Nova de Aparecida. Arcadas internas nas matrizes de Santo Antônio do Pinhal, São Bento do Sapucaí, catedrais de Lorena e Guaratinguetá (posteriormente abertos).

Arco cruzeiro – arco que separa a nave central da capela-mor; arco triunfal.

Baldaquino – pálio ou dossel; arremate arquitetônico ou escultórico que resguarda um retábulo ou escultura.

Barroco – estilo artístico do século XVII e parte do XVIII, período da Reforma protestante, Contrarreforma católica e política absolutista; estilisticamente, está associado às formas em movimento, à dramaticidade de expressões, ao colorido intenso, a sombras e luzes.
No Vale refere-se mais aos altares das matrizes de Guaratinguetá, Cunha e Taubaté do que às fachadas das igrejas.

Cantaria – obra de pedra aparelhada.
Parte da construção da Basílica Velha de Aparecida.

Capela – pequena igreja, ermida. Pode ser dentro de edifícios como hospitais e casas de fazenda.

Capela-mor – parte principal da igreja com o retábulo-mor.

Capelão – clérigo que atende às capelas militares, hospitalares e comunidades.

Catedral – principal igreja de um bispado ou arcebispado; igreja episcopal de uma cidade ou diocese.
No Vale as dioceses são: Taubaté, Lorena e São José dos Campos e em Aparecida está a arquidiocese com as Basílicas Velha e Nova.

Coroamento – parte superior ou remate de ornamento.

Cúpula – parte superior, semiesférica, na cobertura de alguns edifícios.
Capela do Rosário em Lorena e Basílica Nova de Aparecida.

Dossel – armação saliente em talha, imitando tecido, com bordas franjadas, nos retábulos ou nichos.

Ecletismo – método filosófico que reúne diversas teses conciliáveis entre si; em arquitetura (historicismo), o termo é utilizado para o estilo que combina diversos estilos arquitetônicos do passado em uma mesma construção.
Palacetes Dez de Julho e Palmeira em Pindamonhangaba.

Entablamento – parte do edifício ou do retábulo acima das colunas.

Estatuária ou **imaginária** – a arte de esculpir estátuas; diz-se também de determinado conjunto de estátuas ou da maneira própria de esculpi-las de um artista.

Frontão – Triângulo apoiado sobre colunas resultando uma construção em duas águas; o frontão reto é utilizado na parte central do frontispício do edifício renascentista, neoclássico; frontão ondulado arremata a fachada do edifício barroco; costuma-se falar também em frontão com relação a parte superior do remate do retábulo; coroamento.

Frontispício – fachada principal; frontaria.

Historicismo – reavivamento de estilos arquitetônicos do passado, como Neoclássico, Neogótico, Neorromânico, praticado no século XIX.
Matrizes de Caçapava e Lorena; Santuário Santa Teresinha em Taubaté, Basílica de São Benedito e Capela do Rosário em Lorena,

Ilusionismo – pinturas que, por efeito de perspectiva, dão a ilusão de serem reais ou palpáveis.
Fazenda Resgate em Bananal.

Maneirismo – período estilístico iniciado na segunda metade do século XVI; na arte brasileira, também é denominado Protobarroco e praticado pelos engenheiros militares nas fortalezas e edifícios governamentais e religiosos por eles projetados até o século XVIII.

Matriz – igreja que tem jurisdição sobre outras igrejas de determinada região (paróquia, diocese, bispado). Catedral, sé e basílica são sedes de bispados.

Nave (nave central) – parte interna da igreja, desde a entrada até a capela-mor; denomina-se nave central quando esse espaço é subdividido por pilares, colunas ou arcos.
Catedral de Guaratinguetá.

Neoclássico – período artístico do final do século XVIII e início do XIX; em termos sociais, relacionado à burguesia francesa, ao Iluminismo e, no Brasil, à vinda da família imperial; estilisticamente, é severo, despojado, estático e acromático.
Retábulo-mor da Basílica Velha de Aparecida.

Neocolonial – estilo inspirado nas formas das construções do período colonial brasileiro iniciado em 1914 pelo arquiteto português Ricardo Severo. Depois dos anos 30 generalizou-se pela América tendo como referencial o colonial hispano americano, e desenvolveu-se juntamente com o Modernismo, até os anos 1950. Foi utilizado em residências, porém mais em igrejas e estabelecimentos educacionais de ordens religiosas.
Catedral de Taubaté, Matriz de São José dos Campos, fachada da Matriz de Cruzeiro e Igreja Nossa Senhora das Graças de Guaratinguetá.

Neogótico – estilo inspirado no Gótico, introduzido na Inglaterra a partir de 1720. No final do século XIX, reaparece com o nome de Historicismo.
Basílica de São Benedito, Lorena; Santuário santa Teresinha, Taubaté; Rosário de São Luiz do Paraitinga; antiga Matriz de Natividade da Serra; fachada da Matriz de São Bento do Sapucaí.

Neorromânico – volta às formas românicas, caracterizadas pelo uso excessivo de arcos plenos e abside.
Catedral de Lorena e Matriz de Caçapava.

Portada – grande porta enquadrada por composição ornamental.
Basílica Velha de Aparecida.

Portal – porta principal ou conjunto de portas principais de uma igreja ou outro edifício, em geral artisticamente trabalhadas; frontispício ou fachada, onde fica a porta principal.
Catedral de Guaratinguetá.

Presbitério – parte mais elevada da capela-mor da igreja.

Púlpito – tribuna destinada nas igrejas para os sermões. É composto pelo tambor onde fica o padre e acima o abaixa-voz.
Basílica Velha de Aparecida; Catedrais de Guaratinguetá e Lorena. Matrizes de São Bento do Sapucaí.

Retábulo – estrutura ornamental de pedra ou talha de madeira que se eleva na parte posterior do altar; genericamente, obedece à seguinte classificação: Jesuítico ou Maneirista (início do século XVII), Nacional Português (1680-1720), Joanino (1720-1760), Rococó (1760-1816) e Neoclássico (século XIX).

Rococó – estilo ornamental surgido na França durante o reinado de Luís XV (1710-74), caracterizado pelo uso de curvas caprichosas e formas assimétricas e pela delicadeza dos elementos decorativos, como conchas estilizadas (rocailles), laços, flores, folhagens, que tendiam a uma elegância requintada; no Brasil, perdura até o Neoclassicismo (1816).
A maioria dos ornamentos aplicados nos altares até 1850.

Românico – estilo de igrejas e abadias desenvolvido a partir dos anos 600 até 1200, quando se inicia o Gótico. O Neorromânico revive esse momento de triunfo da Igreja do passado, com características de uso de arcos romanos maiores e menores e absides para abrigar os altares.

Taipa – de pilão, parede maciça feita de terra socada misturada com água e outros materiais, como cascalho (taipa de formigão), cal, areia, fibras vegetais e estrume animal com espessura acima de quarenta centímetros podendo chegar até 1,2 m; taipa de mão, de pescoção ou de sopapo o barro é empregada entre os vãos de taquaras que estruturam as paredes de uma casa feita de barro e paredes internas de construções de taipa de pilão.
Desenhos de Thomas Ender (Areias).

Talha – escultura em madeira ou pedra.

Transepto – nas plantas baixas em forma de cruz é o espaço formado pelos seus braços que compreende o arco triunfal e as capelas dos braços do cruzeiro.

Tribuna – de onde o padre fala o sermão (tribuna do púlpito); espécie de sacada interna elevada, com abertura em janelas ou varandas, para se assistir de forma reservada às cerimônias religiosas.
Capelas-mores das matrizes de Pindamonhangaba, São Luiz do Paraitinga e Caçapava; naves das matrizes de Santa Branca, Paraibuna e Salesópolis.

Trono – local onde se expõem imagens e crucifixos.

Voluta – ornato enrolado em forma de espiral.

ÍNDICE TOPONÍMICO

Crédito de imagens

Todas as imagens (fotografias ou ilustrações) desta obra pertencem ao acervo de Percival Tirapeli, exceto:

Acervo Família Freitas – p.41.
Manoel Nunes da Silva – p.98, 124, 152 e 213.
Victor Hugo Mori – p.27, 29, 38, 164, 208, 211, 212 e 214.

p.24
Carregadores de café a caminho da cidade, 1826
Jean Baptiste Debret
Aquarela, 15,9 x 22 cm
246 MEA
Fotógrafo: Horst Merkel
Museus Raymundo Ottoni de Castro Maya/Ibram/MinC (n.027/2014)

p.42
Jacareí, c. 1827
Jean Baptiste Debret
Aquarela, 9 x 24,4 cm
112 MEA
Fotógrafo: Horst Merkel
Museus Raymundo Ottoni de Castro Maya/Ibram/MinC (n.027/2014)

p.42 e contracapa
Guaratinguetá, c. 1827
Jean Baptiste Debret
Aquarela, 8,4 x 24,2 cm
91 MEA
Fotógrafo: Horst Merkel
Museus Raymundo Ottoni de Castro Maya/Ibram/MinC (n.027/2014)

p.47 e 195
Nossa Senhora d'Aparecida, 1827
Jean Baptiste Debret
Aquarela, 8,7 x 24,5 cm
93 MEA
Fotógrafo: Horst Merkel
Museus Raymundo Ottoni de Castro Maya/Ibram/MinC (n.027/2014)

p.48 e 156
Taubaté, 1827
Jean Baptiste Debret
Aquarela, 9,8 x 26 cm
104 MEA
Fotógrafo: Horst Merkel
Museus Raymundo Ottoni de Castro Maya/Ibram/MinC (n.027/2014)

SOBRE O LIVRO

Formato: 27 x 27 cm
Mancha: 54,4 x 51 paicas
Tipologia: Minion Pro e Trajan
Papel: Certificado FSC® Couché fosco 150 g/m^2 (miolo)
Certificado FSC® Cartão Supremo 250 g/m^2 (capa)
1ª edição: 2014
EQUIPE DE REALIZAÇÃO
Edição de texto
Malu Favret (copidesque)
Elisa Andrade Buzzo (preparação)
Marina Ruivo (revisão)

Capa, projeto gráfico e editoração eletrônica
Gerson Tung

Imagens de capa
Percival Tirapeli (capa)
Escadarias do palacete Palmeira, Pindamonhangaba.
Jean-Baptiste Debret (quarta-capa)
Guaratinguetá. 1827. Aquarela, Museus Castro Maya/Ibram/MinC.
Thomas Ender (contracapa)
O convento franciscano em Taubaté, 1817. Aquarela, 196 x 302 mm. Academia de Artes de Viena, Áustria.
Percival Tirapeli (orelha)
Autorretrato.

Assistência editorial
Jennifer Rangel de França

FSC
www.fsc.org
MISTO
Papel produzido a partir de fontes responsáveis
FSC® C103028